Eva Jaeggi
Zu heilen die zerstoßnen Herzen

Eva Jaeggi

Zu heilen die zerstoßnen Herzen

Die Hauptrichtungen der Psychotherapie und
ihre Menschenbilder

Anaconda

Lizenzausgabe mit freundlicher Genehmigung
Originaltitel: Eva Jaeggi, *Zu heilen die zerstoßnen Herzen*
Copyright © 1995 by Rowohlt Verlag GmbH, Reinbek bei Hamburg

Die Deutsche Nationalbibliothek verzeichnet diese Publikation in der
Deutschen Nationalbibliographie; detaillierte bibliographische Daten sind
im Internet unter http://dnb.d-nb.de abrufbar.

© dieser Ausgabe 2011 Anaconda Verlag GmbH, Köln
Alle Rechte vorbehalten.
Umschlagmotiv: Two Hands Holding a Heart, © Imagezoo/Corbis
Umschlaggestaltung: Druckfrei. Dagmar Herrmann, Köln
Satz und Layout: Silvia Langhoff, Köln
Printed in Czech Republic 2011
ISBN 978-3-86647-577-9
www.anacondaverlag.de
info@anaconda-verlag.de

Inhalt

Einleitung 7

Ein Musterfall 15
Die Fallgeschichte 15
Psychoanalytische Therapie 18
Kognitiv-Verhaltenstherapeutische Therapie 23
Gesprächstherapeutische Therapie 27
Gestalttherapeutische Therapie 30
Familientherapeutisch-systemische Therapie 34
Diskussion 38

Erster Teil 44

Das Heilen früher und heute: Symbole und Beziehungen 44
Die Vorfahren der Psychotherapeuten: Priester, Lehrer, Ärzte 50
Pädagogisch-erzieherisch orientierte Systeme 51
Religiös-moralisch orientierte Systeme 52
Die medizinischen Systeme 57
Allgemeine Kennzeichen moderner Psychotherapie 59
Die unterschiedlichen Symbolisierungen in modernen
   Therapiesystemen 71
Die Einstellung zur eigenen Biographie 76

Zweiter Teil 89

Gleiches und Ungleiches 89
Die Triebkraft der Entwicklung: Konflikt oder Wachstum? 95
Was behindert die Entwicklung? 123
Was nützt der Entwicklung? 130
Innere und äußere Realität: Dominanz oder Balance? 137
Körperlose Therapie? 147
Das Unbewußte: Hexenkessel oder Herrlichkeit der Tiefsee? 156

Wie entstehen psychische Störungen?   170
Therapiemethoden: kunterbunt oder geordnet?   190
Die therapeutische Beziehung: Herzstück der Therapie   204
Die erste Begegnung   217
Der therapeutische Prozeß: ein holpriger Weg,
   eine gemächliche Fahrt oder
   eine Kette von Erleuchtungen?   230
Therapieziele: der glückliche Mensch?   241
Therapie und Gesellschaft: ein prekäres Verhältnis   248

Dritter Teil   258

Neue Themen in der Psychotherapie   258
Authentizität   260
Die Balance von Nähe und Distanz   270
Die Schuldgefühle zwischen Eltern und Kindern   277
Sich nicht durchsetzen können   278
Die sogenannten »frühen Störungen«   280
Die psychosomatischen Leiden und ihre Ausweitung   285
Die Suche nach Glück in der Psychotherapie   288
Die verschiedenen therapeutischen Versuche, mit dem
Beziehungsproblem fertig zu werden   293

Bilanz   297

Geordnete Integration oder chaotisches Durcheinander?   297

Anhang   305

Literatur   305
Dank   313
Über die Autorin   313
Register   315

Einleitung

Natürlich wird ein ernstzunehmendes Buch niemals zufällig geschrieben. Immer hat es etwas zu tun mit den mehr oder weniger verborgenen persönlichen Motiven, Problemen und Lebenslagen einer Autorin oder eines Autors. Man kann allerdings getrost annehmen, daß vieles davon den Verfassern von Büchern selbst nicht bekannt ist. Wenn ich nun versuche, das vorliegende Buch zu rechtfertigen oder zumindest dessen Entstehen zu erläutern, dann bedeutet dies, daß ich mir der Schwierigkeit, die durch die Tatsache meiner eigenen spezifischen Unwissenheit entsteht, durchaus bewußt bin. Vielleicht aber geben ja die mir bewußten Motive schon Hinweise darauf, wer zu welchen Zwecken dieses Buch mit Gewinn lesen könnte.

Das Buch entstand in vielen Jahren. In Universitätsseminaren, in Fortbildungsveranstaltungen während der jährlichen Psychotherapiewochen in Lindau, in Workshops: Immer wieder von neuem versuchte ich, mir selbst darüber klarzuwerden, auf welcher Basis die verschiedenen Therapieschulen arbeiten, was ihre unterschiedlichen Aussagen zur menschlichen Seele bedeuten, wie sie mit dem Zeitgeist zusammenhängen. Bei all diesen Treffen, die immer viele Diskussionen und Fragen nach sich zogen, hat sich natürlich mein Thema verändert und verfeinert.

Ursprünglich wollte ich einfach – ausgehend von meinem studentischen Seminar »Modelle der Psychotherapie« – die wichtigsten Therapieschulen als eine Art Stoffsammlung darstellen. Gute Darstellungen der wichtigsten psychotherapeutischen Ansätze gibt es aber inzwischen ausreichend. Am meisten profitiert habe ich von dem sachlich und genau geschriebenen Lehrbuch von Kriz (1985) und von der kritischen Darstellung des von Zygowski (1987) herausgegebenen Readers. Es hieße Eulen nach Athen tragen, wollte man diesen guten Lehrbüchern noch ein neues an die Seite stellen.

Was mich mehr und mehr interessierte, war aber eine Zusammenschau der Therapieschulen, die gleichzeitig die Differenzen herausarbeiten sollte. Dazu muß man Kriterien finden, die eine differenzierende Zusammenschau sinnvoll machen. Dies stellt das Kernstück des Buches dar. Im zweiten Teil habe ich solche Kriterien entwickelt. Ich hoffe, daß sie geeignet sind, ein einleuchtendes Bild zu schaffen von dem, was verschiedenen Therapieschulen gemeinsam ist und was sie differenziert.

Warum dieser Wunsch sowohl nach Zusammenschau als auch nach Differenzierung? Natürlich läßt er sich rational-logisch begründen, einer Rechtfertigung bedarf er dann eigentlich nicht. Im Ähnlichen das Unterschiedliche zu suchen und im Unterschiedlichen das Gleiche: das ist der Modus von Erkenntnis überhaupt. Als Therapeutin, vor allem als Psychoanalytikerin, sollte man aber bei solchen rationalen Begründungen nicht stehenbleiben. Der Wunsch nach Einheit in der Differenz entsteht sicher nicht nur aus rationalen, sondern auch aus sehr persönlichen Motiven. Es ist zu vermuten, daß ihn jemand dann hat, wenn ihm von früh an sehr viel Einheit – Therapeuten sprechen von Symbiose – aufgedrängt wurde, wenn das Bedürfnis nach Differenzierung sich also erst mühsam seinen Weg bahnen mußte.

Viele ernstzunehmende Bücher, wahrscheinlich die meisten, entstehen als Kompensationsleistung, sie sind der Versuch des Autors oder der Autorin, mit einem wichtigen Lebensproblem zu Rande zu kommen. Ich selbst muß mich immer wieder von neuem vergewissern, wo Differenzen liegen – auf vielen Ebenen meines Lebens. Dies also ist es, was ich über die persönliche Entstehungsgeschichte meines Buches weiß.

Es gibt natürlich noch viele andere Gründe, warum es mir wichtig erschien, es zu schreiben – und diese sind für die Leser vielleicht bedeutender als meine ganz persönlichen. Alle Welt weiß heute, wieviel Unfug getrieben wird mit der Psychotherapie. Dies ist beileibe nicht den ernsthaften Schulengründern anzulasten; wie so häufig sind es die Adepten, die die Würfe begabter Psychologen durch Popularisierung theoretisch verwässern, durch Institutionalisierung verbürokratisieren, zu Geheimsekten oder zu inquisitorischen Zirkeln umgestalten und was dergleichen mehr an Unsinnigkeiten möglich ist. All diesen unseligen Bemühungen (meist kursieren sie unter dem Stichwort: »Weitere Entwicklung«) will ich ein Stoppsignal entgegensetzen, indem ich klarmache, welche wesentlichen Aussagen die Schulengründer gemacht haben. Dabei soll auch klarwerden, ob man sie theoretisch ungestraft mit anderen Theorien verbinden darf oder ob sich dies verbietet, weil man sonst Kernaussagen verunstaltet.

Psychotherapie hat nicht nur praktisch für viele Menschen die Stelle der Beichte eingenommen; auch die mit den Therapieschulen verbundenen Einsichten über den Menschen sind – ähnlich wie früher die Beichtspiegel – zu wichtigen Bestandteilen der Selbstthematisierung geworden. Auch in bildungsärmeren Schichten ist es üblich, sich in »Psychosprache« zu verständigen. So spricht man ganz selbstverständlich davon, daß jemand endlich einmal seine »Aggressionen rauslassen« muß oder daß man sich selbst »verwirklichen« sollte. Als ich unlängst an zwei Zehnjährigen vorbeiging, die gerade ihr Fahrrad reparierten, hörte ich einen von ihnen seufzen: »Ach, ich finde Pubertät Scheiße.« All dies setzt eine komplizierte moderne Vorstellung vom Funktionieren der menschlichen Seele voraus. Wenn es wichtig ist, Aggressionen »rauszulassen«, dann hat man eine Vorstellung davon, daß sich solche »eingesperrten« Aggressionen für das Wohlbefinden eines Menschen negativ auswirken, da, dem Dampfkesselbild entspre chend, irgendwann diese Aggressionen »explodieren« können, entweder zum Schaden der eigenen Person oder auf Kosten anderer. Der Wunsch nach »Selbstverwirklichung« wiederum setzt voraus, daß es eine Art von ganz privatem Zentrum in der Seele gibt, das in besonderer und nur vom Individuum selbst zu bestimmender Weise gehegt und gepflegt werden soll; verbunden damit sind Überlegungen, in welcher Weise man seine »wahren Bedürfnisse« erspüren solle, damit man sich selbst auch einmal »verwöhnen« könne, um gesund zu bleiben. Daß auch Zehnjährige schon ihre Zukunft als Pubertierende thematisieren und die mit der Pubertät in unseren Kulturkreisen oft verbundenen Probleme vorwegnehmen, gibt den heutigen älteren Erwachsenen, deren eigene Pubertät weit entfernt von solchen Themen verlief, ein etwas mulmiges Gefühl. Viele fragen sich, ob denn bei solch scheinbar erwachsener Einsicht in die eigene Problematik (»Ich muß ja erst eine eigene Identität finden« heißt es wohl auch bei Pubertierenden) überhaupt noch eine gesunde und unbefangene Entwicklung möglich ist.

In welcher Weise die von der Psychotherapie – vorrangig von Psychoanalyse und Humanistischer Psychotherapie – vorgelegten Konzepte vom Menschen in den Alltag eindringen, unsere Sprache bestimmen und unser Selbstgefühl verändert haben: all dies wollte ich durch eine präzise Analyse der Kernaussagen der Psychotherapie-Schulen der Vernunft zugänglich machen. Und auch dieser Wunsch hat persönliche Wurzeln.

Ich komme noch aus einer Welt, die die menschliche Seele in vielen Belangen ganz anders »gestaltet« hat, als dies heutzutage üblich ist. In meiner katholisch-bürgerlichen Jugendwelt gab es zum Beispiel noch »heiligmäßige Menschen«: Sie waren leidensfähig und opferbereit, verlangten nichts für sich selbst und waren immerfort bereit, an andere zu denken. Es wäre blasphemisch gewesen, sie als »masochistisch«, »latent aggressiv« oder etwas dergleichen zu konzeptualisieren. Daß sie häufig von Gott trotz ihrer großen Güte auch noch mit unklaren Leiden bedacht wurden, galt als ein ganz besonderes Pech. Ihre Klagen wurden daher im Hinblick auf das Jenseits relativiert. Eine in unserem Familien- und Bekanntenkreis gerne gebrauchte Redensart bezog sich auf die ungerechte Tatsache, daß »böse Menschen« sich oft guter Gesundheit und sogar einer gewissen Fröhlichkeit erfreuten. Von ihnen hieß es, daß Gott sie für das »bißchen Gute«, das schließlich jeder Mensch tut, schon auf Erden belohne; die jenseitigen Strafen aber würden sie dann ganz ungemindert treffen. »Gute« Söhne oder Töchter riefen täglich bei ihren Eltern an, um sich nach dem Wohlergehen zu erkundigen, waren dankbar für die harmonische Atmosphäre und die »glückliche Kindheit«, die man ihnen geschaffen hatte, und dachten nicht im Traum daran, diese Harmonie als »Konfliktscheu der Mutter« zu thematisieren und sich bitter darüber zu beklagen, daß man selbst es nun auch nicht gelernt habe, »Konflikte auszutragen«. All dies habe ich erst im Zuge der Psychologisierung gelernt und daher vermutlich mit besonderer Aufmerksamkeit als etwas »Besonderes« wahrgenommen – damit aber auch in gewisser Weise relativiert. Vermutlich geht es etlichen Vertretern meiner Generation ähnlich.

In diesem Buch wollte ich auch für eine Sensibilisierung dieser Konzepte ein Forum schaffen; gerade jüngere Menschen könnten auf die Idee kommen, daß ihre Art und Weise, über Menschen nachzudenken, sozusagen »ganz natürlich« sei; daß Vorstellungen von Triebunterdrückung oder vom wahren Selbst anthropologisches Urgestein sei, das ewige Gültigkeit habe.

Wo Konzepte fehlen, tauchen bestimmte Probleme nicht auf. Polynesische Menschen fragen sich nicht, was in ihrer »inneren Welt« wohl nicht in Ordnung ist, wenn sie depressiv sind. Sie fragen sich, ob sie auch wirklich ihre vorgeschriebenen Rollen erfüllt haben (Geertz, 1983). Wenn man nichts von Triebunterdrückung weiß, überlegt man nicht, wie Beschränkungen des Trieblebens sich auf die seelische Gesundheit auswirken können.

Solche Relativierungen – ähnlich wie ich sie selbst gegen meine katholische Erziehung zu durchdenken hatte – will ich mit diesem Buch anregen. Es soll ein Buch sein gegen die lautstarken Psychoboom-Konzepte, gegen die Vorstellung, man müsse nur die »richtige« Methode einsetzen, um Verwirrungen der Seele glätten zu können.

Ein Arbeitstitel des Buches lautete *Die Stimme der Vernunft ist leise*, einem Freud-Zitat nachempfunden, was aber wohl zu viele Mißverständnisse herbeigerufen hätte. Die Formel sollte zeigen, daß die Analyse der wichtigsten modernen Grundkonzepte des Psychischen dazu geeignet ist, vernunftgemäß damit umzugehen. Das heißt: ohne sektiererische Besserwisserei, aber auch ohne unreflektiertes Integrationsverlangen. Letzteres ist eine rational klingende Forderung einiger, vorwiegend theoretisch arbeitender Therapeuten (wie etwa Grawe und seine Mitautoren, 1993). Der jetzige Buchtitel *Zu heilen die zerstoßnen Herzen* entstammt dem Evangelium nach Lukas. Ich habe ihn nach anfänglichem Zögern immer lieber gewonnen, verweist er doch in seiner Altertümlichkeit auf die historische Dimension des Heilens und Tröstens.

Sicherlich verändert sich auch die Psychotherapie, jede Schule für sich und selbstverständlich auch durch die Seitenblicke zum Nachbarn. Das ist sozusagen ein natürlicher Entwicklungsvorgang. Vernünftig aber ist es, diese Entwicklung zu beobachten und reflektierend zu begleiten, damit nicht Kraut und Rüben vorschnell in einen Topf geworfen und die innere Konsistenz von Therapien gewahrt werden kann. Grenzüberschreitungen sind sicher nicht immer schädlich, sie können natürlich sein. Sie müssen aber reflektiert werden auf ihre Verträglichkeit hin. Nicht alle Grenzen können ungestraft übertreten werden. Manche Grenzgänger haben für ein bestimmtes Land allzu leichte Kleidung oder auch unpassende Kopfbedeckungen und kennen vor allem die fremden Sitten nicht in ihrem Bedeutungsgehalt. All dies will bedacht sein, wenn man Psychotherapien »integriert«. Auch hier soll dieses Buch eingreifen, indem es Grundlinien aufzeigt.

Ein besonderes Problem entsteht bei jedem Autor, der über Psychotherapie schreibt, weil er selbst meist »befangen« ist. Ich habe an anderer Stelle (Jaeggi, 1991) beschrieben, wie mein Weg von der Verhaltenstherapie über viele andere Therapieformen sich hin zur Psychoanalyse entwickelt hat. Mein Interesse an der Psychoanalyse hat sich seither nicht mehr gewandelt, ich bin nach wie vor fasziniert von den vielfältigen Möglichkeiten, die dieses Theoriensystem bietet. Daß Psychoanalytiker die besseren Therapeuten sind, glaube ich hingegen nicht, denn begabte und unbegabte Therapeuten gibt es quer durch alle Therapieschulen.

Ich habe mich also vor allem in die Theorieschöpfung Freuds verliebt, und dies ist dem Buch auch anzumerken. Mein Lektor machte mich einmal darauf aufmerksam, wie leicht man meine Vorliebe schon an der Metaphorik erkennen könne. So habe ich – voll Scham muß es gestanden werden – zum Beispiel in einem ersten Ausdruck des Manuskripts voller Begeisterung geschrieben, bei Freud würden bestimmte Erkenntnisse »erblühen«. Es zeigt sich an solchem Kitsch (und an etlichen anderen Beispielen), wie mein Unbewußtes arbeitet. Eigentlich wollte ich ja ganz und gar nicht als parteiisch erscheinen, aber eben ... Es nützt nichts, so zu tun, als sei man unparteiisch. Ich bin es nicht. Ich kann aber mit großer Sicherheit sagen, daß psychoanalytisch behandelte Patienten nicht bessere Heilungschancen haben als andere (auch keine schlechteren!), hinterher nicht als die vollkommeneren Menschen dastehen und nicht in jedem Fall bessere Einsichten produzieren.

Ich glaube allerdings, daß die Psychoanalyse in einer bisher noch nicht überbotenen Art es im Prinzip ermöglicht, Erkenntnisse zu gewinnen, die besonders vielfältig und tiefgreifend sind und dem Bedürfnis nach Selbstaufklärung besonders gut Rechnung tragen. Daß sie daher zumindest die Chance auch für psychoanalytisch behandelte Menschen bietet, solche Einsichten für sich fruchtbar zu machen: das glaube ich allerdings schon. Ich bin freilich nicht der Meinung, daß jeder und jede solche Einsichten wirklich für sich fruchtbar machen kann – selbst dann nicht, wenn die Heilung durchaus Fortschritte macht. Dies hängt vermutlich ab vom Patienten selbst, von der Kundigkeit des Therapeuten und vor allem vom noch immer letztlich unverstandenen und undurchdringlichen Zusammenspiel von Patient und Therapeut. Ich muß mich also zu meinen Vorurteilen bekennen und tue es hiermit. Ich sehe die Psychoanalyse als die theoretisch interessanteste, in ihren Wirkungen für das moderne Empfinden weitreichendste Theorie und in vielen auch überpersönlichen Belangen als das schärfste Instrument eines jeden analytischen Vorgehens. Ich bewundere in der Psychoanalyse ein Theoriensystem, das in sehr reiner Form das Postulat der Aufklärung verkörpert: die Emanzipation des Menschen zu ermöglichen, indem es ihn auf die eigene Vernunft verweist und ihn befreit von der selbstverschuldeten Unmündigkeit. Ich habe also meinem Geständnis von der Bevorzugung der Psychoanalyse vor allen anderen Therapierichtungen noch hinzuzufügen meine Orientierung an der Aufklärung. Nicht für jeden ist dies heutzutage, wie alle möglichen Irrationalismen unserer postmodernen Welt beweisen, ein Vorzug.

Mit der folgenden Fallgeschichte will ich zunächst ganz konkret und plastisch zeigen, wie man innerhalb der verschiedenen Therapieschulen denken und handeln kann, wenn man vor ein ganz spezielles Problem gestellt wird, welche teils unterschiedlichen, teils gleichen Konzepte man verwendet, um einen Menschen mit seinem psychischen Problem zu verstehen und zu behandeln. Ich hoffe, daß sich dadurch noch vor der theoretischen Darstellung schon eine erste Vorstellung davon bildet, daß unterschiedliche Konzepte zwar zu unterschiedlichen Interventionen führen, aber vielleicht in manchen Belangen dann doch wieder zu ähnlichen Ergebnissen. Daß aber auch hier mutmaßlich wiederum in der Ähnlichkeit Differenzen sich ausbilden – nämlich in den Konzepten, die nach einer Psychotherapie ein Mensch von sich selbst hat – dafür Verständnis zu schaffen, schien mir wichtig.

Ein Musterfall

Der folgende Fall ist nicht frei erfunden, aber doch so sehr verändert, daß weder die Person noch die Umstände erkennbar sind. Die hier dargestellte Frau wurde in der Realität psychoanalytisch mit sehr gutem Erfolg behandelt. Da keine Protokolle vorhanden sind, wurde die hier dargestellte psychoanalytische Therapiestunde nur nachgezeichnet; die übrigen Therapiesitzungen sind passend hinzukomponiert worden. Es soll auf diesem Weg klargemacht werden, wie man sich etwa Interventionen der verschiedenen Schulen vorstellen kann, wobei Wert drauf gelegt wurde, die Schulen relativ »rein« darzustellen. In der heutigen Therapielandschaft wird zwar sehr vieles vermischt, und die Interventionen sind selten nur einer einzigen Theorie verpflichtet, der Anschaulichkeit halber aber wollte ich hier relativ eindeutige Interventionen zeigen, etwa so, wie man sie in Lehrbüchern finden kann.

Die Fallgeschichte

Frau Beckmann ist 51 Jahre alt und leidet seit 14 Jahren an einer Agoraphobie (Straßenangst) und frei flottierenden Ängsten, die es ihr unmöglich machen, aus dem Haus zu gehen, und die ihren Alltag sehr weitgehend bestimmen. Frau Beckmann hat rund anderthalb Jahre nach Ausbruch der Krankheit ihren Beruf als Redaktionssekretärin bei einer kleinen Zeitschrift aufgeben müssen; seit 10 Jahren ist sie berentet. Sie hat eine lange Patientenkarriere hinter sich: Internisten und Psychiater haben sich sehr oft mit ihr beschäftigt, und sie kennt so ungefähr alle Psychopharmaka, die es gibt. Merkwürdigerweise hat ihr niemand zu einer Psychotherapie geraten, und Frau Beckmann, die eine gebildete moderne Frau ist, hat auch von sich aus den Wunsch nie verspürt. Sie ist, wie sie sagt, gar nicht auf eine solche Idee gekommen. Erst mit ihrem 50. Geburtstag ist in ihr der Entschluß gereift, doch noch etwas an ihrem Leben zu ändern.

Frau Beckmann wurde von einer Anamnestikerin auf ihre Eignung für eine Psychotherapie hin interviewt. Wir nehmen an, daß allen Therapeuten dieses Interview vorgelegen hat, so daß alle etwa vom gleichen Kenntnisstand ausgehen konnten.

Demnach ist Frau Beckmann eine lebhafte und gescheite Frau, die sich gewandt ausdrücken kann und einigermaßen introspektionsfähig scheint. Sie ist verheiratet, hat drei erwachsene Kinder (zwei Söhne, eine Tochter) und zwei Enkelkinder. Der Ehemann von Frau Beckmann ist ein sehr erfolgreicher Kaufmann, der in seiner Firma eine gute Position errungen hat. Sie kennt ihren fünf Jahre älteren Mann, seit sie 15 Jahre alt ist. In ihrem Leben hat es nie einen anderen gegeben, sie bezeichnet sich als »rundum glücklich« in ihrer Ehe. Ihr Mann sei sehr hilfsbereit, hat die Krankheit in bewundernswerter Weise mitgetragen, ebenso die Kinder. Sie hat jetzt nur noch ihre zwanzigjährige Tochter zu Hause; die Söhne leben mit ihren Partnerinnen nicht weit von den Eltern entfernt. Die Familie ist miteinander sehr vertraut, man feiert alle Feste gemeinsam und geht miteinander liebevoll um. Ihre Schwiegertöchter sind ihr »lieb wie eigene Kinder«.

Frau Beckmann stammt aus einem sehr christlichen Elternhaus, ihren Mann hat sie bei einer kirchlichen Festlichkeit kennengelernt und sehr rasch nach Hause mitgebracht. Die Eltern haben den jungen Mann sehr geschätzt, und als sie sich mit 18 Jahren verlobt hat, war man allseits zufrieden. Mit 19 Jahren hat sie geheiratet, sechs Monate später wurde der älteste Sohn geboren. Diese etwas frühzeitige Geburt wurde in der elterlichen Familie nicht erwähnt, sie hat sich aber damals ziemlich gegrämt, weil sie wußte, daß ihre Eltern davon nicht erbaut waren und einen vorehelichen Geschlechtsverkehr als unmoralisch ansahen. Dies hat ein bis zwei Jahre einen leichten Schatten auf das Familienglück geworfen, aber irgendwann war auch dies vergessen und vergeben.

Frau Beckmann hat trotz der drei Kinder immer gearbeitet, weil ihr die Arbeit bei einer kleinen, aber sehr guten kirchlichen Zeitschrift sehr große Freude gemacht hat, zumal man dort auf ihre Familienpflichten sehr viel Rücksicht nahm. Ihre Position war zwar die einer Sekretärin, faktisch aber hat sie am Produktionsprozeß selbst sehr viel mitgestaltet, hat auch ab und zu selbst etwas geschrieben und war ganz und gar identifiziert mit ihrer Zeitschrift.

Ihre Position wurde etwas schwierig, als ein junger Mann als Redakteur angestellt wurde, mit dem sie sich überhaupt nicht vertrug. Sie empfand ihn als »schlampig, aufsässig, allzu progressiv« und fühlte sich außerdem durch ihn abgewertet. Er wollte sie auf den »Sekretärinnen-Status« zurückdrängen, den sie schon längst verlassen hatte, gab ihr unhöfliche und anmaßende Anweisungen und erwartete von ihr keine eigenständige Arbeit. Ihr Chef, mit dem sie sich bisher gut verstanden hatte, nahm in diesem stillen Kampf kaum Partei, er fand, daß dieser junge Mann sehr begabt sei und die Zeitschrift »modernisieren« könne. In der damaligen Zeit sei auch die Kirche ganz gehörig ins Kreuzfeuer geraten, und jener junge Mann hätte, ihrer Meinung nach, ruhig etwas vorsichtiger sein können in seiner Kritik. Sie muß aber zugeben, daß durch ihn die Zeitschrift wieder etwas »peppiger« wurde.

Der erste Angstanfall war sehr dramatisch, und sie erinnert sich sehr gut daran, weil er etwas mit diesem jungen Mann zu tun hatte. Es gab nämlich damals eine recht scharfe Auseinandersetzung in der Redaktion, sie selbst hatte protokollierend daran teilgenommen und hatte sich innerlich sehr engagiert. Als der junge Mann eine ihrer Meinung nach allzu diffamierende Äußerung über die deutschen Bischöfe machte (sie erinnert sich an das Wort »die korrupte onanierende Bagage da oben«), wurde es ihr aber zuviel, und sie rügte diese Ausdrucksweise. Der junge Redakteur sagte daraufhin: »Sie bleiben bei Ihrem Protokoll, ja?« und überging sie. Es wurde ihr heiß und kalt, sie konnte gerade noch die Sitzung überstehen, und als der junge Mann sich nach der Sitzung bei ihr entschuldigte, gab der Boden unter ihren Füßen nach, und sie wurde ohnmächtig. An die daraufhin entstehenden Aufregungen erinnert sie sich heute noch mit großer Pein: Sie genierte sich fürchterlich, der Chef fuhr sie nach Hause, und im Laufe des Tages erholte sie sich. Von da an aber gab es, für sie unerklärlich, auch ohne besonderen Anlaß immer wieder kleinere und auch größere Anfälle von Unwohlsein und Hitzewallungen, verbunden mit Angst. Nach etwa zwei Monaten konnte sie nie sicher sein, ob sie den Tag heil überstehen könne, das Weggehen von zu Hause wurde immer schwieriger. Ihr Mann brachte sie damals regelmäßig zur Arbeit und holte sie ab. Als er einmal für ein paar Tage verreist war, merkte sie, daß es ihr unmöglich war, das Haus zu verlassen. Seither datiert die Straßenangst, die kleineren Angstanfälle traten gelegentlich auch noch auf, zur Zeit aber dreht es sich vor allem um ihre Unfähigkeit, das Haus alleine zu verlassen. Wenn sie von jemandem begleitet wird, hat sie wenig Angst und kann ohne weiteres kleine Besorgungen machen und sogar in die Stadt fahren.

Psychoanalytische Therapie

PSYCHOANALYTIKER: *(wartend, freundlich)* Nun?
PATIENTIN: Ich glaube, Sie wissen schon … *(Schweigen)*
PSYCHOANALYTIKER: *(denkt: passiv, … ich als Vaterfigur, die alles weiß … ich soll die Dinge in die Hand nehmen … sie unterwirft sich …)* Was sollte ich denn wissen?
PATIENTIN: Nun ich dachte … also es geht um meine Straßenangst; ich habe dies der jungen Frau schon erzählt, aber vielleicht wollen Sie es ja auch noch in meinen Worten hören?
PSYCHOANALYTIKER: *(denkt: hat also genügend Kraft, ihre Passivität zu überwinden … gutes Zeichen … intelligent … versucht sich einzu-*

fühlen in mich ... ist vielleicht auch problematisch, schnell die Bedürfnisse des anderen ...) Vielleicht erzählen Sie einfach, was Ihnen gerade in den Sinn kommt? Ganz ungefiltert!

PATIENTIN: Es geht also um meine Unfähigkeit, das Haus alleine zu verlassen, ich habe das schon seit vierzehn Jahren, mal besser, mal schlechter ...

PSYCHOANALYTIKER: Hmm.

PATIENTIN: Sie kennen das sicher ... ich muß Ihnen nicht erzählen, wie sehr das mein Leben einschränkt, obwohl ich mich ja auch irgendwie damit ... also manchmal denke ich: es hat so sein sollen, und es hat ja auch irgendwie sein Gutes, ich war viel zu Hause in der Jugendzeit der Kinder.

PSYCHOANALYTIKER: Da war es also eigentlich gar nicht so notwendig, das Haus zu verlassen?

PATIENTIN: Na ja, das ist so zwiespältig; ich hätte schon gerne noch meinen Beruf ausgeübt, aber irgendwie war es daheim dann auch ganz angenehm, obwohl ... da gibt es dann schon auch immer Gelegenheiten, wo man es bedauert ... Aber die Kinder haben mir auch sehr viel geholfen, mich begleitet, für mich eingekauft und so. Ich habe sehr freundliche Kinder, und auch Enkelkinder.

PSYCHOANALYTIKER: Hmm.

PATIENTIN: Ja, und dann war es halt auch so mit den Reisen. Irgendwann wollte mein Mann, daß wir mehr unternehmen, nicht nur immer dasselbe Feriendomizil in Österreich. Dort, auf dem Lande, konnte ich übrigens immer ohne Angst ausgehen.

PSYCHOANALYTIKER: *(denkt: dort ist also keine Gefahr, welche immer es auch ist, dort werden also vermutlich verbotene Wünsche nicht wach)* Hmm.

PATIENTIN: Aber eben mit dem Reisen, das hat mir große Angst gemacht. Ich will doch meinem Mann nicht das Leben noch mehr einengen, als es sowieso ist, aber ich konnte mich nicht durchringen zu solch einer Reise. Er möchte so gerne nach Ägypten, das hat ihn schon in seiner sehr ärmlichen Jugend gereizt, er weiß auch viel darüber.

PSYCHOANALYTIKER: Ist das der Grund, weshalb Sie erst jetzt Therapie suchen?

PATIENTIN: Ja, ich weiß nicht ... und ... und, ja, vielleicht ist es ja in meinem Alter viel zu spät ... Ich habe eigentlich auch mit einer Frau als Therapeutin gerechnet ... entschuldigen Sie, also, ich rede da jetzt vielleicht ein wenig durcheinander, aber die Situation ... Was wollten Sie eigentlich noch wissen?

PSYCHOANALYTIKER: *(denkt: warum ist sie wohl gerade jetzt verwirrt, sie möchte mich wiederum zum Führer des Gesprächs machen, wahrscheinlich Angst, daß dies eine allzu intime Situation ist, Abwehr durch die Bemerkung über das Alter – wir sind geschützt durch unser Alter? – und Hoffnung, daß bei einer Therapeutin die von ihr befürchteten Probleme nicht auftreten: damit wäre dann die Situation nicht gefährlich? ...)* Wenn man älter ist, sieht man aber manche Dinge auch mit mehr Distanz, denke ich, man muß dann nicht mehr alles sofort haben.

PATIENTIN: *(lacht irgendwie freudig, fühlt sich vielleicht in ihren unbewußten Befürchtungen verstanden?)* Ja, das stimmt, auf manches kann man auch verzichten, man muß nicht alles haben.

PSYCHOANALYTIKER: *(denkt: sie spricht also jetzt von uns beiden, sie hat schon Vorsorge getroffen, daß ich nicht eine allzu große Gefahr werde ... aber allzu leicht werde ich es ihr nicht machen ...)* Aber manche Wünsche setzen sich doch durch, auch wenn man alt ist. Allzuviel Altersweisheit ist vielleicht auch nicht ganz das Richtige? Wo soll die bei Ihnen zum Beispiel aufhören?

PATIENTIN: *(gerät ein wenig in leichten Flirtton und beweist damit, daß sie die Ebene des Gesprächs gut begriffen hat)* Naja, es kommt darauf an, ich möchte meinem Mann zum Beispiel noch lange eine richtige Frau sein, also sowohl erotisch als auch eine Partnerin ... ich meine, das kann man ja immer ... aber auch wenn man als Frau, ich meine, die Falten sind ja nun auch nicht mehr zu übersehen und die vielen grauen Haare, na ja ...

Psychoanalytiker: *(denkt: sie möchte doch auch für mich noch als Frau attraktiv sein, ihre sexuellen Wünsche sind also sehr offen angesprochen ...)* Auch wenn man älter ist, kann man sexuelle Wünsche haben ...

Patientin: Ja, natürlich. Ich meine, wenn man gut verheiratet ist, dann ist das ja auch eigentlich kein Problem, ich verstehe mich mit meinem Mann ja sehr gut, aber mir tun alle älteren Frauen leid, bei denen dies nicht der Fall ist.

Psychoanalytiker: *(denkt: die sexuelle Zufriedenheit mit dem Ehemann ist vermutlich nicht so groß, ... braucht sie zur Absicherung ... kommt mir vor wie ein junges unschuldiges Mädchen, das sich noch nicht so recht traut ... das ist eigentlich schon die ganze Zeit spürbar ...)* Es ist beruhigend zu wissen, daß da einer ist, der abschirmt und Sicherheit gibt, Ihr Mann tut dies auf vielen Gebieten?

Patientin: Ja, eigentlich auf sehr vielen; er ist sehr verständnisvoll und läßt mir sehr viel Freiheit, aber wenn es not tut, ist er immer wieder da. Wir haben voreinander keine Geheimnisse.

Psychoanalytiker: *(denkt: außer denen, die du selbst nicht kennst ... vielleicht deinen Hunger nach Leben außerhalb ... der Ehemann scheint wohl eher Vater als Geliebter)* Hmm.

Patientin: Ja, als es mir so schlechtgegangen ist, da haben wir auch sehr viel überlegt, warum mich dieser Konflikt mit dem Redakteur so mitgenommen hat, daß ich eben ein Mensch bin, der so schlecht geeignet ist für Unfrieden, weil bei uns daheim ja auch alles immer sehr friedlich zugegangen ist. Mein Mann hat mir da sehr geholfen, er hat das gut verstanden, daß ich mit diesem Mann nicht auskomme; das alles ist ihm auch fremd, diese ganze Aufschneiderei und diese Gossensprache und – aber glauben Sie nicht, daß er irgendwie verzopft ist; er hat schon auch seine Kritik an der Kirche und an der Gesellschaft, und damals konnte man ja gar nicht anders, als da hineingezogen zu werden, ...

PSYCHOANALYTIKER: Hmm.

PATIENTIN: Ja, und da hat mein Mann schon auch Kritik gehabt, aber eben auf eine ordentliche und respektvolle Weise, ich kann nicht so wild dreinschlagen und er auch nicht. Vielleicht sollte man das ja lernen in unserer Zeit – aber es geht auch so, denke ich.

PSYCHOANALYTIKER: *(denkt: Idealisierung des Mannes ist jetzt notwendig, weil sie sich schon zu sehr mit mir eingelassen hat ... darf ich nicht in Frage stellen, sonst wird die Abwehr größer ... die Wünsche nach Wildheit und nach »Gosse« sind ja sehr deutlich ... vielleicht hier einige Barrieren lockern?)* So ein wenig Revolution wäre Ihnen beiden damals und vielleicht auch heute schon recht gewesen – aber es muß ja nicht gleich ganz so grob sein?

PATIENTIN: Ja, was mich damals im Gefolge der Achtundsechziger schon abgestoßen hat, war diese fürchterliche Sprache, immer mit »Scheiße« und so und dieses ungewaschene zottlige Aussehen ...

PSYCHOANALYTIKER: *(in der vorherigen Linie weiter denkend)* Das hat bei Ihnen viele Gefühle, vor allem Abscheu ausgelöst. Ich kann mir denken, daß es wirklich in sehr krassem Gegensatz zu Ihrem sonstigen Leben und Ihrem Herkommen steht, sich so zu benehmen wie zum Beispiel dieser junge Redakteur.

PATIENTIN: Ja, so was kann ich höchstens bei Pubertierenden verstehen, aber nicht bei einem ausgewachsenen Mann.

PSYCHOANALYTIKER: Und Ihre eigene Pubertät?

PATIENTIN: *(lacht)* Ach, da waren wir doch alle so brav, so etwas hat es bei uns nicht gegeben, man hat einfach nicht revolutioniert.

PSYCHOANALYTIKER: Höchstens damit, daß Sie etwas früher als erlaubt mit Ihrem Mann geschlafen haben.

PATIENTIN: *(verblüfft)* Ja, stimmt, das ist eigentlich auch so etwas wie eine kleine Revolte gewesen.

Es folgen Erzählungen über das Elternhaus mit seiner moralischen Strenge und über kleine Revolutiönchen – halb lachend, halb bedauernd, daß man allzu brav gewesen ist. Der Therapeut hat jetzt in seinem Kopf ein erstes Bild von der Bedeutung des Anlasses der Krankheit: Der junge Mann hat vermutlich alle bisher zurückgedrängten sexuellen und aggressiven Bedürfnisse der Patientin bis dicht an die Grenze des Bewußtseins gehoben. Sie hat sich sofort geschützt davor, diesen Versuchungen zu erliegen, indem sie sich ans Haus gefesselt hat. Es wird nötig sein, das strenge Über-Ich der Patientin zu lockern, ihr eigene Wünsche nach Leben und Freiheit als nicht so gefährlich darzustellen.

Kognitiv-Verhaltenstherapeutische Therapie

VERHALTENSTHERAPEUTIN: Was führt Sie her?
PATIENTIN: Ich glaube, Sie haben das Gutachten ... soll ich ...
   (Schweigen)
VERHALTENSTHERAPEUTIN: Ich denke, es wäre ganz gut, wenn Sie mir nochmals in Ihren eigenen Worten erzählen, was Ihr Problem ist; man macht sich als Therapeut ja doch gerne ein ganz eigenes Bild. Aber ich darf Sie unterbrechen, wenn mich irgend etwas besonders interessiert?
PATIENTIN: Ja, natürlich. Also, es geht um diese Straßenangst. Seit vierzehn Jahren gehe ich nicht mehr aus dem Haus ohne Begleitung. Früher hatte ich auch sonst noch immer wieder solche Angstanfälle, aber die sind jetzt eigentlich selten, also deshalb wurde ich nicht Therapie machen.
VERHALTENSTHERAPEUTIN: Welche Begleitung bietet sich denn da an? Wer ist denn der Hauptbegleiter?
PATIENTIN: Also, das ist natürlich vor allem mein Mann.
VERHALTENSTHERAPEUTIN: Aber der ist ja noch berufstätig?

PATIENTIN: Ja, ja, untertags gehe ich auch nicht oft weg, aber gegen Abend, da machen wir Besorgungen oder gehen auch spazieren.

VERHALTENSTHERAPEUTIN: Das geht dann ohne Angst?

PATIENTIN: Ja, vollkommen.

VERHALTENSTHERAPEUTIN: *(denkt: diese Verstärkung muß sicher ziemlich bald abgestellt werden, ich werde auch mit dem Ehemann sprechen müssen)* Ihr Mann ist da auch nicht ärgerlich? Ich meine, nach einem Arbeitstag will man ja vielleicht auch mal einfach langliegen oder fernsehen oder so …?

PATIENTIN: Ach, das gibt es natürlich auch, das ist ja klar; aber normalerweise ist er sehr geduldig, er ist sowieso eine Seele von einem Menschen.

VERHALTENSTHERAPEUTIN: Ich würde mich irgendwann auch ganz gerne mit ihm unterhalten, meinen Sie, er macht da mit? Natürlich nur, wenn auch Sie damit einverstanden sind.

PATIENTIN: O ja, gut, daß Sie es sagen: Er wollte eigentlich sowieso mit hereinkommen. Wenn Sie wollen, können wir ihn gleich rufen.

VERHALTENSTHERAPEUTIN: Nicht jetzt, zuerst will ich doch noch sehr viel mehr über Ihre Sicht der Dinge hören. Welche Vorstellung haben Sie denn, wie sich das Ganze entwickelt hat?

PATIENTIN: Darüber habe ich schon viel nachgedacht und auch mit meinem Mann darüber gesprochen. Es hat damals begonnen, als es im Büro soviel Ärger gab. Sie hatten da einen neuen jungen Redakteur eingestellt, der war ziemlich ekelhaft, so dieser Typ: Jungrevolutionär. Mit dem kam ich nicht zurecht.

VERHALTENSTHERAPEUTIN: Ach ja, da sind Sie bei einer Redaktionskonferenz ohnmächtig geworden.

PATIENTIN: Richtig. Das war der Beginn. Und wir, mein Mann und ich, haben später, als sich das so ausgeweitet hat, ziemlich viel darüber gesprochen, warum mich das alles so aufgeregt hat.

Verhaltenstherapeutin: Was meinen Sie, warum?
Patientin: Ja, ich bin sicher keine Kämpfernatur, mir macht das viel aus, wenn jemand mich so direkt angreift und abwertet. Meine ganze Erziehung war da völlig anders. Wir mußten immer höflich sein, es gab einfach eine sehr strenge Form ... und in unserer eigenen Familie ist es eigentlich ähnlich ... ich meine, natürlich gehen wir mit der Zeit, und wenn unsere Kinder einmal »Scheiße« sagen, dann fallen wir auch nicht in Ohnmacht, aber besonders gerne habe ich diese Gossensprache wirklich nicht.
Verhaltenstherapeutin: Gehen wir noch einmal zurück zu den Zeiten, in denen Sie in Begleitung ausgehen. Gibt es außer Ihrem Mann noch andere Personen, die Ihnen da behilflich sind?
Patientin: Na ja, meine Tochter natürlich, die wohnt ja noch daheim; und früher waren es alle drei, die mir geholfen haben. Ich habe aber versucht, sie nicht allzusehr zu beanspruchen. Ja, und dann habe ich noch eine gute Freundin, die lebt alleine, nicht sehr weit weg von mir: die geht mit mir auch schon mal weg.
Verhaltenstherapeutin: Wohin?
Patientin: Ach, mal ins Kino – obwohl ... da muß ich dann schon einen Eckplatz nahe am Ausgang haben, weil ich noch immer diese Angst nicht loswerde vor dem Ohnmächtigwerden. Mir wird es auch oft ein wenig komisch im Kino. Ja ... und manchmal waren wir auch schon im Café, meine Freundin legt da großen Wert drauf. Ich selbst könnte auch ohne auskommen. Ich finde, mein Kaffee schmeckt sowieso besser, und Kuchen backen ist eine Lieblingsbeschäftigung von mir.
Verhaltenstherapeutin: Aber es kommt also schon vor, daß Sie ins Café gehen?
Patientin: Ja, ab und zu ...
Verhaltenstherapeutin: Was würden Sie sagen, wie oft pro Woche kommen Sie also raus?

Patientin: Also, drei- bis viermal sicher, aber eben nur in Begleitung und meistens auch nicht soweit weg. Ich fühle mich irgendwie sicherer in meiner vertrauten Umgebung.
Verhaltenstherapeutin: Können Sie U-Bahn fahren oder in ein großes Kaufhaus gehen?
Patientin: Habe ich ganz vergessen. Also: Die U-Bahn ist ganz unmöglich, da wird es mir sofort schlecht. In ein großes Kaufhaus: na ja, wenn es Weihnachtstrubel ist oder Schlußverkauf oder so – dann lieber nicht, aber an einem ruhigen Vormittag war ich mit meiner Freundin schon auch dort.
Verhaltenstherapeutin: Sie haben vorhin gesagt, Sie seien keine Kämpfernatur. Gibt es auch andere Gelegenheiten, wo sich das irgendwie zeigt?
Patientin: *(lacht)* Da haben Sie den Finger sicher auf einen wunden Punkt gelegt, vielleicht könnte man das auch gleich ein wenig mitbehandeln? Ich kriege sehr schnell Angst, und wenn Konflikte drohen, da gebe ich dann meistens nach.
Verhaltenstherapeutin: Fällt Ihnen vielleicht irgendein Beispiel ein, das in letzter Zeit geschehen ist, wo Sie sich geärgert haben und eigentlich Ihren Willen ganz gerne durchgesetzt hätten, sich aber nicht getraut haben?

Die Patientin erzählt einige Episoden, die ihre geringe Durchsetzungskraft aufzeigen. Im Therapeuten bilden sich erste Vorstellungen, wie man therapeutisch vorgehen könnte: mentales Training (Systematische Desensibilisierung), später In-vivo-Training bezüglich ausgewählter Angstsituationen (Kaufhaus, U-Bahn); Arbeitsbündnis mit Ehemann, eventuell auch mit der Freundin, daß sie schrittweise ihre Begleitung zurückziehen; genauere Besprechung verschiedener Situationen, die Durchsetzung verlangen, eventuell Übungen im Rollenspiel. Herausarbeiten der irrationalen Befürchtungen bezüglich dessen, was bei mehr Durchsetzungswillen geschehen könnte.

Gesprächstherapeutische Therapie

GESPRÄCHSTHERAPEUT: Ich habe den Bericht von Frau Doktor Glaser gelesen, ich weiß also ungefähr, worum es geht. Erzählen Sie mir einfach das, was für Sie im Moment das Wichtigste ist. Sie wissen ja, daß ich nicht der Meinung bin, daß Sie von mir irgendwelche Ratschläge oder gar Diagnosen brauchen können. Ich will zuerst einmal nur versuchen, Ihre Lage zu verstehen.

PATIENTIN: Ja, das Wichtigste ist eben die Sache mit meiner Straßenangst, die habe ich ja schon sehr lange. Da muß sich jetzt endlich etwas ändern ...

GESPRÄCHSTHERAPEUT: *(denkt: warum sie wohl gerade jetzt kommt? Hat das etwas mit dem Alter zu tun? Ich muß ihre Aktivität ansprechen)* Und Sie haben sich daher entschlossen, jetzt endlich das Problem anzupacken?

PATIENTIN: Ja, obwohl ... ich weiß nicht, ich habe ja schon sehr viel versucht und bin immer wieder gescheitert. Und in meinem Alter ...?

GESPRÄCHSTHERAPEUT: *(denkt: es gibt ja wahrscheinlich eine Art Wendepunkt, eine neue Kraft, neben der Angst, wenn man die anspricht, weicht sie zurück)* Hmm.

PATIENTIN: Manche sagen zwar, für eine Therapie ist man in meinem Alter schon nicht mehr geeignet, aber vielleicht stimmt das ja gar nicht!

GESPRÄCHSTHERAPEUT: Ich spüre da in Ihnen neben der Angst auch Mut. Die Angst fürchtet, es könne zu spät sein, die Gegenkraft aber läßt sich nicht so leicht kleinkriegen.

PATIENTIN: Ja, ich wollte zuerst gar nicht kommen, aber wenn ein Termin abgemacht ist ... Ich wollte Sie da auch nicht einfach sitzen ... ich meine, es war ja gar nicht so einfach, den Termin zu kriegen ... und ich wollte auch wirklich ... und es wäre mir unangenehm ...

GESPRÄCHSTHERAPEUT: *(denkt: das scheint eine Quelle von Ängsten zu sein: daß sie unangenehm auffällt, eine Belastung ist …)* Sie hätten dann das Gefühl gehabt, zu mir unhöflich zu sein, wenn Sie mich warten lassen?

PATIENTIN: Ja, obwohl … ich verstehe schon, das ist ja für mich, eine solche Therapie, und vielleicht nehme ich ja immer zuviel Rücksicht. Das sagt mein Mann jedenfalls immer, aber ich bin froh, daß ich doch hier sitze. Obwohl: Es ist nicht ganz leicht, einem Fremden soviel von sich zu erzählen.

GESPRÄCHSTHERAPEUT: *(denkt: ich wende mich jetzt der tieferen Angst zu: daß sie nicht verstanden wird; die Angst, andere zu belästigen, wird sicher noch oft auftauchen, vielleicht hängen diese Dinge ja auch zusammen)* Sie sind unsicher, ob Ihre innere Welt auch gut aufgehoben ist, ob Sie verstanden werden.

PATIENTIN: Ja, genau; ich habe nämlich schon so viele Ratschläge bekommen, von Freunden und von meiner Mutter und auch von meinen Kindern. Aber die wissen einfach nicht, was das heißt: solche Angst zu haben.

GESPRÄCHSTHERAPEUT: Dieses Unverständnis tut oft weh, denke ich.

PATIENTIN: *(bekommt nasse Augen)* O ja, ich will ja doch keine Belastung sein für die anderen und bin es doch; immer bin ich auf Hilfe angewiesen, ich komme mir manchmal richtig behindert vor. Außer meinem Mann verstehen die anderen das auch nicht so ganz: daß ich mich einfach nicht zusammenreißen kann, ich hab's versucht, und es war schrecklich! Ich bin in der U-Bahn einfach ohnmächtig geworden, als ich's mal ausprobiert habe.

GESPRÄCHSTHERAPEUT: Diese Zusammenreiß-Ratschläge gehen wohl irgendwie an Ihrem Problem und Ihrer Person vorbei, die kann man nur so ganz von außen geben …

PATIENTIN: Ja, ich finde das auch brutal von den anderen, obwohl: Ich verstehe ja, daß man das unverständlich findet, wenn einer so etwas Einfaches wie Auf-die-Straße-Gehen oder U-Bahn-Fahren nicht kann.

GESPRÄCHSTHERAPEUT: *(denkt: das Wort »brutal«, das sie so unversehens gebraucht hat, deutet auf sehr viel Wut. Ob man die jetzt schon ansprechen sollte?)* Daß es einfach ist, das sieht aber nur für die anderen so aus, für Sie ist es etwas Unüberwindbares. Ich hatte vorhin, als Sie das Wort »brutal« gebraucht haben, einen kurzen Moment den Eindruck, daß Sie auch manchmal wütend sind über dieses Unverständnis.

PATIENTIN: Ach, na ja ... wütend? ... Ich weiß nicht ... Aber das ist eben wirklich, wie Sie gesagt haben: unüberwindbar, es liegt vor mir wie ein ganz schwerer Klotz, oder besser: wie ein Riesenberg, den ich nur mit leichten Halbschuhen besteigen soll.

GESPRÄCHSTHERAPEUT: *(denkt: aha, das war zuviel, dazu braucht es noch Zeit, ich bleibe also bei den etwas gemäßigteren Anklagen)* Andere haben vermutlich dicke Bergschuhe und können nicht sehen und nachempfinden, wie ein solcher Berg mit leichten Sommerschuhen ...

PATIENTIN: *(freudig)* Ja, ja, und ich stehe da davor und weiß genau: Es geht nicht, wie immer ich es anstelle, ich kippe um und rutsche und so ...

GESPRÄCHSTHERAPEUT: Und die Angst wird immer größer, und Sie können das den anderen gar nicht begreiflich machen, mit Ihrer Angst fühlen Sie sich da ganz allein gelassen.

PATIENTIN: Ja, aber eigentlich möchte ich ja auch gar nicht, daß ich die anderen damit belaste, ich bemühe mich ja so sehr, ein fröhliches Gesicht zu zeigen, aber irgendwie ist diese Angst immer im Hintergrund. Meine Tochter hat aber erst unlängst gesagt: »Unsere Mami, die ist eigentlich eine Frohnatur«, das hat mich einerseits gefreut, aber andrerseits habe ich mir gedacht: »Kind, wenn du wüßtest!«

GESPRÄCHSTHERAPEUT: *(denkt: diese tapfere Fassade zeugt ja auch von Kraft, die muß herausgeholt werden)* Da ist eine ganz tapfere Seite

in Ihnen, die an die anderen denkt, aber das macht auch, daß Sie sich in Ihrer Angst sehr alleine gelassen fühlen?
Patientin: Ja, das stimmt. Auch die liebsten Menschen, nicht einmal mein Mann, können mich da wirklich verstehen.

Der Therapeut spürt sehr genau, wie isoliert die Patientin sich in ihrer Angst fühlt, wie tapfer sie sich bemüht, das Gesicht nicht zu verlieren und wieviel Energie sie das kostet. Er kann sich gut vorstellen, daß sie die Schwierigkeit, die ihr die Rücksicht auf die Familie bringt, in die nächsten Stunden einbringen wird und daß sie die Angst thematisieren könnte, die es ihr macht, von anderen Menschen nicht respektiert zu werden. Er hat aber auch schon einen Bruchteil der Aggression erspürt, den die Patientin fühlt, den wird er nicht aus den Augen lassen. Seine Haltung: einerseits: abwarten, was kommt, und immer dicht am Gefühlsanteil bleiben, andererseits: sich den auftauchenden Aggressionen zu stellen und auch in der therapeutischen Situation darauf achten, wenn sich Mut und Aggression zeigen.

Gestalttherapeutische Therapie

Gestalttherapeut: Nun?
Patientin: Sie haben ja wahrscheinlich das Gutachten von Frau Doktor Glaser bekommen und wissen Bescheid?
Gestalttherapeut: Ja, aber wenn Sie mir selbst die für Sie wichtigsten Dinge erzählen, dann ergibt es doch auch wiederum ein anderes Bild. Was ist denn für Sie zur Zeit von Bedeutung?
Patientin: Nun, vielleicht das Wichtigste ... ja, ich denke, es fällt mir immer schwerer, so auf andere angewiesen zu sein. Obwohl: mein Mann ist eine Seele von Mensch, der beklagt sich nicht, aber ich merke doch ... ja, und dann meine Tochter, die wohnt ja noch daheim, ich will ein so junges Mädchen auch

nicht dauernd belästigen. Wissen Sie, solange die Kinder klein waren, da war das alles eigentlich nicht so schlimm, ich war halt einfach immer zu Hause, da haben die auch etwas davon gehabt ...

GESTALTTHERAPEUT: *(denkt: welche Vorteile hat sie wohl von ihrem Symptom? Daß sie dauernd für andere dasein muß: welchen Vorteil hat das?)* Aber jetzt, so denken Sie, wird die Belastung allzu groß?

PATIENTIN: Ja, irgendwie ... ich weiß nicht ... ich versuche ja sehr, nicht zur Last zu fallen, und meine Tochter hat es eigentlich doch recht bequem zu Hause, die will ja auch nicht so bald ausziehen *(lacht)*. »Hotel Mama« ist eben ganz schön, vor allem schätzt sie meine Küche sehr!

GESTALTTHERAPEUT: *(denkt: sie muß irgendwie unterschwellig darauf gebracht werden, daß ihr Symptom auch etwas einbringt)* So daß es auch gar nicht allzuviel verlangt ist, wenn sie ihrer Mutter dann auch hilft, über gewisse Schwierigkeiten hinwegzukommen?

PATIENTIN: Na ja, ich weiß nicht ...

GESTALTTHERAPEUT: Was brauchen Sie denn von Ihrer Tochter?

PATIENTIN: Das ist eigentlich unterschiedlich, was eben gerade anfällt ... mal geht sie mit mir zum Zahnarzt, mal begleitet sie mich zum Einkaufen ... aber eigentlich tut das ja meistens mein Mann.

GESTALTTHERAPEUT: Kann man sagen: Das Leben Ihrer Tochter ist viel weniger eingeschränkt als das Ihres Mannes?

PATIENTIN: Ja, sicher. Allerdings: *(lacht)* Man könnte auch sagen, daß ich eine einfach zu erhaltende Frau bin. Wissen Sie, ich brauche ja zum Beispiel sehr wenig Garderobe. Wenn man nicht rauskommt, fällt einem ja gar nicht auf, was gerade modern ist. Meine Freundin macht mich manchmal darauf aufmerksam, daß man zum Beispiel diese Pfennigabsätze jetzt nicht mehr trägt, dabei habe ich noch eine ganze Menge Schuhe aus dieser Zeit. Oder diese Folklore-Kleider, die hab ich früher auch gerne getragen – angeblich ist das out. Also: Viel Geld muß mein Mann für mich nicht ausgeben. Friseur erspare ich ihm auch: Ich kann mich gut selbst frisieren, und schneiden kann meine Freundin Renate. Und ich arbeite für ihn ja auch eine ganze Menge, es gibt soviel zu tippen, leider hat er eine Sekretärin, die dauernd krank ist, und da springe ich sehr oft ein. Die Buchhaltung für den Heimatverein führe ich und eben den ganzen Haushaltskram. Ich mach das alles gerne.

GESTALTTHERAPEUT: *(denkt: es ist wichtig, daß sie nicht allzusehr auf die Schuldenseite fällt, sonst sinkt ihr Selbstbewußtsein zu sehr ab)* Wenn ich es also resümiere: Gar so sehr eingeschränkt ist Ihre Familie durch Ihre Straßenangst nicht. In gewisser Weise profitiert sie sogar von einer Frau und Mutter, die für alles sorgt, was innerhalb des Hauses vor sich geht. Sie brauchen eigentlich nur die eine Sache: daß man Sie gegebenenfalls begleitet.

PATIENTIN: Ja, aber das ist eben doch auch schwirig für die anderen ... Ich meine, es wäre schöner, wenn sie eine normale Mutter hätten.

GESTALTTHERAPEUT: *(denkt: wir müssen nun einmal die Seiten wechseln)* Sie haben jetzt die ganze Zeit über die Belästigung gesprochen, die Ihre Familie durch Ihre Krankheit erfährt. Mir fällt auf, daß Sie über Ihre eigenen Probleme damit noch gar nicht geredet haben.

PATIENTIN: *(zögert)* Ja ... ich denke: Meine Probleme und die meiner Familie hängen ja doch zusammen, ich kann da gar nicht trennen.

GESTALTTHERAPEUT: Hmm.

PATIENTIN: Ja, ich meine, wenn man wirklich in einer Familie lebt, muß man sich einfügen.

GESTALTTHERAPEUT: Obwohl man ja doch auch noch ein eigener Mensch ist, oder?

PATIENTIN: Ja, klar ...

GESTALTTHERAPEUT: Ich habe den Eindruck, daß Sie sehr intensiv an das Wohlergehen der anderen denken und nicht so sehr an das eigene – kann das stimmen?

PATIENTIN: Ja, irgendwie ... doch!

GESTALTTHERAPEUT: Nur Ihre Angst erlaubt es Ihnen, ein wenig Unterstützung von den anderen zu erlangen?

PATIENTIN: Ich glaube, ja, da muß es einfach sein ...

GESTALTTHERAPEUT: Mir fällt schon die ganze Zeit auf, daß Sie sich eine recht unbequeme Haltung auf dem Stuhl ausgesucht haben – wenn ich mich in Sie hineinversetze: so als müßten Sie dauernd das Gleichgewicht wahren, so am Rand des Stuhles balancierend. Sie nehmen sowenig Raum wie nur möglich ein. Empfinde ich das richtig?

PATIENTIN: *(abwehrend)* Ach, das macht mir nichts, ich sitze ganz gerne ein wenig unbequem. Aber, vielleicht ... *(setzt sich tiefer in den Sessel)* Ist es so richtig?

GESTALTTHERAPEUT: Das weiß ich nicht, aber vielleicht versuchen Sie doch einmal, den Stuhl für Ihre Bequemlichkeit zu nutzen?

PATIENTIN: *(weiß nicht, was sie tun oder sagen soll)*

GESTALTTHERAPEUT: Versuchen Sie doch einmal, sich noch bequemer hinzusetzen, sich so richtig zu fläzen, sich ganz an den Stuhl hinzugeben. Können Sie das?

PATIENTIN: *(lacht und setzt sich noch tiefer in den Sessel, streckt die Beine aus)*

GESTALTTHERAPEUT: Und jetzt bleiben Sie so sitzen und horchen einmal ein wenig in sich hinein: Was empfinden Sie?

PATIENTIN: Es ist ganz schön, so entspannt ... *(bleibt einige Sekunden ruhig)* Aber jetzt kommt so eine Unruhe auf ... *(bewegt sich ein wenig)*.

GESTALTTHERAPEUT: Versuchen Sie doch, diese Unruhe einen Moment auszuhalten, und beobachten Sie sich dabei – was geht jetzt in Ihnen vor? Wo sitzt diese Unruhe?

PATIENTIN: Hier direkt im Hals, es kribbelt ... und auch im

Bauch ein wenig ... *(atmet tiefer)* ... jetzt wird es besser ... aber es bleibt schon noch Angst übrig.

GESTALTTHERAPEUT: Setzen Sie sich doch wieder so hin wie vorher, so am Sesselrand: Was empfinden Sie da?

PATIENTIN: *(tut es und sitzt in der vorigen Position)* Ja, jetzt ist dieses kribblige Gefühl weg.

GESTALTTHERAPEUT: Das haben Sie jetzt unter Kontrolle?

PATIENTIN: Ja, aber ich spüre jetzt die Anspannung besser als vorher.

GESTALTTHERAPEUT: Wenn Sie sich auch nur ein ganz klein wenig gehenlassen, dann gibt es dieses kribblige Gefühl. Vielleicht könnte es so etwas Ähnliches wie Angst sein – kann man das so sagen?

PATIENTIN: *(verblüfft)* Ja, das stimmt ... mein Gott, wirklich ...

Der Gestalttherapeut nimmt an, daß sich die Möglichkeit der Patientin, sich selbst etwas zu »gönnen«, als ein wichtiger Fokus herausstellen wird. Er sieht die Neurose von Frau Beckmann als den Versuch an, sich von den anderen Unterstützung zu verschaffen, die sie sich »legal« nicht verschaffen kann. Der Gestalttherapeut wird im Laufe der Therapie versuchen, sich mit diesem Thema auch biographisch zu befassen, aber der Schwerpunkt wird darin liegen, daß er immer wieder sehen will, wie sich das Unterstützt-Werden zwischen ihm und der Patientin darstellt.

Familientherapeutisch-systemische Therapie

Es sind versammelt: ihr Ehemann Hermann, die Tochter Janine, die beiden Söhne Micha und Wolfgang, die Mutter der Patientin und die Freundin der Patientin, Renate. Außerdem ein männlicher Therapeut und eine weibliche Therapeutin.

FAMILIENTHERAPEUTIN: Nehmen Sie doch Platz, einfach so wie es gerade kommt. *(Als alle Platz genommen haben, entsteht Schweigen.)*

Familientherapeut: Wer möchte beginnen?
Hermann Beckmann: Ja, ich denke, das ist vielleicht meine Aufgabe, weil ich so sehr darauf gedrängt habe, daß wir diesen Termin bekommen. Nicht, daß ich selbst so sehr unter der Straßenangst meiner Frau leide.
Frau Beckmann *(leise)*: Ach doch, manchmal schon.
Hermann Beckmann: Nein, das wäre für mich kein Grund, aber ich denke mir, sie hat selbst in der letzten Zeit sehr viel häufiger als früher gesund sein wollen und deshalb ...
Micha: Ich fände es auch schön, wenn Mami wieder ein wenig mobiler wäre, ich meine, sie ist ja noch nicht alt und könnte viel mehr vom Leben haben. *(Langes Schweigen.)*
Familientherapeut: Ich finde es sehr schön, daß so viele aus der Familie mitgekommen sind. *(Allgemeines Gemurmel: »Klar, natürlich, selbstverständlich.«)*
Familientherapeutin: Nicht in jeder Familie würde das so gehandhabt.
Janine: Aber wir sind eigentlich schon immer so eine Familie gewesen, wo ... ich meine, eine Familie, die zusammenhält.
Wolfgang: Ja, manchmal vielleicht ein wenig zu sehr.
Familientherapeutin: Können Sie uns ein wenig genauer erklären: in welcher Hinsicht »zu sehr«?
Wolfgang *(verlegen)*: Nicht, daß ich das nicht schön fände, aber ... na ja, ich bin ja jetzt auch mit der Familie meiner Frau öfters zusammen, und da fällt es mir halt auf: daß die nicht soviel voneinander wissen wie wir, sich auch seltener sehen.
Familientherapeut: Und wie finden Sie das?
Wolfgang: Zuerst war es ein wenig komisch für mich, ich habe immer gedacht, meiner Freundin liegt nicht soviel daran, aber so ganz stimmt es nicht. Als ihre Mutter so krank war, hat sie sich immer sehr um sie gekümmert.
Janine: Aber ich möchte nicht nur, wenn einer krank ist, Kontakt. Ich finde es gerade gemütlich, wenn wir so gesund und

fröhlich zusammen sind, wie Weihnachten und so. Findest du das nicht auch schön?

WOLFGANG: Doch, natürlich, und Elena ist ja auch gerne dabei …

FAMILIENTHERAPEUTIN: Elena wollte heute nicht mitkommen?

WOLFGANG: Nein, sie hat gemeint, das sei eine innerfamiliäre Sache, da gehöre sie nicht hin.

HERMANN BECKMANN: Schade.

FRAU BECKMANN: Ach, das ist schon richtig so, sie muß sich nicht meinetwegen auch noch etwas aufhalsen.

FREUNDIN RENATE: Ich möchte dazu auch noch etwas sagen: Diese Familie ist nämlich einmalig, also auch für mich! Ich als Single habe dort ein Plätzchen wie in einer eigenen Familie, da fühle ich mich richtig wohl.

FAMILIENTHERAPEUTIN: Frau Kurze, Sie haben noch gar nichts gesagt. Wie empfinden denn Sie die Familie Ihrer Tochter?

FRAU KURZE: Ach, ich bin so froh, daß alles so friedlich ist. Aber diese Angstanfälle, die sie hat … die … das macht mir Sorgen. Ich glaube, da hat sie viel von meinem verstorbenen Mann, der war auch sehr sensibel.

FAMILIENTHERAPEUT: Durch diesen engen Zusammenhalt in der Familie ist aber die Straßenangst von Frau Beckmann gar nicht so schlimm: Sie bekommt ja von Ihnen allen viel Hilfe, denke ich.

FRAU BECKMANN: Ja, das stimmt, aber ich möchte keine Belastung sein, und deshalb will ich auch gerne frei sein von dieser Angst.

JANINE: Du bist keine Belastung, das hab ich dir schon so oft gesagt. Wir alle machen doch gern etwas für dich.

MICHA: Ja, auch meine Frau, wir haben doch auch dafür immer wieder deine Gastfreundschaft in Anspruch genommen, die vielen Kuchen und die schönen Geburtstage für die Kinder … und so …

FRAU BECKMANN *(lächelnd)*: Schön und gut, aber wenn diese Angst weg wäre, dann könnte das doch auch für euch schön sein, nicht?

Hermann Beckmann: Ich denke, das ist verständlich, wir hätten schon viel eher etwas machen sollen.
Familientherapeut: Frau Beckmann, was denkt wohl Ihr Mann darüber, ob Sie für ihn eine Belastung sind?
Frau Beckmann: Ich ... ich weiß nicht, also, er ist ja so rücksichtsvoll ...
Familientherapeut: Versuchen Sie doch einmal einen Satz zu formulieren, der die Meinung Ihres Mannes ausdrücken könnte.
Frau Beckmann: Ich, also, das ist schwer ...
Familientherapeut: Versuchen Sie es einfach.
Frau Beckmann: Also vielleicht ...
Hermann Beckmann: Für mich ist es ...
Familientherapeut: Herr Beckmann, lassen Sie bitte Ihre Frau selbst überlegen.
Hermann Beckmann *(beleidigt)*: Selbstverständlich, wenn –
Frau Beckmann: Also, mein Mann denkt vielleicht: »Mit einer gesunden Frau könnte ich sehr viel mehr unternehmen.«
Familientherapeut: Herr Beckmann, hat Ihre Frau da etwas Richtiges getroffen?
Hermann Beckmann *(verlegen)*: Na ja, solche Überlegungen kommen schon mal. Ich glaube, das ist klar: Aber eigentlich ist das nicht oft so. Aber – na, um ehrlich zu sein: Manchmal wünsche ich mir schon eine gesunde Frau, aber ich helfe ihr auch wiederum gerne.
Frau Beckmann *(unterdrückt ein Schluchzen)*
Familientherapeutin: Herr Beckmann, was glauben Sie, was Ihre Frau über Ihre Hilfeleistungen sagen könnte?

(An diesem Punkt wird langsam klar, daß es den Familienangehörigen schwerfällt, sich voneinander zu lösen, daß keiner sich getraut, ohne den anderen Meinungen zu äußern, den anderen zu kritisieren und daß einer immer des anderen Sprecher sein möchte. Die Systemischen Familientherapeuten werden in den nächsten Sitzungen darauf hinarbeiten, daß die Familienmitglieder sich klarer voneinander unterscheiden lernen, daß das Elternpaar sich nicht dauernd mit der Familie befaßt, sondern sich von den Kindern distanziert, so daß Frau Beckmann aus der Rolle des bemutterten, behinderten Kindes heraustreten kann.)

Diskussion

Es sollte klarwerden, daß Frau Beckmann in keiner der oben skizzierten Therapien ein gänzlich anderes Gesicht zeigt, daß aber überall ein etwas anderer Aspekt ihrer Person und ihrer Störung beleuchtet wird.

Infolge ihres sehr klaren ätiologischen Konzepts weicht die Psychoanalyse in diesem Fall am weitesten ab von den anderen. Der Psychoanalytiker liest offensichtlich schon die Anamnese etwas anders. Für ihn ist die auslösende Situation von größter innerpsychischer Bedeutung, weshalb er auch sehr schnell eine Entsprechung in der Analysesituation selbst sucht. Durch seine Vorstellung – Frau Beckmann habe sich damals wie heute vor einem Durchbruch von sexuellen und aggressiven eigenen Triebwünschen so sehr gefürchtet, daß sie sich durch ihre Neurose jeder Versuchung entzieht – bekommen für ihn viele Kleinigkeiten eine ganz spezielle Färbung. So ist die nebenbei geäußerte Bemerkung über ihr Alter für ihn nicht nebensächlich, sondern Hinweis auf ihre Angst, auch in einer Therapie könnten die gefürchteten Impulse wieder auftreten, weshalb sie sich gleich absichert. Denken wir uns die Therapie weiter, dann können wir uns vorstellen, daß die Patientin sich, angeleitet von den Interventionen ihres Psychoanalytikers, noch sehr oft mit ihren Wünschen nach Sexualität und/oder nach Auflehnung und Chaos wird auseinandersetzen müssen. Die allzu brave Fassade, die ja von allen Therapeuten sehr rasch gesehen wird, verbirgt unerfüllte Bedürfnisse, auf die die psychoanalytische Therapie ihr Augenmerk in besonderer Weise lenkt. Man wundert sich, daß die Patientin die oft etwas unvermittelten Interventionen des Analytikers ohne Widerspruch, ja sogar mit ziemlich großer Akzeptanz hinnimmt. Dies verdankt sich einem »Verstehen«, das mehr ist als ein bloßes »Sicheinfühlen«. Dieses Verständnis kommt aus dem Zugang zum Unbewußten, und so ist die Patientin offenbar gar nicht irritiert darüber, daß der Psychoanalytiker ohne Zusammenhang von den Triebwünschen alter und junger Menschen spricht. Es spricht sie auf einer anderen Ebene an als auf der bewußten. Ein Außenstehender könnte psychoanalytische Interventionen oft als ungehörig, mißverständlich oder wenig aufmerksam abtun. Sie sind es dann nicht, wenn der Therapeut – auch indem er sein eigenes Unbewußtes nutzt – die untergründigen Strömungen versteht, die einen Patienten leiten.

Demgegenüber ist der Gesprächstherapeut einer, der sehr stark auf die Heilwirkung des »Sicheinfühlens« setzt. Er betont den Aspekt des »Unverstandenseins« sowie die Schwierigkeit der Patientin, sich vor den anderen mit ihren wahren Gefühlen zu zeigen. Man kann sich gut vorstellen, daß auch dieser Gesprächstherapeut aggressive Impulse der Patientin sehr rasch freilegt und ihr durch seine Wärme und Akzeptanz signalisiert, daß sie sich davor nicht zu fürchten braucht. Sollten in der therapeutischen Beziehung solche Gefühle auftauchen, was wahrscheinlich ist, dann wird er sicher auch darauf eingehen. Weniger leicht wird es sein, die verborgenen sexuellen, ja die chaotischen Triebwünsche bewußt zu machen. Denkt man sich die Therapie weiter, dann sieht man eher eine friedvolle Entwicklung, die es der Patientin langsam ermöglicht, sich ohne schlechtes Gewissen auch mit Aggressionen auseinanderzusetzen. Daß der Therapeut immer dicht am Gefühlsanteil bleibt, ist für die Patientin sicher sehr erleichternd und schafft ein Klima, das ihr zum Beispiel sehr viel weitergehende Kritik an ihrer Familie ermöglicht, als sie bisher gewagt hat.

Auch der Gestalttherapeut sieht sehr rasch, daß Frau Beckmann für sich selbst wenig fordert, die geheime Intentionalität ihrer Neurose (nämlich: sie dazu zu benutzen, andere für sich sorgen zu lassen) fällt ihm sofort auf. Für ihn steht im Vordergrund die kreative Lösung, die die Patientin damit gefunden hat: Indem sie krank wird, müssen die anderen für sie sorgen. Daß diese ursprünglich kreative Lösung sich andrerseits als sehr destruktiv für ihr Leben erweist, ist eines der Kennzeichen jeder neurotischen Lösung überhaupt. Die Übertragung auf ihre Hier-und-jetzt-Situation, indem er auf ihre unbequeme und angespannte Art des Sitzens eingeht, läßt Frau Beckmann sicher sehr unmittelbar etwas erleben, was wichtig für sie sein könnte: ihre starke Kontrolle der eigenen Bedürfnisse und ihre Angst vor Hingabe an diese Bedürfnisse. Er wird im weiteren Verlauf der Therapie sicher dafür sorgen, daß sie mit diesem Bedürfnis nach Versorgtwerden vertraut wird, daß sie für sich selbst bestimmt, wie viel und wie wenig sie davon realisieren kann, so daß sie nicht mehr den Umweg über die Neurose braucht. Möglicherweise wird damit verbunden sein ein wenig mehr Distanz vom Familienverband und ein neues Vertrauen darin, daß sie auch als ein eigenständiger Mensch agieren kann.

Am leichtesten verständlich ist auch für Laien die Art des Herangehens in der Verhaltenstherapie. Jede Frage ist dazu bestimmt, den späteren Therapieplan aufstellen zu helfen. Auch die Patientin, so darf man mutmaßen, weiß sehr schnell Bescheid, warum bestimmte Dinge wichtig sind. Das, was bei den anderen Therapien ins Auge fällt (vor allem bei der Psychoanalyse und bei der Gestalttherapie): daß nämlich Aspekte ins Spiel gebracht werden, die der Patientin vorher sicher nicht ganz so klar waren, daß der Therapeut »mehr« sieht als die Patientin: das fällt bei der Kognitiven Verhaltenstherapie weitgehend weg. Der Therapeut weiß nicht »mehr«, er kann nur das, was die Patientin weiß, in einer sinnvollen Art so zusammensetzen, daß daraus Handlungsanleitungen entstehen. Man kann sich gut vorstellen, wie die nächsten Stunden vergehen: mit sehr genauer Befragung über die Angsthaltigkeit einzelner Situationen, über die Art der Erleichterung durch die Begleitung bestimmter Personen, eine genaue Abklärung von Situationen, wo mehr Durchsetzung erwünscht ist.

In der Systemischen Familientherapie wiederum wird auf eine sehr subtile Art und ohne daß die Familie davon viel verstehen muß eine Atmosphäre geschaffen, die das dauernde Aufeinander-Eingehen aufbricht. Die klaren Direktiven des Therapeuten, Herr Beckmann möge doch seine Frau ohne Einmischung reden lassen, die sofortige Aufmerksamkeit der Therapeuten, wenn etwas ein wenig gegen den Strich der allgemeinen Harmoniebekundungen geht (als Wolfgang meint, sie würden »zu sehr« zusammenhängen, und die Frage, warum Elena nicht mitgekommen ist): all dies deutet schon in der ersten Stunde an, daß hier der starke familiäre Zusammenhalt ins Kreuzverhör genommen werden wird. Irgendwann wird klarwerden, daß dieser Zusammenhalt der Familie sehr stark vom Symptom der Frau Beckmann bestimmt ist und daß eine Aufgabe des Symptoms auch bedeuten würde: daß der Familienzusammenhalt sich lockert. Dies würde wahrscheinlich für die Tochter, die sich ganz offensichtlich überhaupt noch nicht gelöst hat, eine neue Aufgabe bedeuten. Schlimmstenfalls, so könnte man sich vorstellen, würde nun die Tochter ein Symptom entwickeln müssen, um den Zusammenhalt wiederum zu gewährleisten.

Was bedeutet dies nun aber für die »Heilung« von Frau Beckmann von ihrer Angst? Grob gesprochen: jede Therapieform könnte dies bewirken, wenn nur der Therapeut gut ist. Wie wir aus einer sehr genauen Untersuchung (Crits-Christoph et al., 1991) wissen, ist die Symptombesserung oder Heilung von Patienten, wenn wir bekannte Therapie-Erfolgsstudien ansehen, immer wieder von einigen wenigen Therapeuten – egal, welcher Therapierichtung – erbracht worden. Man weiß aber nicht, was eigentlich den guten »Heiler« ausmacht. Eines scheint, dieser Untersuchung nach, sicher: Es sind solche Therapeuten, die »ihrer« Therapierichtung treu bleiben und nicht allzuviel in fremden Therapierichtungen herumvagabundieren. Dies entspricht nicht den modernen Forderungen nach »Integration«, ist aber der Forschungslage nach ganz augenscheinlich sehr viel therapieadäquater als das Tanzen auf allen erreichbaren Hochzeiten.

Alles in allem: Frau Beckmann kann innerhalb jeder Therapierichtung geheilt werden. Aber: Frau Beckmann wird vermutlich in jeder Therapieform nicht nur andere Erkenntnisse für sich gewinnen, sie wird vielleicht auch noch andere »Nebenwirkungen« verspüren. So wurde in der realen psychoanalytischen Therapie von Frau Beckmann auch ihre sexuelle Unempfindlichkeit zum Verschwinden gebracht – ein Thema, das ursprünglich natürlich gar nicht zur Sprache gekommen war! Man könnte sich dasselbe Ergebnis auch bei einer Gestalttherapie vorstellen, wenn die Betonung auf die eigenen Wünsche und Bedürfnisse zentraler Bestandteil der Therapie ist. Die in der Therapie gewonnenen Erkenntnisse aber, und dies ist derjenige Teil einer Behandlung, der auf den ersten Blick »unmedizinisch« erscheint, beeinflussen Frau Beckmann sicher mindestens genauso wie das Verschwinden des Symptoms und könnten sicherlich auch präventiv bewirken, daß Frau Beckmann von nun an weniger krank wird, produktiver und glücklicher in ihrem Leben ist. In welcher Hinsicht sich solche neuen Konzepte der eigenen Person auf das weitere Leben auswirken, wissen wir aber nur in Einzelfällen, wenn Menschen sehr reflektiert sind und gerne darüber nachdenken, wie eine bestimmte Therapie ihr Leben insgesamt verändert hat. Daß es nicht nur die »therapieadäquaten« Konzepte sind, die Patienten nach einer Therapie für sich selbst verwenden, ist aber ziemlich sicher. So werden sich recht oft auch Patienten einer Verhaltenstherapie über die Akzeptanz ihres Therapeuten oder ihrer Therapeutin freuen und sich ein Stück weit besser akzeptiert fühlen im Leben, und auch gesprächstherapeutisch behandelte Patienten können spüren, daß sie nun auch ihre Triebwünsche ohne allzuviel schlechtes Gewissen empfinden dürfen.

Obwohl wir hier auf einem noch unbekannten Feld operieren, läßt sich doch einfach durch Überlegen und entsprechende langjährige Erfahrungen als Therapeut oder Therapeutin mutmaßen, daß die Unterschiede vorhanden sein müssen, daß sie aber nicht genau in diejenige Richtung zielen müssen, die unsere Theorie den Patienten vorgibt.

Erster Teil

Das Heilen früher und heute: Symbole und Beziehungen

Körperliches und seelisches Ungemach sind oft schwer voneinander zu unterscheiden. Die Funktion von heilkundigen Personen ist in vielen Kulturen daher nicht unbedingt getrennt in solche, die körperliche, und solche, die seelische Leiden behandeln. Heiler in nichtwestlichen Kulturen sind oft zuständig für ein breites Spektrum von physischen, psychischen und sozialen Problemen. So gibt es Kulturen, in denen der Heiler – unter anderem – die Einweihung eines neuen Hauses vornimmt, die Krieger, bevor sie in den Kampf ziehen, segnet und für die Heilung von Psychosen zuständig ist (Torrey, 1972, Frank, 1972).

Nicht in jeder Kultur wird außerdem die Trennung zwischen Leib und Seele in derselben Weise vorgenommen wie in der europäisch-nordamerikanischen Moderne. So hat bekanntlich Hippokrates die Hysterie einer »wandernden Gebärmutter« zugeschrieben, und in vielen Stammeskulturen werden Krankheiten, die unsere Medizin eindeutig als bakteriell bedingte, also körperliche, ansieht, bösen Gewohnheiten oder Tabubrüchen zugeschrieben. Sehr häufig finden wir auch Beschreibungen von Krankheiten, die wir in dieser Zusammenschau von Symptomen nicht kennen, sondern als getrennte nosologische Symptom-Einheiten ansehen würden. Torrey beschreibt eine Reihe von Krankheiten aus anderen Kulturen, die in unserem System in dieser Symptomekombination nicht vorkommen, zum Beispiel das »totally discourage Syndrome« der Sioux-Indianer, das aus einer Kombination von Alkoholismus, Zwängen, Soziopathie und psychotischen Anteilen besteht. Das »wagamama« der

Japaner wiederum beinhaltet Regression in einen Zustand von Infantilität, Apathie, Negativismus und emotionalen Ausbrüchen.

Auch der Zusammenhang von Leib, Seele und Gesellschaft wird in unterschiedlichen Kulturen anders gesehen. Erdheim berichtete auf dem 43. Lindauer Psychotherapiekongreß sehr detailliert von einem Fall von schwerer körperlicher Krankheit (irgendeine Lungenerkrankung), der von einheimischen Heilern als ein Fall von Tabubruch (er hatte in eine falsche Familie hineingeheiratet) gedeutet, vor allem auf sozialer Basis geheilt wurde: Der Kranke mußte durch entsprechende Sühnerituale hindurch, um Heilung zu erlangen.

Gibt es überhaupt Zusammenhänge zwischen der modernen Psychotherapie und dem Heilen in einem vormodernen Sinn? Oder haben sich die Prämissen so sehr verändert, daß wir von vollkommen neuen Wirkmechanismen ausgehen müssen?

Abgesehen von einem neuen modernen Verständnis des Zusammenhanges – und nicht der strikten Trennung – von Leib und Seele (das übrigens meist nicht weniger verschwommen ist als das irgendwelcher Eingeborenenstämme) gibt es aber, so meine ich, auch sehr viele innere Zusammenhänge, die es erlauben, das Thema »Heilen« unter dem Gesichtspunkt allgemeiner Wirkmechanismen zu sehen.

Schon der französische Ethnologe Claude Levi-Strauss hat ja zwischen der Psychoanalyse und den magischen Praktiken der Heiler Parallelen gefunden. J. D. Frank und F. E. Torrey, zwei amerikanische Psychiater und Therapeuten, haben ähnliche Überlegungen angestellt.

Demzufolge ist eine wichtige Vorbedingung für das Heilen ein dem Heiler und dem Kranken gemeinsames Glaubens- und Symbolsystem. Es leuchtet ein, daß in Zentralafrika die große Psychoanalyse wohl wenig Erfolg haben dürfte und in europäischen Großstädten die Versöhnung der Ahnen zur Heilung eines seelischen oder körperlichen Gebrechens nicht viel Wirkung zeitigen wird.

Trotzdem: Wir werden seit einiger Zeit immer wieder verblüfft von Berichten über Workshops, in denen indianische Schamanen Wunderheilungen vollbringen und philippinische Ärzte auch in Krefeld eine Blinddarmentzündung ohne operativen Eingriff verschwinden lassen. Auch mancher homöopathische Erfolg – besonders, wenn er als genuin psychische Störung anzusehende Krankheiten betrifft, etwa die Magersucht – versetzt die meisten gebildeten Europäer in Erstaunen.

Ist also das gemeinsame Symbolsystem nicht mehr gültig? Oder muß diese Vorstellung modifiziert werden?

Ganz offensichtlich können wir in diesem Bereich, so wie in vielen anderen, in der heutigen Zeit nicht mehr darauf vertrauen, daß es ein einziges Symbol- und Glaubenssystem gibt. Das heißt für die Psychotherapie: daß unterschiedliche Bevölkerungsgruppen von unterschiedlichen Grundvoraussetzungen her Heilung anstreben oder Heilung anbieten. Dabei kommt es auch zum Überspringen sehr vieler üblicher Glaubenssätze – eben im Glauben an schamanistische Praktiken oder asiatischer Medizin.

Nun wäre es bei derartigen Überlegungen sicherlich inkorrekt, den uns einigermaßen geläufigen Unterschied zwischen körperlichen und seelischen Gebrechen zu verwischen. Erfahrungsgemäß muß man nicht den geringsten Glauben an Antibiotika haben, um dennoch eine gefährliche Gehirnhautentzündung mittels ihrer Hilfe zu überstehen – egal, ob sich das Geschehen in Berlin oder in einem afrikanischen Kral abspielt. Ähnliches wird übrigens von einer Reihe homöopathischer Behandlungen berichtet, die bekanntlich auch bei Säuglingen und Tieren wirken. Ganz andere Erfahrungen hingegen machen wir etwa mit Erkrankungen des Kreislaufsystems oder mit chronischer Migräne.

Hier scheint die Frage wichtig, ob eine Behandlung kulturabhängig (also vom eigenen Symbolsystem her gedacht) ist oder nicht. Die Heilung derjenigen Krankheiten, die wir als »psychisch« zu bezeichnen gewohnt sind (mit der üblichen, ziemlich großen Grauzone), scheint sehr viel stärker als andere abhängig vom »richtigen« Symbolsystem.

Natürlich gibt es in einer komplexen Kultur wie der unsrigen unterschiedliche Symbolsysteme (zum Beispiel: die verschiedenen Therapieschulen), die alle wirksam sein können. Abgesehen von den »Ausreißern« dieser Szenen in vormoderne Praktiken aber gibt es dennoch einige Gemeinsamkeiten, die alle modernen Systeme kennzeichnen.

Woraus aber bestehen solche Symbolsysteme?

Sie sind zum einen – in mehr oder weniger starkem Ausmaß – bestimmt von der Vorstellung der Entstehung und Bedeutung der Krankheit. Das kann ätiologisches Denken (beispielsweise in der Psychoanalyse) beinhalten oder auch – wie im Falle der Gestalttherapie oder der Systemischen Therapie – ein Denken in Begriffen der Funktionalität von Störungen und ihrer Einpassung in das Gesamtbild der Biographie beziehungsweise des Systems. In manchen Heilungsparadigmen überwiegt ein religiös-transzendenter Charakter – so zum Beispiel in vielen vormodernen Heilungssystemen, die auch die Vorfahren oder Geister einbeziehen.

Nach Torrey ist etwa in Äthiopien ein Großteil der Krankheiten von den »zar«-Geistern verursacht; die Klassifikation der Krankheiten geschieht entlang diesem Verursachungsprinzip, wobei aber unsere Klassifikation in seelische und körperliche Krankheiten durchbrochen wird. So wird etwa ein tuberkulöser Abszeß als von Geistern verursacht angesehen, eine Lungentuberkulose hingegen gilt als rein somatische Krankheit.

In vielen Systemen ist vor allem die symbolische Bedeutung der Krankheit dominierend: so etwa in der Psychoanalyse, wo die Krankheit als Ausdruck spezifischer innerer Konflikte und ihrer Abwehrmanöver gesehen wird, oder in manchen Körpertherapien, wo verbal vermittelte Analogien zwischen körperlichen

Leiden und seelischen Zuständen gesucht werden (»Was lastet auf dir, das dir solche Kreuzschmerzen verursacht?«).

Diese Symbolsysteme sind in starkem Ausmaß bestimmt von der (mit der Krankheitsvorstellung in Zusammenhang stehenden) je spezifischen Idee der völligen Wiederherstellung des Normalzustandes. Diese Restitutio ad integrum beinhaltet meist wesentliche Vorstellungen davon, was Menschen krank oder gesund macht und nach welchen Organisationsprinzipien ein Mensch innerhalb eines größeren Systems »funktioniert«. Ob die Beschwörung von Geistern, die Versöhnung mit den Ahnen, die Selbstreflexion oder die akzeptierende Beziehung Heilung verspricht, ist eng verbunden mit dem ätiologischen und kurativen Denken in einem System. Die Metaphernwelt eines Heilungssystems ist Ausdruck dieses Denkens. Ich gehe darauf näher ein auf den Seiten 71 bis 75.

Natürlich hat das Symbolsystem nicht nur verbale Bestandteile. Gegenstände (das Kreuz, Federn, Steine, die Couch) und Rituale (Knien, Essen, Segenshandlungen, körpertherapeutische Übungen) sind ebenfalls wichtig.

Jedes Symbolsystem des Heilens ist, versteht sich, eng verwoben mit dem gesamtgesellschaftlichen Gefüge. Ein komplexes und in sich oft widersprüchliches wie das der westlichen Welt entwickelt daher auch differierende Symbolsysteme. Auf welcher Basis sie jeweils beruhen: das herauszufinden soll unter anderem Aufgabe dieses Buches sein.

Ein ebenfalls immer wieder als wichtig erachteter Wirkfaktor beim Heilen ist das, was in der modernen Diktion die »therapeutische Beziehung« genannt wird. Was bedeutet sie, und wie sieht sie in den unterschiedlichen Systemen aus?

In ihrer weitesten Fassung (und damit auch in vormodernen Heilungssystemen) ist damit nichts anderes gemeint, als daß Heiler und Patient in einer starken und vertrauensvollen Form aufeinander bezogen sein müssen. Das heißt natürlich nicht, daß sie in einer der Moderne gemäßen Form in persönlichem Kontakt sein müssen. Es kann diese Beziehung auch auf einer ganz anderen Basis ruhen, zum Beispiel auf einer religiösen. Wichtig ist, daß beide den Bezug spüren und nutzen, was auf beiden Seiten innere und äußere Aktivität voraussetzt. In manchen Kulturen kann die Aktivität vom Kranken an die Familie und den Clan delegiert werden: Dieser muß dann Opfer bringen, Gebete sprechen und anderes mehr. In einer Welt des ausgeprägten Individualismus allerdings ist die Beziehung zwischen dem Kranken und dem Heiler eine sehr persönliche, ganz besonders, wenn es um Psychotherapie geht. Nicht wenige Menschen empfinden diese spezielle Form der Beziehung als die wesentlichste ihres Lebens, zumindest für einige Zeit. Es ist eine Beziehung, in der – egal, welches Therapiesystem man betrachtet – sehr persönliche Gefühle und Stimmungen verhandelt werden, in der Geheimnisse, die sonst meist niemand kennt, anvertraut werden. Dies alles gibt der Beziehung ein ganz besonderes Flair, das an Verliebtheit erinnert und sehr oft auch eine solche ist. Die meisten Therapiesysteme der Moderne haben diese Beziehung, eben weil sie ganz offensichtlich als eine sehr spezielle konzipiert ist, in besonderer Weise untersucht und setzen sie auch in spezifischer Weise als eine Art von Heilmittel ein. Es gibt (siehe Seite 204 f.) sehr unterschiedliche Konzepte, um diese Beziehung zu kennzeichnen: als eine Art von Wiedergutmachung, als einen Spiegel der Vergangenheit, als einen Modellfall für eine gute Alltagsbeziehung und mehr dergleichen.

Wie immer aber diese Beziehung zu konzipieren ist: wesentlich scheint, daß dadurch eine Vorgabe an Vertrauen in den Heiler entsteht, ein mehr oder weniger fester Glaube, daß der Heiler durch seine Person und die von ihm vertretenen Techniken über bessere Möglichkeiten der Heilung verfügt als irgendein Alltagsmensch. Daß die therapeutische Beziehung keine Alltagsbeziehung ist, erscheint in so gut wie allen Systemen bedeutend. Überlegungen zur »Demokratisierung« dieser Beziehung – zum Beispiel: der Therapeut erzählt über seine persönlichen Probleme, um die Hierarchisierung abzubauen und dem Patienten zu vermitteln, daß sie beide unter dem gleichen gesellschaftlichen Druck leiden – wie sie im Gefolge der 68er Bewegung eine Zeitlang vertreten wurde, erscheinen demgegenüber etwas naiv.

Die Vorfahren der Psychotherapeuten: Priester, Lehrer, Ärzte

Aus den Berichten über das Heilen in unterschiedlichen Kulturen wird immer wieder ersichtlich, daß wir es oft mit einer Kombination von Belehrungen, seelsorgerischen Handlungen und körperlicher Behandlung zu tun haben. Sehr oft wird eines dieser Elemente sehr stark betont. So finden wir schon in der griechischen Antike Beispiele von Trepanationen (Schädelöffnungen) bei bestimmten Geisteskrankheiten, andererseits aber auch das Heilen auf dem Weg des Gesprächs, der Belehrung und der Entspannung (etwa im alten Ägypten in extra dafür eingerichteten Tempeln). Die spirituelle Dimension stand bei der Behandlung von (Geistes-) Krankheiten in fast allen vormodernen Kulturen sehr häufig im Vordergrund: Exorzismen, Geisterbeschwörung und oft sehr brutale Methoden der Teufelsaustreibung bis hin zum Tod des vermeintlichen Opfers sind bekannt. Man kann diese Elemente des Pädagogischen, des Religiösen und des körperlich-medizinischen Tuns in den verschiedenen Therapieschulen mit einiger Vorsicht wiederentdecken und könnte fast ein Einteilungskriterium daraus machen, welchen Schwerpunkt die einzelnen Systeme haben. Natürlich sind sie jeweils nicht ausschließlich von diesen Elementen bestimmt, aber einer näheren Betrachtung scheinen diese Überlegungen durchaus wert.

Pädagogisch-erzieherisch orientierte Systeme

Erziehung ist die Einwirkung einzelner Personen oder der Gesellschaft auf einen sich entwickelnden Menschen ... zu dessen Wesen die Ergänzungsbedürftigkeit und -fähigkeit und auch das Ergänzungsstreben gehören (Schischkoff, 1978).

Zur Erziehung gehört also ein Pädagoge, der es in irgendeinem Bereich »besser weiß« als der zu Erziehende. Herkömmlicherweise heißt dies, daß dieser Erzieher seine Aufgabe so bewältigt, daß sein Zögling auch weiß, worauf es ankommt. Direktiven, Vorbildfunktion, Anleitungen zum Selbermachen und ähnliche gehören zu diesem Prozeß, der sich durch Klarheit und Rationalität auszeichnen soll. Verhaltenstherapien und Kognitive Therapien zeichnen sich eben durch diese besondere Klarheit und Rationalität aus. Der Patient ist – vor allem in der Kognitiven Verhaltenstherapie – ein Unwissender, der ein gewisses Maß an Aufklärung braucht, um sich selbst und sein Verhältnis zur Umwelt besser verstehen zu lernen. Diese Aufklärung wird ihm sehr direkt zuteil. Er muß sich nur seiner Vernunft bedienen und dem Pädagogen-Therapeuten »folgen«, damit er der Heilung näherkommt.

Einsichten in das Entstehen und Aufrechterhalten von störenden Gewohnheiten werden von Therapeuten dieser Richtung sehr gerne gegeben, weil sie der Ansicht sind, diese allgemeinen theoretischen Überlegungen könnten die Motivation des Patienten steigern, den Therapieplan genau zu befolgen, also: »Hausaufgaben« zu machen (zum Beispiel Beobachtungsprotokolle anfertigen, soziale Übungen vollziehen) und sich mit der Denkweise des Therapeuten zu identifizieren. All dies geschieht ganz direkt, wie es eben in der pädagogischen Situation üblich ist – es ist nicht nötig, darauf zu »warten«, daß der Patient von selbst zu bestimmten Einsichten kommt.

Ein Beispiel aus einer Kognitiven Therapie von Albert Ellis möge dies verdeutlichen: Eine Patientin ist auf ihre Freundin eifersüchtig, weil diese ihr immer dazwischenkommt, wenn sie an einem Mann interessiert ist.

SUSAN: Nun, ich kenne ganz genau meine rationale Überzeugung.
THERAPEUT: Und die wäre?
SUSAN: Da, diese Hexe treibt schon wieder ihr böses Spiel. Holt sich einfach das, was ich will, ohne Rücksicht darauf, was ich will – oder was der Typ will. Wie gemein von ihr!
THERAPEUT: Sie meinen, Ihre beinahe rationale Überzeugung. Der erste Teil: da treibt sie schon wieder ihr böses Spiel – ist eine Beobachtung und deshalb wahrscheinlich richtig. Der letzte Teil: wie gemein von ihr! ist Ihre rationale Bewertung ... Aber Sie machen auch eine irrationale Feststellung, nämlich welche?
SUSAN: Ach, Sie meinen, daß ich sie als Hexe bezeichne?
THERAPEUT: Ja, warum ist denn das eine irrationale und nicht eine rationale Überzeugung?
SUSAN: Weil sie wie eine Hexe handelt, aber deswegen muß sie nicht immer so sein.
THERAPEUT: Genau richtig ... (nach Ellis und Grieger, Seite 130)

Hier wird ganz klar, daß der Therapeut es ist, der die Patientin auf Denkfehler und irrige Schlußfolgerungen aufmerksam macht – die Patientin selbst muß ihm einfach folgen, um mit ihrem Problem besser zurechtkommen zu können.

Religiös-moralisch orientierte Systeme

Religion im weitesten Sinne wird definiert als das Gefühl der Verbundenheit, der Abhängigkeit und der Verpflichtung gegenüber einer geheimnisvollen haltgebenden und verehrungswürdigen Macht (Schischkoff, 1978). In den Naturreligionen wie in den Hochreligionen gibt es Menschen, die in besonderer Weise eine Beziehung zu dieser Macht repräsentieren. Sie scheinen im Besitz besonderer (oft nicht kommunizierbarer) Kenntnisse und nicht hinterfragbarer Eigenschaften, durch die sie befähigt sind, auch die übrigen Mitglieder ihrer Kultur in Beziehung zu bringen zu diesen höheren Mächten. In vormodernen Kulturen sind diese besonders ausgezeichneten und befähigten Menschen oft zugleich die Heilkundigen, da in vielen Kulturen die Krankheit mit übernatürlichen Mächten in Zusammenhang gebracht wird.

Moderne Psychotherapie kennt zwar diese Zusammenhänge nicht mehr – trotzdem gibt es Systeme, in denen Verbindungen von Transzendenz und Krankheit gesehen werden und dementsprechend auch die Psychotherapeuten in die Nähe priesterlicher Personen geraten. Diese Verbindung findet sich in einigen »anerkannten« Systemen sowie in einer ganzen Reihe von esoterischen Therapien.

Bei C. G. Jung ist die Beschäftigung mit Religion und ihrer Beziehung zur Therapie explizit formuliert. Ausgehend von psychologischen Auffassungen von Religion (im Sinne Schleiermachers, für den Religion ganz im Gefühl begründet ist), beschreibt er Religion als eine Einstellung des Menschen gegenüber irgend etwas – Geister, Dämonen, Ideale –, das ihn so sehr bewegt, daß er sich verändert. Dies ist die Erfahrung des »Numinosen«, das einem archetypischen Gottesbild entspricht. Der Mensch sei in diesem Sinne von Natur aus »religiös«, das heißt also: prädisponiert für Erfahrungen, die ihn transzendieren. »Psychologisch gesehen erfüllt die ›transzendente Funktion‹ die Aufgabe, Mensch und Gott oder eine Person und ihr äußerstes Potential durch Symbolbildung miteinander zu verbinden« (Samuels, Shorter, Plaut, 1989). Die »Individuation« steht im Dienste dieser transzendenten Funktion: gibt doch sie erst dem Leben Sinn. Dem Numinosum muß der Mensch sich »öffnen«; Psychotherapie zielt zwar nicht direkt auf diese Erfahrung hin; da sie aber zum

Menschsein gehört, ist das Ziel der Therapie im letzten Sinn erst dann erreicht, wenn ein Individuationsprozeß einsetzt, der dieses Numinosum einschließt. Da das höchste Ziel des menschlichen Lebens im Zusammenbringen heterogener Impulse und Strebungen besteht (im Sinne der Komplementarität), muß auch die individuelle und die kollektive Psyche durch die Individuation zusammenkommen. Dies aber, so C. G. Jung, ist nur dann möglich, wenn eine lebendige und gültige religiöse Erfahrung existiert (Samuels, Shorter, Plaut, 1989).

Psychotherapeuten im Verständnis von C. G. Jung sind daher auch Vermittler dieser religiösen Erfahrung: nicht im Sinne dogmatischer Verkündigung, sondern im Bemühen, die jeweils sich öffnenden Gefühle des Menschen für dieses Numinosum zu erkennen und zu unterstützen. Zwar ist natürlich auch für C. G. Jung die Behandlung neurotischer Störungen durch Psychotherapie wichtig; trotzdem steht aber für ihn im Zentrum etwas, was er »Verfolgung des Entwicklungsziels« nennt, wobei er selbst immer wieder auch auf die Rituale und Zeremonien vormoderner (priesterlicher) Praktiker verweist.

Dies ist eine Besonderheit der Jungschen Psychologie und Psychotherapie, die in einem Freudschen System sicher keinen Platz hat – ist Freud doch in seinen skeptischen religionskritischen Betrachtungen davon ausgegangen, daß sich Religion und Zwangsneurose ähneln, das heißt: daß ein vages Schuldgefühl die verschiedenen Arten von Zeremoniell zur Wiedergutmachung braucht, wobei die religiösen Zeremonien mit den magischen Ritualen der Zwangskranken in Beziehung gesetzt werden. Viktor Frankls System der existentialistischen Logotherapie bezieht sich ebenfalls auf transzendente Dimensionen. Die Sinnsuche des Menschen – eine anthropologische Konstante – ist ihm Beweis dafür, daß menschliches Leben auf ein »außerhalb« verweist. Das Konzept der »noogenen Neurose« (eine Neurose, die aus einem Sinnvakuum entsteht) zeigt an, daß Frankl hier eine ganz besondere Form menschlicher Brüchigkeit als eigenständige Dimension der Krankheit sieht. Die »Sinnleere«, das »existentielle Vakuum« muß gefüllt werden, damit Menschen ihre Lebensaufgabe finden – und die weist allemal über ihre eigene Existenz hinaus. Auch hier ist der Therapeut derjenige, der dieses zutiefst menschliche Anliegen der Sinnfindung teilnehmend begleiten soll und nicht verwechseln darf mit anderen neurotischen Störungen, die eventuell in der Kindheit liegen können. Wo Freud behauptet, daß die Sinnsuche an sich schon neurotisch sei (der gesunde Mensch sucht nicht danach, sondern hat ihn!), geht Frankl den vielfältigen Erscheinungen moderner existentieller Frustration nach, ohne daß er sie unbedingt auf andere (zum Beispiel sexuelle) Wurzeln hin befragt. Auch hier ist der Psychotherapeut einer, der dieses »Über-sich-selbst-Hinausweisen« nicht nur als Konzept kennt, sondern dies auch im eigenen Leben bejahen muß und als Realität erfahren hat, der für sich selbst Sinn gefunden haben muß.

Direkte Therapieprotokolle in dieser Schule sind nicht vorhanden. Frankl berichtet aber sehr oft von Patienten, denen der Lebenssinn verlorengegangen ist. So von einer Selbstmordkandidatin, die nach dem Tod ihres Sohnes ihr Leben als sinnlos ansah. Frankl berichtet von seiner Intervention: »Stellen Sie sich einmal vor, einem Affen werden schmerzhafte Injektionen gegeben, um ein Serum gegen Poliomyelitis zu gewinnen. Vermöchte der Affe jemals zu begreifen, warum er leiden muß? Aus seiner Umwelt heraus ist er außerstande, den Überlegungen des Menschen zu folgen, der ihn in seine Experimente einspannt; denn die menschliche Welt ist ihm nicht zugänglich. An sie reicht er nicht heran, in ihre Dimension langt er nicht hinein; aber ergeht es dem Menschen anders, ist die Welt des Menschen eine Art Endstation, so daß es jenseits von ihr nichts mehr gäbe? Müssen wir nicht eher annehmen, daß die menschliche Welt selber und ihrerseits überhöht wird von einer nun wieder dem Menschen nicht zugänglichen Welt, deren Sinn, deren Über-Sinn allein seinen Leiden erst den Sinn zu geben imstande wäre?« (Frankl, 1981, S. 76).

Hier wird also eine übergreifende Dimension des Lebens angesprochen. Es gibt eine sinnvolle Ordnung, in die der Mensch sich einordnen muß, eine Betrachtungsweise, die über das Nur-Psychologische hinausweist. Dies entspricht schon den ganz frühen Intentionen Frankls, der die Gruppe um Adler verließ, weil ihm das Denken der Individualpsychologen allzu »psychologistisch« war.

Auch das humanistische Therapiesystem im Sinne von Carl Rogers weist sehr viele Züge auf, die man als religiös, jedenfalls aber als moralisch bezeichnen könnte. Der Verweis auf die »ideale« Beziehung, die heilt oder Krankheit verhindert, ist wohl eindeutig von hohem moralischem Ethos getragen und wird bei Rogers keineswegs nur als eine therapeutische Strategie angesehen, sondern als eine Kommunikationsform, die geeignet ist, auch in der »großen« Welt Ungerechtigkeit und Krieg zu verhindern.

Ebenso kann man das Prinzip der »Wachstumstendenz« ohne weiteres als ein überpersonales ansehen.

In dem Maße, in dem tiefenpsychologische (auch psychoanalytische) Systeme sich der humanistischen Psychologie annähern – etwa bei Kohut –, haben sie natürlich ebenfalls teil an dieser »Ahnenreihe« der seelsorgerlich bestimmten Therapeuten.

Esoterische Therapien sind in ganz expliziter Weise so gut wie ausschließlich auf die Suche nach anderen Dimensionen hin ausgerichtet. Es ist die Rede von »Therapie«formen, die mit Tarot, Okkultismus, Astrologie, Theosophie, Tantra, Meditation, Rebirthing und derlei Praktiken arbeiten. Von P. L. Berger noch als Faktoren der »Entmodernisierung« bezeichnet, werden sie in letzter Zeit schon wieder anders gesehen: nämlich als Faktoren typischer postmoderner Lebensweise. Der Zerfall des modernen Weltbildes, das sich auf eine beweisbare Wahrheit hin orientiert hat, läßt in das Vakuum viele sektenähnliche Gruppen strömen. Tatsächlich sind diese Therapie- oder Selbsterfahrungsformen sehr oft sektenähnlich organisiert und von diesen kaum zu unterscheiden, besonders deutlich ausgeprägt war das in den Hochzeiten der Sannyas-Bewegung um den Meister Sri Rajneesh, später Osho. »Therapie wird eine Erleuchtungswissenschaft«, so resümiert unser Lehrbuch (Jaeggi et al., 1989) diese Richtungen. Es wird ein magisches Weltbild aufgerichtet, mit dessen Hilfe Erleuchtung und das Eintauchen in neuartige Dimensionen des Menschseins möglich sein sollen. »Vagabundierende Religiosität« nennt Küenzlen (1990) dies. Ziel dieser sehr verschiedenen Bemühungen ist die Überwindung des persönlichen Ichs, Partizipation am Göttlichen, die Erfahrung der Transzendenz in »peak experiences«, die durch alte Zauberpraktiken und moderne Drogeneinnahme erreicht werden sollen. Viele dieser Richtungen orientieren sich an der Humanistischen Psychologie, an C. G. Jung, an der Therapie von Dürckheim (eine Verbindung von Therapie und Zen-Meditation) und vielem anderen mehr. So gut wie allen diesen Richtungen ist gemeinsam eine strikte Ablehnung der Freudschen Psychoanalyse und natürlich auch aller Kognitiven Verhaltenstherapien. Diese werden als kalt und dem Übernatürlichen gegenüber blind eingestuft. (Siehe auch »Therapieziele: der glückliche Mensch?«, Seite 241 bis 248.)

Die medizinischen Systeme

Rein medizinische Heilsysteme zur Psychotherapie findet man manchmal in der Psychiatrie. Dort wird psychische Krankheit als eine (meist unklare) Stoffwechselstörung oder zerebrale Unstimmigkeit gesehen und daher mit rein medizinischen Mitteln behandelt. Die meisten modernen Psychiatrien allerdings versuchen eine Kombination von Psychotherapie und medikamentöser Behandlung. Trotzdem: Insulinschockbehandlung, Antidepressiva, Antihalluzinogene und dergleichen sind für eine Reihe von Psychiatern noch immer wichtiger als Psychotherapie.

Obwohl die Psychoanalyse natürlich sehr viel mehr und anderes tut als ein »reiner« biologistisch denkender Mediziner, gibt es doch Aspekte, die es gerechtfertigt erscheinen lassen, zumindest die frühe Psychoanalyse auch unter dem Aspekt des »Arztes« zu sehen. Freud selbst hat immer wieder großen Wert darauf gelegt, als ein solcher anerkannt zu werden, obwohl er andrerseits doch früh klargelegt hat, daß das Studium der Medizin nicht unbedingt nötig ist zur Ausübung der psychoanalytischen Kur. Was uns berechtigt, Freud (auch) unter dem medizinischen Aspekt zu klassifizieren, ist zum einen seine Zentrierung auf symptomatisch psychisch Kranke. Beziehungsstörungen, Angst vor Nähe, innere Leere und ähnliches hätte er sicher nicht als behandlungswürdig angesehen. Es geht bei ihm um hysterische Lähmungen, Zwänge oder seltsame Ticks. Zum anderen – und dies ist vielleicht noch wichtiger – geht sein Bemühen wie das eines jeden Arztes immer wieder dahin, eine klar definierbare »Ursache« für die Störung zu finden. In seinen frühen Falldarstellungen werden solche auch meist eindeutig benannt: Anna O. (der erste Fall, den er mit Breuer bearbeitete) kann für jedes einzelne Symptom unter Hypnose schließlich angeben, wann es entstanden ist und welche Gefühle der Scham und Angst sie daran gehindert haben, sich diese Auslösesituation zu merken. Solange er noch der Verführungstheorie anhing, finden wir als erste Ursache immer die sexuell ungesunde Übererregung des Kindes. Die Verhältnisse haben sich ihm später komplizierter dargestellt: Mehrfachdeterminierung, die sogenannte »Ergänzungsreihe« (die Verschränkung von biologischen Faktoren und Umwelteinflüssen) und immer wieder die Phantasien des Subjekts machen die Bestimmung einer einzigen Ursache unmöglich. Aber die Tendenz, sie möglichst umfangreich zu erforschen, ist geblieben. Dies aber ist die Einstellung des Arztes, der seine Therapie auf einer Diagnose aufbaut. Nur: In der Psychoanalyse wird die Diagnose im Fortschreiten des therapeutischen Prozesses gestellt.

In dieses Schema passen auch die manchmal von Freud eingeschobenen Überlegungen zur weiteren Forschung. Immer wieder verweist er nämlich auf die Möglichkeit, den »Trieb« auf chemisch-physiologischer Basis entschlüsseln zu können und von daher weitere Auskünfte über die Wurzeln psychischer Entwicklung und neurotischer Symptome zu erhalten. Diese Denkweise entkräftet natürlich nicht die Tatsache, daß sozusagen »unter der Hand« Freud im Psychischen auch ein nur hermeneutisch zu entschlüsselndes System gesehen hat. In der bekannten Habermasschen Rede vom »szientistischen Selbstmißverständnis« wird dieser Widerspruch genannt und erfaßt.

Rein medizinisch ausgerichtete Psychotherapiesysteme gibt es natürlich nicht – das wäre schließlich eine Contradictio in adjecto. Allerdings – und dies berechtigt, auch einige Psychotherapeuten in das medizinische Schema einzugliedern – gibt es in sehr vielen Psychotherapien einige Elemente, die auf ein medizinisches Modell verweisen. So ist die Konzentration auf Symptome und die Evaluation von Psychotherapien, die sehr stark auf das »Verschwinden« dieser Symptome ausgerichtet ist (wie es in der Verhaltenstherapie gehandhabt wird), ganz eindeutig ein Erbe der biologischen Medizin. Moderne Erfolgskontrollstudien sind daher in wesentlichen Teilen ausgerichtet an solchen Kriterien, die ja auch von den Krankenkassen als wichtig erachtet werden. Auch dies, so meinen viele Kenner der Psychotherapieszene, ist ein Grund dafür, daß die Kassen in Deutschland neben der Psychoanalyse nur verhaltenstherapeutische Behandlungen bezahlen.

Allgemeine Kennzeichen moderner Psychotherapie

Die Kennzeichnung der allgemeinen Bedingungen des Heilens (gemeinsames Symbolsystem, Beziehung, Aktivität) ist zu unterscheiden von dem, was in den meisten Lehrbüchern der

Psychotherapie die »unspezifischen Therapievariablen« genannt wird. Seit vor etwa zwanzig Jahren der Psychotherapieforscher Kiesler (1966) gefordert hat, man möge vom Wettstreit der Schulen, welche denn nun die »bessere« sei, abkommen und sich lieber darum kümmern, welche therapeutische Strategie bei welchem Patienten und bei welchen Störungen am wirkungsvollsten sei, ist ein Gefühl dafür entstanden, daß wohl in jeder Therapieschule neben den jeweils spezifischen auch sehr ähnliche Faktoren wirksam sind, die zum Erfolg einer Therapie beitragen.

Garfield (1982) hat eine Auflistung gemacht, die für viele spätere Psychotherapieforscher und -theoretiker zum Vorbild geworden ist. Es sind darunter – neben der Wichtigkeit einer guten und vertrauensvollen Beziehung – besonders betont die emotionale Katharsis, Strukturierung von Problemen, Einsicht als Voraussetzung von Verhaltensänderungen, Modellwirkung des Therapeuten, Entspannung und die Anregung zu neuen Verhaltensweisen. Alle diese »unspezifischen« Variablen, die zum Erfolg einer Therapie beitragen, sind vielfach untersucht und ganz offensichtlich jeder einigermaßen erfolgreichen Therapie in mehr oder weniger großem Ausmaß beigemengt.

Längst nicht alles auf dieser Liste ist aber in vormodernen Formen des Heilens notwendig. Es sind Ingredienzien, die eine allgemeine nur moderne Auffassung von der menschlichen Psyche und ihren Schädigungen widerspiegelt. Ihr glaubwürdiger Einsatz beruht in den meisten Fällen außerdem noch auf der Tatsache, daß die gängigen Therapieschulen sich als »wissenschaftlich begründet« einstufen.

Das im 19. Jahrhundert entstandene Ideal von Wissenschaft – dem damals gerade zur Blüte kommender Naturwissenschaft nachempfunden – forderte nämlich auch vom Psychotherapeuten den Nachweis seiner Wissenschaftlichkeit. Bekanntlich ist Freud an diesem Nachweis recht oft verzweifelt. Er wollte der Naturwissenschaft in nichts nachstehen, bediente sich auch oft einer Sprache, die der Physik, der Thermodynamik oder der Biologie entlehnt war, und vermochte doch nicht, sich diesem Ideal ganz und gar zu unterwerfen. Sein selbstkritischer Unmut darüber, daß seine Fallberichte sich mehr wie »Novellen« denn als wissenschaftliche Abhandlungen läsen, zeugt von seinem Zwiespalt. Die Wirkmechanismen der Psychoanalyse ließen sich nicht in naturwissenschaftlich relevanter Art »beweisen«, die zentralen Konstrukte der Freudschen Theorie blieben auf eine quasi-philosophische Ebene gebannt und ließen sich nicht in eindeutiger und wiederholbarer Weise »herauspräparieren«. Der Fallbericht in seiner Stimmigkeit, die vielfachen Erfolge, die der therapeutischen Methode zu verdanken waren, sowie die Übereinstimmung von ätiologischen Erkenntnissen und den daraus folgenden therapeutischen Strategien berechtigten Freud und seine Schüler trotzdem, ihr System mit dem schmückenden Adjektiv »wissenschaftlich« zu versehen. Dasselbe gilt auch für Rogers, der vor allem in der empirischen Überprüfung seiner Therapien bestätigt haben wollte, daß sein Ansatz »wissenschaftlich begründbar« sei. Die deutsche Gesellschaft, die sich die Förderung der Rogersschen Therapie zum Ziel setzt, nannte sich denn auch »Gesellschaft für wissenschaftliche Gesprächspsychotherapie« (GwG). Die Fragwürdigkeit des »Wissenschaftlichen« im System der Psychotherapie gegenüber dem eindeutigen Anspruch der Naturwissenschaften blieb bis heute ein Dilemma – nicht nur in der Psychoanalyse, sondern auch in einer Reihe von anderen Therapieschulen. Zwar ist in den letzten Jahren der Begriff dessen, was »Wissenschaft« in den Geistes- und Sozialwissenschaften überhaupt bedeuten kann, stark verändert worden – die Dominanz des traditionellen Wissenschaftsdenkens ist ja selbst in einigen exakten Naturwissenschaften gebrochen. Trotzdem spielt sich um diesen Begriff noch immer ein Wettstreit ab. Die Fragen, wer »wissenschaftlicher« ist, wer welche Therapieerfolge auf »wissenschaftliche« Weise beweisen kann, sind noch immer leidenschaftlich umkämpft.

Diejenigen Therapieschulen, die mit dem Konstrukt des »Unbewußten«, mit Begriffen wie »Kongruenz von Selbst und Erfahrung« oder mit dem »Selbst an der Erfahrungsgrenze« arbeiteten, um sich therapeutische Veränderungen durch Einsicht verständlich zu machen, gingen langsam daran, einen neuen Begriff von Wissenschaft zu erarbeiten; sie machten sich mit den Gedankengängen philosophisch-hermeneutischer Theoretiker vertraut. Die Lerntheoretiker holten allerdings in den sechziger Jahren noch einmal zum großen Schlag der Naturwissenschaftler aus. Sie behaupteten nunmehr, den (natur)wissenschaftlich eindeutigen Beweis auf experimenteller Basis führen zu können, wie Veränderung von Verhaltensweisen geschehen muß. Die Lerngesetze, die man (vorzugsweise im Tierexperiment) gefunden hatte, müßten auch der Psychotherapie zugrunde liegen. Nicht zu leugnende Erfolge der »unwissenschaftlichen« Schulen wie Psychoanalyse oder Gesprächstherapie wurden in den Begriffen der Lernpsychologie erklärt, zum Beispiel wurde die entspannte Situation der Gesprächspsychotherapie als »Gegenkonditionierung« zum aversiven Reiz erklärt. Dollard und Miller (1950) gar versuchten, das ganze theoretische Gebäude der Psychoanalyse in lerntheoretische Termini technici umzusetzen, Wexler und Rice (1974) nahmen die Informationstheorien als Grundlage ihres Versuchs, die Gesprächspsychotherapie zu »verwissenschaftlichen«. Dementsprechend wurde auch mit quasiexperimentellen Designs gearbeitet, um therapeutische Veränderungen hervorzubringen.

Nach einigen Jahren aber wurde auch den engagiertesten Vertretern der Verhaltenstherapie klar, daß die ohne Zweifel erfolgten Veränderungen der Patienten absolut nicht in einen stringenten Zusammenhang gebracht werden konnten mit der exakten Verabreichung von negativen oder positiven Verstärkungen oder von Konditionierungsverfahren (Breger und McGaugh, 1966, London, 1972). Auch diese Gruppe von Therapeuten mußte eingestehen, daß menschliches Verhalten – gestört oder ungestört –

doch einem sehr viel komplexeren Bedingungsgefüge entspringt, als die simplen Lerngesetze es vorsehen. Immer mehr (meist kognitive) Variablen wurden daher einbezogen in die Erklärungen, um sich Erfolge beziehungsweise Mißerfolge der Therapien zu erklären. Zur Zeit besteht kein ernstzunehmender Verhaltenstherapeut noch darauf, er habe die »wissenschaftlichere« Methode. Die Konkurrenz hat sich eher auf die »Wissenschaftlichkeit« der Erfolgsforschung verschoben. Auf diesem Feld tobt allerdings ein wütender Kampf, weil es – im Sinne der Krankenkassen – darum geht, welche Therapierichtung eigentlich die »bessere« ist, die daher auch von den Kassen bezahlt werden soll. Die in Jahrzehnten erarbeitete Formel, daß – nach einem vielzitierten Wort des großen Psychotherapieforschers Luborsky (der wiederum »Alice im Wunderland« zitiert) – »alle gewonnen haben und jeder einen Preis verdient«, soll durch raffinierte und meist ziemlich undurchschaubare statistische Manöver zu Fall gebracht werden – Manöver, bei denen die Verhaltenstherapie ihrer moderneren Forschungsdesigns wegen immer wieder ein wenig besser abzuschneiden scheint als andere Therapieformen (Grawe et al., 1993), was aber unter vielerlei Gesichtspunkten von Methodikern, Theoretikern und Praktikern ernsthaft bezweifelt wird (Kaiser, 1993, Legewie und Klotter, 1993, Mertens, 1994, Jaeggi, 1994).

Was also bleibt von der oben behaupteten Grundvoraussetzung moderner Psychotherapie, sie müsse »wissenschaftlich begründbar« sein, übrig?

Natürlich gibt es keinen allgemeinverbindlichen Kanon an Regeln für diese Wissenschaftlichkeit. Resümiert man aber die immer wiederkehrenden Präambeln und Begründungen therapeutischen Vorgehens, dann schält sich doch einiges heraus, was man wohl als allgemeinverbindlich ansehen kann.

Da ist zum einen die Forderung, therapeutisches Handeln müsse von einem in sich logisch einigermaßen konsistenten theoretischen Gebäude her begründbar sein. Dieses »Gebäude« umfaßt: Vorstellungen von der Entstehung und Aufrechterhaltung psychischer Störungen; Vorstellungen von gesunder und behinderter Entwicklung; Überlegungen zum Aufbau der Psyche beziehungsweise zu den treibenden Kräften der Entwicklung; Begründung einzelner Therapiestrategien durch dieses theoretische System.

Jede der bekannten Therapieschulen hat – in mehr oder weniger hohem Maß – diese Grundvoraussetzungen akzeptiert. Kritik an jeder Schule entsteht vorzugsweise dort, wo die eine oder andere Grundvoraussetzung allzu dürftig ausgearbeitet ist. Das Prestige der Psychoanalyse zum Beispiel ist weniger ihrer Effizienz geschuldet (diese scheint auch nicht höher zu sein als diejenige anderer Schulen) als eben der Tatsache, daß sie in besonders elaborierter und vieldiskutierter Form die genannten Grundvoraussetzungen erfüllt. Verhaltenstherapie hingegen wird immer wieder dort kritisiert, wo es um die Entstehung der psychischen Störungen geht, weil die immer wieder auftauchende Formulierung »dies wurde gelernt« als ein zu wenig elaborierter Bestandteil angesehen wird. Der Gesprächstherapie nach Rogers hingegen wirft man den Mangel an Differenzierungsfähigkeit zwischen den psychischen Störungen vor. Alle diese »Defizit-Diskussionen« beweisen natürlich sehr klar, welcher Anspruch besteht.

Noch eine andere Wissenschaftsdiskussion hat, wenngleich seltener, Bedeutung: es ist die Diskussion um die wissenschaftstheoretische Einordnung der Leitkonstrukte einer jeden Therapieschule. Unterschiedliches Verständnis und Mißverständnis hat sich schon immer um den Freudschen Triebbegriff gerankt. Als klar wurde, daß es sich nicht um einen empirischen Begriff handeln konnte (was Freud selbst ja schon ausgedrückt hatte, indem er den Triebbegriff als seine »Mythologie« betrachtete), wurden ihm Qualitäten des Metaphysischen zuerkannt. Eine Fülle von Diskussionsbeiträgen dreht sich um den Triebbegriff

(Nitzschke, 1990, Parin, 1986). Offensichtlich hat der Begriff Trieb mit seinen Differenzierungen in der Psychosexualität – trotz oder wegen seiner Zweischneidigkeit? – sehr oft geholfen, schwierige psychische Situationen zu entwirren, ohne sie zu nivellieren, und ist schon aus diesem Grund als ein »ehrwürdiger« zu betrachten. Ähnlich scheint es mit dem Begriff des gestalttherapeutischen »Kontaktprozesses« zu sein.

Demgegenüber sind Leitkonstrukte der Körpertherapeuten wie »Energy« und »Grounding« von zweifelhafterem wissenschaftstheoretischen Wert. Offensichtlich sind dies Verbalanalogien, die in nicht sehr exakter Form für allzu viele verschiedene psychische Gegebenheiten die immer wieder gleichen Erklärungsmuster liefern und bisher wenig Differenzierungskraft entwickelt haben.

Es liegt auf der Hand, daß diese Art der Beurteilung von Begriffen zur Beschreibung des Psychischen schwierig ist und in der Diskussion immer wieder verschwimmt. Sie wird aber immer wieder herangezogen, um Therapieschulen zu bewerten, und zwar ganz eindeutig auch wiederum: auf ihre »Wissenschaftlichkeit« hin zu bewerten. Es läßt sich mit Fug und Recht fragen, weshalb denn eigentlich dieser Nachweis der »Wissenschaftlichkeit« so wichtig ist, wo doch mehr oder weniger übereinstimmend von *allen* (kritischen) Vertretern *aller* Therapieschulen konzediert wird, daß sie nicht eindeutig erklären können, weshalb ihre Therapie wirkt und welche Bedeutung dabei ihre Theorien haben. Übereinstimmend wird außerdem immer wieder betont, daß im komplizierten Netz von persönlicher Beziehung, therapeutischer Technik und Setting-Variablen eine solche Eindeutigkeit wohl auch nie zu erreichen ist. Dazu kommt noch, daß – quer durch die verschiedenen Schulen – es immer nur einige wenige Therapeuten sind, denen die »Erfolge« gelingen. Es gibt also eindeutig begabte und unbegabte Therapeuten, und dies unabhängig von ihrer theoretischen Ausrichtung (Crits-Christoph, 1991).

Es zeigt sich an diesem Ringen um »Wissenschaftlichkeit« sehr klar, in welch hohem Grade therapeutische Systeme kulturabhängig sind und wie die umgebenden Wertorientierungen die Beurteilungen beeinflussen. Wissenschaft ist noch immer – wenngleich oft im Kreuzfeuer der Kritik – ein wichtiger Wert unserer Kultur. Daß daneben auch noch »Wildwuchs« (alle möglichen Formen esoterischer Therapie) seinen Platz hat, zeigt allerdings an, daß die Wertorientierung an der »Wissenschaft« auch brüchig geworden ist.

Da Psychotherapie in der Moderne unter Subjektivitätsdruck steht, sind die als unerläßlich erachteten Bestandteile der Therapie auch meist solche, die einem höchst privaten, individuell gestalteten Welt- und Persönlichkeitsverständnis geschuldet sind. Als das erste und wichtigste Merkmal einer erfolgreichen Therapie wird denn auch die *persönliche Beziehung* zwischen dem Patienten und seinem Therapeuten betrachtet. Diese Beziehung wird so gut wie immer als eine sehr empathische, einzigartige und persönliche angesehen. Zwar weicht sie in vielerlei Hinsicht (und in unterschiedlichen Schulen auf unterschiedliche Weise) von Alltagsbeziehungen ab, aber ihr Kern ist immer etwas, das man »Intimität« nennen könnte, ohne daß sie in eine Liebes- oder Freundschaftsbeziehung verwandelt würde. Dies gilt in fast allen Therapieschulen als eine mehr oder weniger schwere Verfehlung. In dieser intimen Beziehung werden sehr persönliche Dinge besprochen und *Einsichten* erreicht – ein Prozeß, der ebenfalls in fast allen Therapieschulen, auch in den modernen kognitiven Therapieverfahren, als wichtig erachtet wird. Diese »Einsichten« sind es, die das Individuelle am Prozeß des Therapierens in ganz besonderer Weise betonen: Sie erwachsen aus dem Gespräch, das in einer ganz bestimmten Sprache mit spezifischen Konzepten geführt wird, und ordnen inneres Leben nach diesen Konzepten. Der Mensch wird hier zwar sozusagen offiziell »auf sich selbst zurückgeworfen« – aber natürlich immer nur in der Form, die eine

Kultur jeweils bereithält, was sich in der Moderne in unterschiedlichen psychologischen Konzepten ausdrückt. Interessanterweise scheint es nicht von allzu großer Bedeutung zu sein, welche Konstruktionen hinter den individuellen »Einsichten« stehen: Alle sind (sofern sie nur einigermaßen durch moderne Vernunft abgesichert wurden) dazu geeignet, innere Strebungen in einen sinnvollen Bezug zueinander zu setzen und dadurch Ruhe und Überschaubarkeit über das Innenleben zu gewinnen. Auch in solchen Therapieschulen, wo »Einsicht« nicht gerade zu den expliziten Zielen gehört (wie in den Systemischen Familientherapien), werden natürlich individuelle Einsichten produziert und geben Neuordnung auch des Innenlebens der einzelnen.

Die von Therapietheoretikern ebenfalls immer wieder betonte *emotionale Katharsis* folgt denselben Gesetzen. Zwar wird sie zu Recht auch schon den vormodernen Heilungsformen zugeschrieben, aber sie bekommt doch in der modernen Psychotherapie eine andere Note. Katharsis ist heutzutage nicht einfach »nur« die emotionale Entladung innerer Spannung, sondern auch diese Entladung geschieht entlang einer ganz bestimmten Konzeption des Psychischen, die wiederum sehr individuell bestimmt ist. Praktiken der Schamanen, die ebenfalls sehr stark mit der emotionalen Katharsis arbeiten, sind immer auch überindividuell bestimmt: Geister werden mit großem emotionalem Aufwand, meist in Gemeinschaft, beschworen; der Zauber wird unter großer und erregter Beteiligung des Clans getätigt. Die emotionale Katharsis in der Psychotherapie modernen Zuschnitts ist individuell und bestimmt von eben denselben Konzepten, die auch die Einsichten bestimmen. Immer wieder wird betont, daß eine »Aufarbeitung« der Emotionen nötig ist, daß Einsicht und Emotion zusammengehören.

Die meisten Therapieschulen geben implizit oder explizit auch Anregungen zu einer *Neuordnung des Verhaltens.* Explizit oder implizit ist dies natürlich das Ziel aller Therapieschulen.

Diese Neuordnung ist »maßgeschneidert«, bewegt sich entlang der neuen inneren Ordnung und trägt sehr deutlich das Siegel jeweils vorherrschender Idealtypen der Persönlichkeit. So sind das »Sich-Abgrenzen« und das »Sich-Durchsetzen«, das Erfühlen »eigener Bedürfnisse«, das »Sich-verwöhnen-Können«, das »Sich-einlassen-Können«, »Gefühle zeigen« und ähnliches mehr Werte, die erst in den letzten zwanzig Jahren »modern« wurden. In den fünfziger und sechziger Jahren wollten Therapieklienten ihre Symptome loswerden und sich wieder besser einordnen in die Gesellschaft – beruflich und familiär. Niemand dachte daran, daß dies über das »Sich-Abgrenzen« geschehen könne; der Begriff war damals noch nicht erfunden, und daher suchte man eher nach »Verdrängungen aus der Kindheit«, deren Auflösung dann zum gewünschten Ziel führen sollte.

Strupp (1986) fügt zu diesen unspezifischen Therapie-Wirkfaktoren noch das *Annehmen von Ratschlägen und Führung durch eine Autoritätsperson* hinzu – dies aber würde heute sicher manchem Therapeuten nicht mehr als annehmbar erscheinen.

Wie North in seinem bekannten Buch über »Mythos und Wirklichkeit der Psychotherapie« (1975) sehr klar herausgearbeitet hat, ist eines der Kennzeichen vieler moderner Therapien, daß sie vom *Primat der Kindheit* ausgehen, wenn sie psychische Störungen betrachten. In der Kindheit liegt einerseits die Quelle aller guten Möglichkeiten verborgen, andererseits aber wird sie auch als eine besonders sensible Phase betrachtet, in der oft irreparable Schäden entstehen, die nur durch sorgfältige »Aufarbeitung« dieser Kindheit (wie immer dies im einzelnen geschieht) wieder gemildert werden können. Diese uns geläufige Vorstellung ist historisch bedingt und nicht besonders alt. Es ist sicher nicht verfehlt, sie – zumindest was die wissenschaftliche Welt angeht – mit Freud beginnen zu lassen. Voraussetzung dafür ist aber natürlich eine veränderte Sicht auf die Kindheit seit Ende des 18. Jahrhunderts. Wie Badinter (1981), Aries (1975), Shorter (1983) und andere kenntnisreich beschrieben haben, wird die emotionale Bedeutung des Kindes erst dann größer, als der Staat sich seiner Mitbürger (und Soldaten) versichern will, um seine Machtsphäre auszudehnen. Dies bedingt natürlich auch eine vermehrte Befassung mit dem Seelenleben des Kindes. Hat ein Casanova noch unbeschwert über seine für einen modernen Menschen sehr traumatisierend wirkenden Kindheitserlebnisse berichten können (denen er aber keineswegs die Schilderung eines zerstörten Lebens folgen ließ), wurde dies zumindest seit Rousseau anders. Die Kindheit als mögliche Brutstätte falscher und unmoralischer Gewohnheiten wurde entdeckt. Erziehungsratschläge und Einführung in die kindliche Seele waren die Folge. Auf dieser Mentalität aufbauend konnte die Psychoanalyse – auf ihre spezifischen Mechanismen gestützt ebenfalls die Kindheit entdecken: als einen Ort, der in besonderer Weise für die Zukunft labilisiert. Was dort geschieht, ist prägend für das weitere Leben. Diese Sichtweise auf die Kindheit wird in den einzelnen Therapieschulen jeweils in besonderer Weise ausdifferenziert. Unterschiedlich ist die Rolle, die dabei der Sexualität zugebilligt wird. Als ein »Primat des Privaten« (North) spielt sie in den meisten modernen Therapierichtungen eine wichtige Rolle. Allerdings sind hier die Unterschiede recht groß. Vor allem die Freudsche Auffassung von der allumfassenden Rolle der Sexualität auch in der Kindheit (wenngleich hier besonders viele Mißverständnisse produziert wurden!) wird von vielen Therapieschulen vehement abgelehnt. Trotzdem wird immer wieder klargemacht, daß Repressionen in der Kindheit gerade in bezug auf sexuelle Betätigungen sich besonders verhängnisvoll auswirken können. Daß befriedigende sexuelle Beziehungen als ein Gradmesser der gesamten psychischen Gesundheit eines Menschen angesehen werden, ist inzwischen schon so sehr psychologisches Allgemeingut geworden, daß es schwerfällt, sich vorzustellen, Sexualität habe zu anderen Zeiten nicht diese dominierende Stellung im psychischen Haushalt innegehabt.

Die von Foucault herausgearbeiteten Strategien des »Diskurses« um die Sexualität finden wir natürlich auch in den einzelnen Therapieschulen wieder. Ob Homosexualität als Defizit (und Anzeichen verfehlter Lösung von der Mutter) oder als unneurotische Entwicklungsabweichung gesehen wird, ob Analverkehr als pervers oder als genußvolle Abart der erwachsenen Sexualität empfunden wird: all dies ist Ausdruck des vielfältigen Diskurses (und zum Großteil sind Therapieschulen natürlich auch Produzenten des Diskurses) über Sexualität. Die unterschiedliche Repräsentation dieses Diskurses findet sich in den verschiedenen Schulen sowie in ihren internen vielfältigen Diskussionen wieder. So ist innerhalb der Psychoanalyse die »Perversion« der Homosexualität zwar inzwischen vielfach bestritten worden, wenngleich es noch immer für Homosexuelle schwierig ist, als Psychoanalytiker zugelassen zu werden. Die Frage, ob es sich hierbei um eine unheilbare »narzißtische Neurose« handelt oder um ein ichstabilisierendes Moment, das Psychosedurchbrüche verhindert, wird allerdings noch immer diskutiert. Gestalttherapeuten haben damit offenbar überhaupt keine Probleme, und bei Verhaltenstherapeuten wird Homosexualität überhaupt nur in Abhängigkeit von den Werteinstellungen des Patienten als gestörtes Sexualverhalten betrachtet.

Sexualität gilt in unserer Zeit als eine der wenigen Inseln der Privatheit, was allerdings angesichts der verinnerlichten Diskursfragmente, die jeder in sich trägt, nur relativ zu sehen ist. Trotzdem: der einzelne empfindet sich als sexuell Handelnder und Empfindender abseits gesellschaftlicher Zwänge; das ist die Sphäre, in der er sich als »ganz er selbst« sehen kann, in gewisser Weise natürlich eine paradoxe Situation angesichts der eminenten gesellschaftlichen Überforderung gerade der Sexualität. Das aber bedeutet, daß in dieser für strikt privat gehaltenen Sphäre auch die größten Störmöglichkeiten eingebaut sind. Die verschiedenen Therapieschulen reflektieren dies in unterschiedlicher Weise. Was bei Psychoanalytikern als das Erreichen des großen

Zieles »genitaler Charakter« angesehen wird und daher das Freisein von größeren neurotischen Störungen voraussetzt, wird von Gesprächstherapeuten eher als die Möglichkeit der Kongruenz von Erfahrung (der sexuellen Triebhaftigkeit) und Werthaltung angesehen. Gestalttherapeuten wiederum würden davon ausgehen, daß im sexuellen Erlebnis die beste Möglichkeit des »vollen Kontakts« erreicht wird. Das heißt in der Folge: daß Psychoanalytiker zum Beispiel den sexuell befriedigenden Erfahrungen einen ersten Rang zubilligen, während andere Therapieformen sexuelle Störungen als eine Störung unter anderen sehen. Diese unterschiedlichen Konzepte leiten natürlich in der Folge auch das therapeutische Handeln.

Die unterschiedlichen Symbolisierungen in modernen Therapiesystemen

Wenn wir mit der amerikanischen Philosophin Susanne Langer (Langer, 1942), einer Neukantianerin in der Tradition Ernst Cassirers, unterscheiden zwischen diskursiven und präsentativen Symbolen, dann fällt den einzelnen Therapieschulen in bezug auf die präsentative Symbolik eine besondere Rolle zu.

Was bedeutet das?

Menschliches Denken ist, nach Langer, dadurch ausgezeichnet, daß die raum-zeitliche Kontiguität verlassen werden kann, wenn eine Sache durch eine andere gekennzeichnet wird. Tiere können zwar Zeichen deuten (zum Beispiel vom Rauch auf Feuer schließen), aber nicht in Symbolen denken. Das (unbiologische) Bedürfnis zum Symbolisieren ist nicht zweckgebunden. Es bezeichnet den Beginn der menschlichen Sprache. Einige Symbole – die diskursiven – sind kombinierbar in der Art des diskursiven (vernünftigen) Denkens, die meisten aber – so Langer – »werden zu Träumen verwoben oder zu Kunstwerken oder Ritualen«.

Diskursive Symbole also sind sprachliche oder mathematische Zeichen, die der Aussagenlogik gehorchen. Präsentative Symbole aber sind Bilder, Rituale, Metaphern, Tonfolgen, die meist in verdichteter Form auf etwas verweisen, was im diskursiven System nur unvollkommen vermittelbar ist.

Übereinstimmend mit den Überlegungen Langers verweist auch C. G. Jung immer wieder darauf, daß das Symbol sehr viel besser als die bewußte Wahrnehmung und das Denken geeignet sei, eine Fülle von Aspekten in sich zu bewahren, auf die wir zwar offensichtlich reagieren, die wir aber nur sehr unzulänglich benennen können. Darin besteht natürlich auch das Geheimnis des Kunstwerks, das die meisten Menschen emotional mehr bewegen kann als diskursiv-symbolische Abhandlungen.

Europäisches Denken ist sehr stark bestimmt von den rationalistischen Philosophien seit Descartes (Spinoza, Leibniz, Wolff). Bei Descartes wurde in präziser Form unterschieden zwischen den seelischen und den gegenständlichen Gegebenheiten, zwischen der *res cogitans* und der *res extensa*. Nicht nur unser medizinisches Denken, sondern auch unsere Sprache und unsere Denkgewohnheiten sind davon in hohem Maß bestimmt. Die Entwicklung der naturwissenschaftlichen Denkweise hat es mit sich gebracht, daß die Gegebenheiten der *res extensa* (der Materie) jahrhundertelang im Zentrum unserer Denkbemühungen gestanden haben, während Innerseelisches in viel geringerem Maß den Wissenschaften anheimgegeben wurde. Die Sprache, die sich darum rankt, wurde denn auch viel eher von Künstlern als von Wissenschaftlern verfeinert. Oft haben wir Mühe, seelische Vorgänge überhaupt in adäquate Begriffe zu fassen. Da erweist sich die präsentative Symbolik als sehr viel geeigneter als ein rein logisch-mathematisches Symbol, um die Vielfältigkeit einer seelischen Regung auszudrücken.

Psychologische Systeme bedienen sich daher sehr oft der präsentativen Symbole (Metaphern, symbolische Worte und so weiter), um Seelisches zu kennzeichnen. Diese Symbole sind allerdings sehr unterschiedlich – wir können therapeutische Systeme auch nach der Art ihrer Symbolbildung voneinander unterscheiden. Sosehr auch das Idealbild der objektivierenden Naturwissenschaften bei manchen Therapiesystemen überwiegt und dementsprechend versucht wird, möglichst viel diskursive Symbolik einzubauen, zum Beispiel indem man Seelisches in algebraischen Funktionen ausdrückt oder in Flußdiagrammen, die der Computersprache angenähert sind, therapeutische Prozesse analysiert: Keines kommt ohne präsentative Symbolik aus. Es überwiegen natürlich die sprachlichen Metaphern, wenn in diskursiver Rede ein System erläutert wird. Wurmser hat darauf hingewiesen, daß kein Therapiesystem ohne Metaphern auskommen kann – und sei es auch in Form »abgeblaßter« (Langer) Metaphern.

So ist die Rede von »Operationalisierungen« eines Problems in der Verhaltenstherapie zwar nicht sofort als Metapher erkennbar, natürlich aber handelt es sich um eine solche. Andere Therapiesysteme geben ihre Metaphernhaltigkeit sehr viel klarer zu erkennen. Die »chymische Hochzeit« im System von C. G. Jung (= die Vereinigung von Gegensätzlichem), die »große Mutter« oder das »phallisch-narzißtische« Agieren (Psychoanalyse): das alles sind Symbole von großer Prägekraft und hoher Anschaulichkeit. Auch das »Experiment« der Gestalttherapeuten sowie natürlich die Rede vom »Kontaktprozeß« und seinen »Unterbrechungen« sind Metaphern, mit denen sich sehr viel verbinden läßt. Nicht nur Anschaulichkeit und emotionalen Gehalt verleihen diese Metaphern einem System. Sie sind vermutlich auch für den Patienten »wirkmächtig« und verhelfen zu einer erhöhten Aufmerksamkeit für innere Abläufe (Jaeggi, 1989), die aber wiederum zu unterschiedlichen Konzepten über das eigene Seelenleben führen.

In dem Maße, in dem ein Patient »eingeführt« wird in das Symbolsystem seines Therapeuten, fängt er natürlich auch an, darüber zu verfügen. (Daher die oft erwähnte seltsame Tatsache, daß Patienten gemäß dem therapeutischen System ihres Therapeuten sogar träumen.) Die Verständigung mit dem Therapeuten wird dadurch leichter, und das Spektrum der Gefühle breitet sich – angeleitet durch Metaphern – aus.

Natürlich ist auch das therapeutische Suchraster des Therapeuten von seinen systemeigenen Metaphern geleitet. Wo der unzufriedene Patient, der dem Therapeuten vorwirft, ihm nicht genügend Ratschläge und Hinweise zu geben, vom Therapeuten innerlich als »oral-anspruchlich« gekennzeichnet wird, ergibt sich sofort der (innere) Hinweis auf schlecht nährende Mütter, gierige Kleinkinder oder ähnliches.

All dies wird natürlich die Interventionen des Therapeuten anders prägen, als wenn er die Unzufriedenheit des Patienten darauf zurückführt, daß dieser eine »zerbrechliche Ich-Identität« hat oder durch seine Unzufriedenheit den »vollen Kontakt« unmöglich macht.

Therapiesysteme mit abgeblaßten Metaphern sind vermutlich solche, in denen die gefühlsmäßige Beteiligung gedämpft wird. Tatsächlich können wir aus den uns vorliegenden Therapieprotokollen ersehen, daß zum Beispiel in Kognitiven Therapien oder in Verhaltenstherapien ein rational-vernünftiger (eben ans Pädagogische gemahnender) Therapiestil eher ermöglicht wird als in Therapiesystemen mit sehr leuchtenden Metaphern oder gar Ritualen. Das Liegen auf der Couch, die Bodenmatte im Zimmer des Körpertherapeuten: das alles ist symbolträchtig und erhöht möglicherweise die Bereitschaft des Patienten, sich auf Emotionales einzulassen. Daß dies nicht unbedingt immer erwünscht ist, wissen viele Therapeuten. Je höher nämlich die Gefahr der Angstüberflutung, des Realitätsverlusts oder des Verschwimmens von Körpergrenzen, desto gefährlicher ein Vorgehen, das allzusehr durchflutet ist von präsentativen Symbolen mit ihrer reichhaltigen Vagheit. Verhaltenstherapeutische Strategien sind daher erfahrungsgemäß in der Psychiatrie sehr oft genau das Richtige. Die Klarheit des Vorgehens gibt realitätsuntüchtigen Patienten ein Gefühl der Sicherheit, Ängste werden gedämpft, wenn der Patient genau weiß, was vor sich geht. Erfahrene Therapeuten aller Schulen wissen intuitiv um Gefahren, die sich aus Symbolen ergeben können, und dosieren daher sowohl Rituale als auch eine allzu metaphernhaltige Sprache. (Deshalb wird bei sehr labilen Patienten zum Beispiel das weniger symbolhaltige entspannte Einander-gegenüber Sitzen dem Liegen auf der Couch vorgezogen.) Theorie, Setting und Kommunikationsstil sind die wichtigsten Träger der Symbolisierungen – für den Patienten und für den Therapeuten.

Es gibt aber auch Therapeuten, die – unabhängig von ihrer Therapierichtung – schon in ihrer Person etwas »symbolisieren«. Man nennt sie meist »charismatisch«. Je nach Kultur und Mode sind es offenbar unterschiedliche Eigenschaften, die den Charismatiker charakterisieren. Dies kann ein Geschenk des Schicksals an den Therapeuten sein, ist aber sicherlich ein nicht ganz ungefährliches. Wenn der edel aussehende, große und schlanke Silberkopf mit allzuviel erwartungsvollen Projektionen bezüglich seiner Weisheit und Heilkraft ausgestattet wird, liegt die Enttäuschungswut sehr nahe. Therapeuten mit durchschnittlicher Ausstrahlung haben oft weniger Mühe, mit diesen Erwartungen fertig zu werden.

Es gibt wenige Überlegungen und gar keine empirischen Untersuchungen zum Thema der unterschiedlichen Symbolisierungen in den Therapieschulen und zu dem, was daraus eventuell folgt. Zwar ist klar, daß Patienten ihre Problematik je nach Therapieschule unterschiedlich thematisieren – welche Folgen dies aber im Innerpsychischen hat, welche Probleme sich daraus ergeben und in welcher Weise Therapeuten ihr eigenes Symbolsystem mit dem ihrer Schule übermitteln: darüber können wir nur Mutmaßungen anstellen.

Die Einstellung zur eigenen Biographie

Es ist ein Kennzeichen der meisten modernen Therapieschulen, daß der Patient in irgendeiner Weise mit seiner eigenen Biographie konfrontiert wird. Die Reflexion darüber, was »bisher geschehen ist« und »warum ich diese Schwierigkeiten habe«, fehlt so gut wie nie – auch nicht bei den Verhaltenstherapeuten, die anfangs meinten, ohne biographische Einsichten und Informationen auskommen zu können. Aber schon Kanfer entwickelte im »zweiten Schritt« ein sehr ausgefeiltes Instrumentarium, das der Informationsgewinnung diente. In diesem Instrumentarium ist neben sehr vielen Daten zur aktuellen Situation auch die »Lerngeschichte« von großer Bedeutung. Tunner, einer der ersten Verhaltenstherapeuten Deutschlands, hat ein wenig später ein einsichtsvolles Eingehen auf die Biographie als zumindest »motivationsförderlich« angesehen, andere Verhaltenstherapeuten wollen aus der Lebensgeschichte bestimmte »Lernmuster« zum Zwecke einer genaueren Therapieplanung ersehen (Tunner, mündliche Mitteilung). Die Darstellung der eigenen Biographie als ein modernes Therapeutikum ist also nicht wegzudenken aus der Therapielandschaft. Allerdings ist diese Darstellung selbst natürlich geprägt von den Konzepten jeweiliger Therapieschulen, sowie überhaupt die Konzepte der Selbstdarstellung im Laufe der Jahrhunderte sich geändert haben – je nach Zweck und Sinn der Darstellung.

Hahn (1987) hat in seiner zusammenfassenden Darstellung gezeigt, wie im europäischen Mittelalter die Form der Selbstdarstellung durch die Einführung der Beichte geprägt wurde. Während im frühen Mittelalter noch der Schwerpunkt auf den äußeren Handlungen (Sünden) lag, wurde durch die Sündenlehre des Abälard im 12. Jahrhundert die Intention des Handelnden in den Mittelpunkt gestellt. Erst von der Intention her, also einem inneren Vorgang, ließ sich Sünde definieren. Dies aber bedeutet eine vermehrte Hinwendung zur inneren Welt des einzelnen: Es geht von diesem neuen Bewußtsein einer der vielen Individualisierungsstränge aus, die zu den großen Umbrüchen der Renaissance beitrugen. Wenn die Intentionen des Individuums aber ins Zentrum der Aufmerksamkeit rücken, dann muß der einzelne auch Anleitungen bekommen, in welchen Konzepten er seine Motive erfassen muß. Diese Anleitungen finden wir in den immer feiner ausgearbeiteten Beichtspiegeln, die im 13. und 14. Jahrhundert eine Kasuistik von typischen Verhaltensweisen, Gedanken und Gefühlen für jeden Stand vorgeben. Die Leitzeichen aller darin verwendeten Kategorien sind selbstverständlich christlich-ethische. Trotzdem kann man in ihnen auch schon eine Vorform einer Psychologie sehen. Wir finden hier Seelenzustände beschrieben (Le Brun, 1987), die uns Modernen relativ fremd erscheinen, so zum Beispiel die *acedia*, ein Zustand der Passivität, in dem Unmut und Abneigung gegen alles, was mit Gott und dem Glauben zu tun hat, vorherrschen. Die unverhüllten oder verhüllten schreckenerregenden Phantasien über erotische Verfehlungen, wie beispielsweise das unzüchtige Augenaufschlagen bei der Annäherung eines Mannes oder auch nur das unwissentliche Erregen des männlichen Begehrens, gehören zu den heutzutage bei uns eher ungewöhnlichen Seelenregungen, die damals mit großem Schuldbewußtsein verknüpft worden waren und detailliert beschrieben wurden. Verzweiflung über die eigene Schlechtigkeit sowie Befreiung durch Erleuchtung werden in Worten beschrieben, die nur sehr wenig mit den uns geläufigen inneren Zuständen zu tun haben.

Bis vor der Reformation finden wir, nach Hahn, vor allem Motive und Handlungsweisen vor, die sozusagen nebeneinander, mehr oder weniger zusammenhanglos, erfaßt wurden. So wie in der Beichte ja auch die einzelnen Sünden vergeben werden und nicht nach einem Gesamtzusammenhang der Motive gefragt wird, so hat sich der Beichtende des Mittelalters nur dazu aufgefordert gesehen, die jeweils situativ bestimmbaren Handlungen und Motive in der Gewissenserforschung festzustellen. Dies änderte sich mit der Abschaffung der Ohrenbeichte. In der Reformation mit ihrer Gnadenlehre (noch viel mehr mit der Prädestinationslehre) wird es nun sehr wichtig, den Gesamtzusammenhang des Lebens im Auge zu behalten – nur von daher kann die Bestimmung eines Menschen als Verdammter oder als Begnadeter festgestellt werden. Dies bedingt wiederum neue Kategorien der biographischen Bestimmung. Als die wichtigsten sieht Max Weber das Prinzip der Selbstbeherrschung und das Prinzip der Zeiterfüllung mit ihrem Rationalitätsanspruch (bekanntlich bei Weber die Vorbedingung für die Entwicklung des Kapitalismus) – was also bedeutet, daß jeder einzelne sich auch in diesen Kategorien sehen und erforschen konnte.

Die Vergewisserung der eigenen Person über die biographische Kontinuität war natürlich zu allen Zeiten von einzelnen Personen versucht worden: Tagebucheintragungen, Briefe, autobiographische Darstellungen finden wir in jeder Zeit, gehäuft allerdings erst in der europäischen Romantik. Erst von dieser Zeit an wird auch der Durchschnittsbürger biographiewürdig. Er muß nicht Träger wichtiger Ereignisse gewesen sein, um das Recht auf Darstellung seines Lebens zu haben, noch muß er auch nur Zeuge bestimmter wichtiger Ereignisse gewesen sein. Sein Leben ist wichtig als ein einmaliges, individuelles (Obermeit, 1980). Die Wichtigkeit des eigenen Lebenslaufes wird größer; erst in der modernen Psychotherapie aber wird sie demokratisiert, sozusagen jedem Normalbürger prinzipiell zugänglich. Nun muß man weder besondere Leistungen erbringen, um »biographiewürdig« zu sein, noch muß man über besondere Fähigkeiten der Darstellung verfügen. Jeder, der sich in Therapie begibt, kann sich gemeinsam mit seinem Therapeuten den eigenen Lebenslauf nach bestimmten Konzepten erarbeiten. Auch dies ist zu denken als eine Strategie zur Absicherung der eigenen Identität, die – postmodernen Denkern zufolge – eigentlich schon gar nicht mehr als eine substantialisierte besteht (Keupp, 1994, Polkinghorne, 1992). Die Vergewisserung, daß ich noch immer »der (die) bin, der (die) ich war« – über die Zeiten hinweg und in verständlichen Entwicklungskategorien beschreibbar –, scheint eine wichtige moderne Identitätsbildungsmaßnahme zu sein. Dabei wird auch der Identitätsbruch (und der in ganz besonderem Maß!) wieder zurückgenommen und eingebunden in eine verständliche Geschichte meiner selbst.

Die therapeutische Biographie unterscheidet sich von vielen anderen Biographien in einem sehr typischen und wesentlichen Detail: Sie basiert auf dem explizit gemachten Konzept der Wiederholung. Es gibt keine Therapieform, wo dieses Konzept nicht eine wichtige Rolle spielt, egal, welchen Modus des Begreifens man einsetzt. Alle Störungskonzepte gehen ja davon aus, daß sich etwas »festgefahren« hat im Leben, daß immer wieder die gleichen Muster verwendet werden, um mit Problemen fertig zu werden. Dieses Moment ist es ja erst, das berechtigt, eine Form des Verhaltens oder Erlebens als etwas Pathologisches zu begreifen. Das »Beharren« auf irgendeiner Form zeigt an, daß der Variabilität der Umwelt nicht Rechnung getragen wird. In älteren Lebensbeschreibungen oder Romanen wird dieses Moment oft nicht scharf oder gar nicht gesehen. Dort bringen neue Umstände auch neue Verhaltensweisen hervor: Das bisher schlecht behandelte Aschenputtel gerät in eine Glückssträhne und genießt nun in vollen Zügen seinen neuen Status. Moderne Märchen sehen ein anderes Muster: Das Aschenputtel kann sein neues Leben nicht genießen, weil es (unbewußt) immer noch nach Strafe und Demütigung sucht und sich daher alle Chancen wieder verpatzt. (»Gebranntes Kind sucht das Feuer«, so nannte die psychoanalysekundige Autorin Cordelia Edvardson ihre Autobiographie.) Dies ist einer der »raffinierten« Züge moderner Biographik; in

Therapien und therapeutisch erzählten Biographien steht dieses Moment der Wiederholung immer im Mittelpunkt. Noch die einfachste lerntheoretische Erklärung einer Phobie über die respondente Konditionierung geht davon aus, daß von nun an – einmal traumatisch konditioniert – jede ähnliche Situation mit dem gleichen Schrecken beantwortet wird wie die erste – egal, wie wenig furchterregend sie objektiverweise ist.

Psychoanalytische Erklärungen für diese Wiederholungen sind subtil und vielfältig und können durch den Einbezug der bewußten und unbewußten Phantasie – ein wesentliches Merkmal der Psychoanalyse – noch erweitert werden. Speziell die Objektbeziehungstheoretiker haben ein reichhaltiges Instrumentarium entwickelt, um Wiederholungen auch dort ausfindig zu machen, wo es dem naiven Betrachter schwerfällt, Wiederholung zu sehen. Die Kunst des Psychoanalytikers besteht ja gerade darin, solche Wiederholungen aufzuspüren. Was kann für den nichtpsychologisierten Betrachter die Harmonisierungstendenz eines Patienten damit zu tun haben, daß seine Großeltern an Naziverbrechen beteiligt waren? Um hier Zusammenhänge zu finden, bedarf es eines reichhaltigen theoretischen Repertoires: Konzepte von Delegation, von Verdrängung, von Identifikation, von Übernahme der Opferrolle, von internalisierten Beziehungsvorstellungen und unbewußten Schuldgefühlen und anderes mehr müssen gebildet sein, damit solche Zusammenhänge einigermaßen schlüssig konstatiert werden können. Therapieschulen unterscheiden sich auch in der Reichhaltigkeit dieser Konzeptbildung voneinander. Es gibt wohl keinen Zweifel daran, daß die Psychoanalyse mit ihren vielen Verzweigungen und dem reichhaltigen theoretischen Werk die feinmaschigsten Konzepte entwickelt hat, um den »Wiederholungen« auf die Spur zu kommen. Aber auch in den einfacheren sozialisationstheoretischen Annahmen steckt das Bemühen um Erklärung für das, was (irrationalerweise) »immer wiederkommt«. Das ehemals geschlagene Kind schlägt also auch die eigenen Kinder, obwohl es – nunmehr erwachsen – das Schlagen als Erziehungsmethode ablehnt, die verwöhnende Mutter hindert das erwachsene »Kind« daran, selbständig zu werden, und so weiter. Therapeutische Biographien stehen also sozusagen unter dem Druck, etwas als Wiederholung zu sehen (auch wenn es sich nicht auf den ersten Blick als eine solche enthüllt) und sie auch mit Hilfe ihres theoretischen Repertoires zu erklären. Der Wahrheitsgehalt ist dabei zweitrangig, Kriterien dafür gibt es im Grunde genommen nicht. Es bleibt dabei, daß Menschen in ihrem Drang, Ursachen zu erforschen und dabei auch die eigene Befindlichkeit nicht auszulassen, zu allen möglichen Konstruktionen bereit sind, um sich ihre Lage besser erklären zu können.

In jeder therapeutischen Richtung scheint es schwierig, Erfahrungen vom Typ »und dann war plötzlich alles anders« unterzubringen. Dieser Erzähltyp, in »naiven« Berichten sehr oft favorisiert, widerspricht dem Wiederholungsgedanken in eklatanter Weise. Es gilt, das »ganz andere« zu assimilieren, in das Bekannte einzubauen. Jede Art von Bekehrung oder Erleuchtung, wie wir sie in religiösen Biographien oft finden, wirkt demgegenüber unaufgeklärt, sofern sie einfach als ein nicht mehr hinterfragbares Faktum behandelt wird.

Bekehrungsbiographien sind in einigen Punkten den therapeutischen Biographien ähnlich, in einigen aber doch, eben wegen des Wiederholungsmoments, grundverschieden. Bei beiden handelt es sich um einen Umbruch des Lebens, eine (mehr oder weniger radikale) Veränderung, die Konsequenzen hat. Wie Gremmels herausarbeitet, wird die Biographie durch die Konversion in drei Teile zerlegt: in einen vor dem Konversionserleben, in das Erlebnis selbst und in das Leben danach. Wichtig erscheint, daß das Leben danach als ein sehr viel erfüllteres, oft glücklicheres, erscheint, auch: daß nunmehr eine sinnvolle Aufgabe gefunden wird. Das Leben davor aber wird im Lichte der neuen Erfahrungen sehr negativ geschildert. Mit Recht mag man sich fragen, ob dies nicht einer nachträglichen Umbewertung entspringt. Gremmels jedenfalls sieht dies bei vielen Konversionsbiographien gegeben. Das Bekehrungserlebnis selbst wird übrigens ziemlich übereinstimmend als »nicht beschreibbar« dargestellt, allenfalls kann man die damit verbundenen Emotionen (Weinen, Angst, Glück, Umfallen, Schwindel) beschreiben. Des heiligen Augustinus »Confessiones« gelten in theologischen Kreisen als der Prototyp der Bekehrungsbiographie: sie weist alle beschriebenen Merkmale auf und scheint wegweisend gewesen zu sein für sehr viele andere Bekehrte.

Wie sieht dies bei den therapeutischen Biographien aus?

Auch hier finden wir eine Neuordnung des Lebens, allerdings wird nur selten beschrieben, daß dies auf ein einziges Erlebnis in der Therapie zurückgeht. Die eine oder andere Deutung mag als besonders wichtig haftenbleiben und kann erzählt werden. Bestimmte kathartische Erlebnisse (etwa in der Gruppe) sind ebenfalls erzählbar und werden als bedeutsam eingestuft. Üblicher allerdings ist es, die durch Therapie bewirkte Wandlung als einen Prozeß zu beschreiben – allerdings als einen, der nicht sehr präzise beschreibbar ist. »Langsam habe ich entdeckt, daß ...«, »erlebt, wie ...«: Solche Formeln sind es, in denen therapeutische Veränderung sehr viel eher beschreibbar wird als durch »plötzliche« Ereignisse. Übrigens wird die Erzählung sehr oft auch mit Zusätzen versehen wie: »das ging so nach und nach ... ich weiß gar nicht, was es eigentlich war ...« Der wichtigste Unterschied zur Bekehrung besteht allerdings darin, daß natürlich kein irgendwie geartetes metaphysisches Ereignis, das ohne Zutun des Menschen auf ihn zukommt, mit der Umkehr verbunden wird. Die therapeutische Konversion muß – sofern sie glaubhaft ist – im Zusammenhang mit dem bisher gelebten Leben stehen. Relevante Deutungen müssen sich auf bestimmte biographische Ereignisse beziehen, die Zeit muß »reif« sein dafür, daß sie überhaupt akzeptiert werden können, der Patient muß »mitarbeiten«, damit eine verändernde Intervention überhaupt möglich ist. Laienhafte Vorstellungen davon, daß das plötzliche »Auftauchen von unbewußtem Material«, sozusagen als ein völlig neues Bild des Lebens, das Wesentliche an der therapeutischen Veränderung sei, hat schon viele Therapiepatienten an der »Richtigkeit« ihrer Therapie zweifeln lassen. Bei den meisten treten solche Ereignisse nie ein. Nicht ganz und gar neue, bisher verdrängte, Ereignisse treten ins Bewußtsein, sondern neue Kontexte, in denen das Ereignis gesehen wird. So wird eben zum Beispiel die idealisierte, symbiotisch verbundene Mutter langsam zu einer, die die Tochter mißbraucht hat, um ihre Wut über den Ehemann ausagieren zu können, und damit geraten bestimmte Ereignisse, die mit der Mutter verbunden sind, in ein anderes Licht!

Ähnlichkeit besteht aber wiederum in der Beurteilung des Lebens vor der Therapie. Auch hier kann mit großer Sicherheit vermutet werden, daß dieses Leben neu konstruiert wird, meist natürlich bewegt sich diese Konstruktion auf den Pol »alles war früher schlechter« hin. Die Konzepte, in denen dies geschieht, sind mit großer Sicherheit solche, die der behandelnde Therapeut gebraucht, die man sich eventuell auch angelesen hat. So sind in den späten Siebzigerjahren viele therapeutische Biographien in Termini der Selbstpsychologie erzählt worden: Beklagt wurden die falsche Spiegelung durch die Eltern, die Tatsache, daß man psychisch mißbraucht wurde. (Ein Beispiel dafür ist die Autobiographie der Therapeutentochter Claudia Erdheim.) Die sehr viel ältere therapeutische Biographie einer Schriftstellerin (Marie Cardinal, »Schattenmund«) zeigt zum Beispiel ein davon sehr differierendes Muster: die sexuelle Dramatik steht im Mittelpunkt, vor allem die anal-urethrale Beschämung der Patientin. (Ein wichtiges Schlüsselerlebnis ist darin zu sehen, daß die Patientin von ihrem Vater beim Urinieren gefilmt wurde und sich deshalb sehr geschämt hat, was mit ihrem Penisneid und der Schwierigkeit, eine Frau zu sein, in Verbindung gebracht wird.)

Man kann diese Konzepte inhaltlich analysieren, ob sie »griffig« und für möglichst viele Fälle anwendbar sind. Man kann aber auch in formaler Hinsicht diese Konzepte analysieren und herauszufinden versuchen, welche geistigen Strategien es gibt, die diese Biographiebearbeitung ermöglichen.

Jürgen Körner hat 1985 in einer aufschlußreichen Arbeit über die verschiedenen Modi des Begreifens von Biographien in der Psychoanalyse Kategorien vorgegeben, die auch für die vergleichende Betrachtung von Therapieschulen griffig sind. Er unterscheidet kausale, intentionale und sinnverstehende (szenische) Modi des Begreifens der eigenen Biographie. Therapieschulen, so meine ich, lassen sich auch danach unterscheiden, welcher Modus bei ihnen der vorherrschende ist.

Denken wir im *kausalen Modus*, dann versuchen wir, unsere Biographie so zu verstehen, daß das »Alte im Neuen« (Körner) gesucht wird. Weil wir immer gezwungen wurden, alles aufzuessen, stehen wir jetzt unter Druck, wenn unsere Kinder mäklig sind. Oder auch: Weil wir uns oft so sehr geekelt haben bei diesem Zwang zum Aufessen, sind wir jetzt selbst mäklig und schlechte Esser. Die unter dem kausalen Modus liegenden inhaltlichen Entwicklungsvorstellungen können recht unterschiedlich sein – sie sind einer nicht mehr zu hinterfragenden Alltagspsychologie geschuldet. Ihr wichtigstes Kennzeichen ist aber eine ganz spezifische Herangehensweise an die eigene Geschichte: Eine reine Kausalfolge wird postuliert, das Alte erklärt das Neue, unsere »Lerngeschichte« zieht sich durch unser gesamtes Leben. Es versteht sich von selbst, daß der Verstehensmodus der Kausalität (»Erklären« nennt Körner dies im Sinne der Diltheyschen Kategorien) vor allem bei den Lerntheoretischen Therapien zu finden ist. Die Sozialisationsgeschichte als Determinante der Biographie steht im Mittelpunkt. Regelgeleitetes Handeln wird aufgesucht, Ereignisse werden nach Klassen geordnet. Diese Betrachtungsweise – man könnte sie eine konservative nennen – hat

Mühe, ganz Neues zu erklären (es gibt sozusagen nichts Neues unter der Sonne) und – was noch schwerer wiegt – sie kennt keine inhaltlichen Gesetze, nach denen dieses Lernen vor sich geht. Denn die drei Lernparadigmen – respondent, operant, Modell-Lernen – geben keine Vorstellung davon, welche Vorzeichen das Gelernte annehmen wird: Wird es (wie im obigen Beispiel vom Essen) »genau das Gegenteil« sein oder einfach eine Wiederholung dessen, was vorgegeben ist? Diese Fragen sind nicht zu beantworten, wenn man Lerngesetze nur von den formalen Bestimmungen her kennt und nicht die Gesetzmäßigkeiten des Innerpsychischen – also zum Beispiel die der Abwehr oder der Phantasie – in Betracht ziehen kann.

Dieser kausale Modus ist natürlich nicht allein den Verhaltenstherapien vorbehalten, er findet sich auch in allen anderen Therapieformen. In der Verhaltenstherapie allerdings ist er der dominierende, weil die lerntheoretische Therapietheorie eigentlich keine andere Betrachtungsweise zuläßt.

Der *intentionale Modus* ergibt einen anderen Aspekt des Psychischen. In der eigenen Biographie gibt es so gesehen nicht nur Kausalität, sondern auch Finalität. Der Mensch »beabsichtigt«, etwas zu bewirken – auch wenn diese Absicht nicht immer bewußt ist. Wir verfolgen eigene Ziele, sind nicht ganz und gar kausal determiniert, sondern können als Zentrum der Handlungsmacht etwas bewirken. Es dominiert die Frage nach dem Zweck, der Funktion des Handelns.

»Jeder ist seines Glückes (Unglückes) Schmied«, so könnte das Motto dieser Betrachtungsweise lauten. Die Funktion der psychischen Störung sowie die Funktion bestimmter Eigentümlichkeiten des Charakters lassen sich auf diese Weise besser verstehen.

Schon bei Adler finden wir diesen Gedanken, der einen sehr zentralen Platz bei ihm einnimmt. Der »Lebensplan« eines Menschen gehorcht den Gesetzen der Finalität, die Biographie bestimmt sich von übergeordneten Zielen her. Um diese Ziele zu erreichen, bedarf es allerdings eines sozusagen ausgeklügelten Wahrnehmungssystems, das der »tendenziösen Apperzeption« gehorcht. Das heißt: Nur solche Erfahrungsmöglichkeiten werden gesucht, die dem »heimlichen Plan« des Lebens entsprechen. Daß dies beileibe nicht nur konstruktive, sondern sehr oft auch destruktive Pläne sein können, versteht sich von selbst.

Unter den modernen Therapieschulen ist es in ganz besonderer Weise die Systemische Therapie, in vieler Hinsicht auch die Gestalttherapie, die sehr gezielt die Zukunft einbezieht. »Was wäre, wenn ...«, so lautet immer wieder von neuem die therapieleitende Frage. Die Antwort darauf ergibt einen (mehr oder weniger) geheimen »Sinn«, der das Leben durchzieht. Während dieser Sinn bei den Systemischen Therapeuten eher formaler Natur ist (der »Sinn« – besser wäre es zu sagen: die »Funktion« – eines Symptoms dient der Aufrechterhaltung des Familiensystems, der Koalitionsbildung zwischen den Eltern und ähnliches mehr), haben die Gestalttherapeuten ein sehr viel individuelleres Muster im Visier, selbst wenn sie nicht explizit die biographische Dimension anpeilen. Die Geschichte der eigenen Handlungsweisen steht unter dem Zweckgesichtspunkt und ist zielorientiert. (Immer wieder hat jemand Anfälle von Migräne, so wird konstatiert. Was wäre, wenn er sie nicht hätte? Dann würde er endlich die begonnene Diplomarbeit zu Ende bringen und das Studentenleben beenden können. Dies also ist dann die »Funktion« des Symptoms: es verhindert das Erwachsenwerden.)

Wenn die kausale Handlungserklärung dem Absichtsvollen nicht gerecht wird, so sagt Körner, dann verschweigt die intentionale Handlungserklärung das »Gedrängte« dieser intendierten Handlung. Dies wird allerdings im dritten Modus verständlicher.

Im *sinnverstehenden Modus* des Begreifens der eigenen Biographie nämlich wird die gesamte Lebensgeschichte als Hintergrund, auf dem sich einzelne Verhaltensweisen und Erlebnisse abspielen, mitbedacht. Dadurch bekommt alles einen neuen und gesamthaften Sinn, der nicht nur einzelne Verhaltens- oder Erlebnisweisen bedenkt. Das schließt die Reflexion der eigenen Bedingungen und Voraussetzungen mit ein. Eine nur-rationale Betrachtungsweise wird bei diesem Modus endgültig überschritten. Träume und Phantasien werden in das reale biographische Bild ebenso einbezogen wie äußere Erfahrungen. Kausale und intentionale Modi sind hier natürlich mit eingeschlossen. Aber auch die Kausalität gewinnt ihren Sinn erst durch den Einbezug der inneren Welt mit ihren (vorausgesetzten) Regeln und Reflexionsmöglichkeiten. (Ein Trauma besteht nicht nur darin, daß es geschehen ist, sondern darin, daß es in eine ganz bestimmte innere Welt einbricht, von der her es seinen Sinn erst bekommt.) Diese Betrachtungsweise der Biographie ist nur dann möglich, wenn durch die Konzeption des Unbewußten und durch den methodischen Einbezug von Phantasien, Träumen und Fehlhandlungen das Leben ganzheitlich betrachtbar wird, wobei kindliche Phantasien und Wünsche meist eine wichtige Rolle spielen. Nur in tiefenpsychologischen Konzepten mit ihrem Beharren auf der Ableitung von aktuellen Absichten oder Erfahrungen (kausaler und intentionaler Modus) aus früheren, nicht mehr ohne weiteres rekonstruierbaren Gegebenheiten (wobei Phantasien, weniger die Realität, eine große Rolle spielen) ist dies gewährleistet. Die Biographie gerät hier sozusagen zu einem großen und bunten Gemälde, wobei die undeutlichen Hintergrundfarben ebenso wichtig sind wie die vordergründigen, kräftigen.

Diese drei Grundkonzepte des Begreifens der eigenen Biographie sind, wie erwähnt, keine ausschließlichen, sie werden in der Psychoanalyse zum Beispiel integriert und einbezogen in den größeren Zusammenhang des Sinnverstehens. Allerdings gelingt es keiner Therapieform in wirklich befriedigender Weise, eine ganz bestimmte Lücke zu füllen: nämlich den Einbezug der Umwelt in die eigene Biographie. Auch die Systemische Perspektive greift hier zu kurz. Zwar wird durch den Einbezug des familialen

Netzes der Gesichtspunkt des »Draußen« ein wenig berücksichtigt, das heißt: die Realität der Familie findet Einlaß in die Interpretation; aber das gesamtgesellschaftliche Umfeld ist damit noch lange nicht getroffen.

Der Vorwurf, Psychotherapie setze nur beim Individuum (höchstens noch bei der Familie) an und eben nicht beim gesamtgesellschaftlichen Umfeld, ist nicht zu entkräften. Psychotherapie ist und bleibt ein Unterfangen des einzelnen, die Möglichkeit, sich über sein Innenleben klarzuwerden, kommunikative Strategien zu verändern, Einstellungen zu überprüfen. Wirft man ihr vor, sie vernachlässige die (krank machende) Umwelt: Dann muß man sich fragen, ob dieser Anspruch nicht überzogen ist. Andere Institutionen mögen dafür einspringen (etwa die Spezialisten der gemeindepsychiatrischen Zentren, die Netzwerkpraktiker und diejenigen, die die Prävention auf ihre Fahnen geschrieben haben). Psychotherapie ist dafür nicht das richtige Feld. Es scheint aber ohne Zweifel richtig, daß Psychotherapie in diesen Arbeitsbereichen zumindest wichtige Hinweise geben kann, denn: Nichts gestattet in die menschliche Seele besser Einblick als die Psychotherapie.

Zweiter Teil

Gleiches und Ungleiches

In diesem Teil – dem »Herzstück« des Buches – soll versucht werden, die wesentlichsten Unterschiede verschiedener Therapieschulen zu charakterisieren und damit klarzumachen, welche Relevanz es hat, wenn man – als Patient oder als Therapeut – die eine oder andere Richtung wählt, und welche Konsequenzen es hat, wenn man eklektisch vorgeht. Nicht jede Therapierichtung ist mit jeder zu amalgamieren, manches ist unvereinbar und nur unter Verzicht auf wichtige Theoriebestandteile zu vermischen. Oder – und dies wäre schon sehr bedenklich – es ist nur zu bewerkstelligen, wenn man Patienten (und Therapeuten) verwirrt.

Wie aber soll man sich im Wust der vielen Therapieschulen zurechtfinden? Kann so vieles und so Heterogenes überhaupt miteinander verglichen werden? Corsini beschrieb in seinem Handbuch der Psychotherapien im Jahre 1981 in der amerikanischen Ausgabe 64 Therapieformen, in der deutschen Ausgabe 1983 waren es immerhin schon 72, obwohl sehr bekannte Therapiesysteme wie die Analytische Psychologie von C. G. Jung oder das NLP sogar fehlen. Schätzungen zufolge gibt es seither mehr als doppelt so viele Therapieschulen, in populären Artikeln ist manchmal sogar die Rede von vier- bis fünfhundert. Woher also Kriterien nehmen für die Auswahl? Nun, die Rede von den »ungemein vielen« Therapieschulen ist zumindest stark übertrieben. Denn natürlich verdient nicht alles, was sich als neue Therapieform anbietet, diese Bezeichnung. Die meisten neuen »Schulen« sind eine Mischung aus Altbekanntem; manche Richtungen haben gar nur eine bestimmte therapeutische Strategie eingesetzt, um sich abzugrenzen von anderen Therapierichtungen. So wird bei Corsini zum Beispiel die sogenannte »multimodale Therapie« nach Lazarus, eine Mischung von Verhaltenstherapie, Psychodynamik und Körpertherapie, als eigene Therapieschule aufgeführt. Aber auch das »Selbstsicherheitstraining«, eine genuin verhaltenstherapeutische Strategie für sozial gehemmte Patienten, wird als eigene Therapieform bezeichnet.

So scheint es also günstig, sich im Gewirr der Therapieschulen danach umzusehen, ob es nicht immer wieder Vertrautes gibt, ob es nicht einige Grundzüge gibt, die man da und dort immer wieder entdecken kann, so daß es – unter Verzicht auf Feindifferenzierung – sinnvoll ist, diese »Grundmuster« der therapeutischen Systeme herauszupräparieren.

Welches aber sind die »Grundmuster«? Hier muß natürlich eine gewisse Willkür eingestanden werden. Zwar gibt es unter den Autoren, die die gängigen Lehrbücher über die verschiedenen Schulen der Psychotherapie verfaßt haben, eine weitgehende Übereinstimmung über das, was als »bedeutende« Therapieschule gilt. Dies aber kann natürlich bei allen Autoren auf dem gleichen Augenfehler beruhen: der Verwechslung von Bedeutung und Verbreitung. Es läßt sich hier keine allgemeinverbindliche Aussage festschreiben, und so muß ich es in Kauf nehmen, daß mancher Vertreter einer Therapierichtung diese kaum oder gar nicht erwähnt findet, einfach weil mir persönlich (und vermutlich anderen Klinischen Psychologen der schreibenden Zunft) die Wichtigkeit des betreffenden Ansatzes noch nicht genügend klar wurde.

Ich finde die wichtigsten Grundmuster, die unsere therapeutische Landschaft prägen, in folgenden Schulrichtungen:

Psychoanalyse mit den Weiterentwicklungen der Objektbeziehungstheorie und der Narzißmustheorie von Kohut, die Humanistische Psychotherapie mit ihrem bedeutendsten Vertreter Carl Rogers, die beiden Richtungen der Gestalttherapie (der Ost- und der Westküstenstil), die (Kognitive) Verhaltenstherapie, die Systemische Familientherapie.

Warum gerade diese fünf? Warum sind so viele andere Richtungen – zum Beispiel die Therapieschule von Adler oder von C. G. Jung oder die moderne Schule des NLP – in dieser Aufzählung ausgelassen? Daß die Psychoanalyse den bedeutendsten Markstein in der Geschichte der modernen Therapie bedeutet, ist unumstritten; daß daher auch ihre Konzepte in »reiner«, nämlich in der Form der traditionellen Freudschen Psychoanalyse behandelt werden müssen, leuchtet sicher ein. Ebenso ist es wohl verständlich, wenn die zwei wichtigsten Verzweigungen – Objektbeziehungstheorie und Narzißmustheorie nach Kohut – immer wieder erwähnt werden – allerdings nur sozusagen »nach Bedarf«, wenn klare Grenzziehungen zwischen diesen Richtungen und der traditionellen Psychoanalyse in bezug auf eines der abgehandelten Themen erforderlich sind. Hier stoßen wir schon auf einen zentralen Punkt: daß nämlich die Kohutsche Position in so vielen Punkten (je nach Entwicklung der Richtung) von der Freudschen Konzeption abweicht, daß sie eher in den Bereich der Humanistischen Psychotherapien hineinreicht als in den der psychoanalytischen. Klarzulegen, ob und an welchen Punkten dies gerechtfertigt ist, stellt den Kerngedanken des Buches sicher. Das heißt: Es sollte zum Beispiel der Gedanke der »helfenden Beziehung« nach Carl Rogers mit all seinen therapeutischen Implikationen so klar herausgearbeitet werden, daß es nicht mehr schwer ist, hierin auch die Kohutsche Empathie-Forderung zu sehen. Ist erst einmal klargeworden, was dieses Konstrukt der »helfenden Beziehung« bedeutet, dann sollte es – dies die Hoffnung – möglich sein, auch andere (nicht explizit genannte) Therapieformen danach zu beurteilen, inwieweit sie diesen Gedanken für sich übernommen haben. Daß beispielsweise Überlegungen zu Abstinenz und Neutralität des Therapeuten damit schwer zu vereinbaren sind, leuchtet dann jedem wohl sehr rasch ein, sofern er sich die Mühe macht, den Abstinenzgedanken auf dem theoretischen Hintergrund der Psychoanalyse zu verstehen.

Aber auch – um ein anderes Beispiel zu nehmen – der Gedanke einer sich selbst regulierenden Psyche, die nach immer mehr Erfahrungen strebt (»Wachstumsgedanke«) wird erst bei Rogers explizit entwickelt, so daß man von diesem Standpunkt aus erkennen kann, welche Vorläufer und welche »Nachfahren« diese Idee hat. Vorläufer wäre dann sicher C. G. Jungs »Individuationstendenz«, Nachfahren finden wir in sehr vielen Richtungen der Gestalttherapie und allen wichtigen humanistischen Therapierichtungen insgesamt, so zum Beispiel beim »Focusing«, bei vielen Körpertherapien oder bei der Psychosynthese. Es sollte, wenn alle damit verbundenen Implikationen dargestellt werden, einsichtig sein, daß der optimistische Gedanke der Wachstumstendenz mit den (psychoanalytischen) Gedanken einer mühsam immer wieder neu zu findenden Balance zwischen Triebwunsch und Abwehr im traditionellen Freudschen Sinne nicht gut zu vereinen ist.

Es werden also – neben den erwähnten Grundrichtungen – bestimmte bekannte therapeutische Ansätze immer wieder dann erwähnt, wenn klargemacht werden soll, in welcher Weise sie von den behandelten Themen abweichen oder hineinpassen. Dabei passiert es oft, daß eine Therapieschule gar nicht oder recht wenig erwähnt wird (wie zum Beispiel die Schule von Adler), die sehr bekannt und bedeutend ist. Dies mußte oft um der Lesbarkeit willen geschehen (auch natürlich: wenn ich selbst mit der betreffenden Therapieschule weder als Therapeutin noch als Patientin vertraut bin, während das bei den erwähnten Grundrichtungen mehr oder weniger der Fall ist).

Ich habe jedoch darauf geachtet, die mir wichtig erscheinenden wesentlichen Elemente, die man in Therapieschulen findet (also: Beziehung, Bezug zum Körper, hindernde und förderliche Entwicklungsbedingungen und ähnliches) so umfassend zu erläutern, daß Leser ohne weiteres auch für diejenige spezielle Richtung, an der sie interessiert sind, Hinweise finden und sie vermutlich ohne Schwierigkeit einordnen können.

Ein anderes Problem ergibt sich, wenn man eklektische Therapiesysteme betrachtet wie zum Beispiel das NLP. Hier werden – der expliziten Intention der Begründer gemäß – die wichtigsten Strategien aller bedeutenden Therapieschulen zusammengetragen. Es sind daher vor allem die Strategien – und viel weniger die Theorien –, auf denen diese Therapiesysteme beruhen. Es wäre eine gesonderte Aufgabe herauszufinden, welche Strategien jeweils mit welchem theoretischen Hintergrund verbunden sind und ob sich hier Inkongruenzen ergeben müssen, die nur schwer zu überwinden sind und unter Umständen zu Lasten des Patienten gehen. Auch dies – so meine Hoffnung – läßt sich leichter bewerkstelligen, wenn man die Grundkonzepte der Therapieschulen kennt.

Die zwei Richtungen der Gestalttherapie (Ostküste und Westküste) sind ganz offensichtlich trotz ihrer Herkunft aus der Psychoanalyse (was vor allem im Ostküstenstil von Perls, Goodman und Hefferline immer wieder klar wird) so sehr vom ursprünglichen Denken der Tiefenpsychologie abgewichen, daß sie als eine ganz eigenständige Richtung betrachtet werden müssen. Ihre Aufspaltung in einen mehr humanistisch orientierten und in einen mehr psychoanalytisch orientierten Teil ist sicher ein wenig künstlich, aber auf dem Hintergrund dessen, was über die prinzipiellen Unterschiede dieser beiden Ansätze gesagt wird, vermutlich als Heurismus verständlich.

Die Ordnung der Begrifflichkeit und der Strategien rund um das Konzept des »Kontaktprozesses« führt zu sehr neuartigen Einstellungen sowohl zum therapeutischen Prozeß als auch zu den psychischen Störungen insgesamt.

Dies gilt natürlich auch von der ganz und gar »anderen Seite« der Psychotherapie: der Verhaltenstherapie. Diese ist in den sechziger Jahren mit einer totalen Kampfansage gegen alle Tiefenpsychologien angetreten, indem sie – durch Eysenck formuliert – behauptete: »Das Symptom *ist* die Neurose.« Sie wandte sich – als behavioristische Wissenschaft – gegen alle unnützen Spekulationen über das, was »unter« oder »hinter« den Symptomen stecken könnte, und beschäftigte sich nur mit dem »gestörten Verhalten« als einem »falsch gelernten Verhalten«, unter Verzicht auf eine neurosenspezifische eigene Dynamik.

Diese »strenge« Position wurde im Laufe der Jahre allerdings nach mehreren Seiten hin aufgeweicht: Nicht nur beobachtbares Verhalten, sondern auch Gedanken und Gefühle wurden einbezogen in die therapeutischen Strategien, wobei die Eigenart dieser Phänomene, die eben nicht unter dem Postulat der simplen Lerngesetze zu fassen sind, zumindest als Forderung mitbedacht wurde. Daß neurotisches Verhalten eine gewisse »Ausdruckshaltigkeit« haben kann, wird heutzutage von keinem Verhaltenstherapeuten mehr bestritten – es ist allerdings schwer, dies in der Theorie zu verankern, weshalb Verhaltenstherapeuten, die so gut wie immer als »Kognitive Verhaltenstherapeuten« arbeiten, besonders oft in der Praxis ganz andere Therapieformen mit verhaltenstherapeutischen Strategien vermischen.

Der Systemische Ansatz schließlich, der einen neuen Aspekt auf psychische Störungen darstellt, verdient natürlich ebenfalls einen Platz in der Reihe der »Grundmuster« der Therapieschulen. Als erste Therapierichtung »ent-individualisiert« sie die Störung und sieht sie in ihrem Bezug zum umgebenden (Familien)System. Dieser Aspekt läßt sich besonders gut mit vielen unterschiedlichen Therapiesystemen verbinden und hat daher in den Praxen der Psychotherapeuten in den letzten Jahren große Relevanz bekommen.

Der Verzicht auf eine explizite Stellungnahme zur Einordnung aller wichtigen Therapieschulen wird – so meine Intention – aufgewogen durch das Herauspräparieren zentraler Grundpositionen, wodurch jeder sich für »seine« bevorzugte Therapieform sozusagen einen Platz suchen kann.

Die Triebkraft der Entwicklung: Konflikt oder Wachstum?

Die fundamentale Unterscheidung psychologischer Systeme ist wohl diejenige nach den angenommenen »Triebkräften« der menschlichen Entwicklung oder überhaupt des menschlichen Lebens und Erlebens. Was also hält den Menschen »im Innersten zusammen«, wie man in Abwandlung des »Faust«-Zitats fragen könnte. Oder, um es wissenschaftlicher auszudrücken (Maddi, 1968): Was ist das »core construct« der Persönlichkeit, also das zentrale Movens, dem Menschen gehorchen?

Die Ausformulierung dieses Konstrukts hängt zusammen mit dem gesamten Welt- und Menschenbild des jeweiligen »Konstrukteurs« dieses Konstrukts beziehungsweise, wenn ein solcher Konstrukteur nicht namentlich auszumachen ist, einer Gruppe von Menschen, die offensichtlich dem Ruf irgendeines »Zeitgeistes« folgen. Denn es ist festzuhalten: Dieses Bild vom Menschen entsteht natürlich nicht im luftleeren Raum; es ist ein Gebilde, das persönliche Geschichte mit jeweils ganz bestimmten Strömungen der historischen Situation vereinigt.

Die Antwort auf diese Strömungen kann recht verschiedenen Impulsen entspringen, beileibe nicht immer sind diese Antworten nur eine Widerspiegelung dominant herrschender Ideen. Sehr oft muß man diese Konstruktionen über das Innerste des Menschen verstehen als eine trotzige Antwort, einen Schlachtruf, ein Aufbegehren oder eine Art von Resignation – kurzum auch als eine zur Hauptströmung des Zeitgeistes jeweils alternative Idee, wie man sie in pluralistischen Gesellschaften eben häufig findet. In welchem Sinn also ist demnach die Freudsche Psychoanalyse zu verstehen?

Einfach zu konstatieren, daß die innerste Kraft, die den Menschen bewegt, bei Freud der Sexualtrieb ist und daß dies einen Reflex auf eine triebfeindliche Gesellschaft darstellt, genügt sicher nicht. Erdheim (1984), Lorenzer (1984), Nitzschke (1990) und andere haben dies in sehr eindrucksvoller Weise verdeutlicht.

Freud hat nicht einfach einer triebfeindlichen, heuchlerischen Gesellschaft das Unterdrückte vorgehalten. Er war durchaus *auch* ein Nachahmer, hat vieles von dem aufgenommen, was um ihn herum in der Wissenschaft, in der Literatur und im gesamten geistigen Kosmos von Wien (und Westeuropa) Ende des 19. Jahrhunderts gedacht, geschrieben und gesagt wurde. Sexualität in allen Formen – Homosexualität sowie auch Perversionen wie Inzest und Sodomie – war nicht in allen Kreisen ein Tabuthema; es wurde literarisch dargestellt und wissenschaftlich bearbeitet. Hermann Bahr, Hugo von Hofmannsthal und Arthur Schnitzler stehen dafür als literarische Namen, Otto Weininger und Richard von Krafft-Ebing als wissenschaftliche. Daß ungelebte Sexualität psychisch krank macht, hat Schnitzler in seiner Novelle »Der Empfindsame« eindrucksvoll dargestellt. Dort wird eine junge Sängerin, der die Stimme versagt, geheilt, indem sie ihr ungesundes asexuelles Leben aufgibt zugunsten gelebter Sexualität. Ähnliche Gedankengänge lassen sich auch bei Frank Wedekind und August Strindberg finden.

Die Weiningersche Trieblehre wirkt in manchen Formulierungen so psychoanalytisch, daß man geneigt ist, Weininger als Vordenker zu sehen. Das nachfolgende Zitat mag dies veranschaulichen: »Jede Krankheit hat psychische Ursachen, und jede muß vom Menschen selbst, durch seinen Willen, geheilt werden: er muß sie innerlich selbst zu erkennen suchen. Alle Krankheit ist nur unbewußt gewordenes, in den Körper gefahrenes Psychisches: sowie dieses ins Bewußtsein hinaufgehoben wird, ist die Krankheit geheilt« (zitiert nach Erdheim, 1984, S. 156).

Natürlich gab es schon seit der Romantik eine ausgebildete Vorstellung vom Unbewußten (der »Nachtseite« der Seele). Trotzdem: Bei Freud ist dann doch wieder alles ganz anders, ganz neu und lebt von einem anderen psychologischen und theoretischen Grund her.

Nicht Sexualität im reifen, erwachsenen Sinn ist es, die das Innerste zusammenhält – diesen Vorwurf, sofern es einer ist, hat ihm nur immer wieder eine feindselige Umwelt gemacht. Das große Ärgernis ist offensichtlich nicht, daß er die Wichtigkeit der Sexualität konstatiert hat (pansexueller Vorwurf), sondern die Bedeutung dessen, was er Psychosexualität nennt. Das allerdings ist neu und aufregend und geeignet, den Bürger aufzuschrecken.

Der Trieb in seiner quasi metaphysischen Bedeutung hat als Konstrukt ganz andere Konnotationen als die einer sichtbaren und beobachtbaren Sexualität. Das, was Freud damit bezeichnet, ist (nach den Worten Nitzschkes) eine Utopie, die »in die Vergangenheit gerichtet« ist. Was aber ist das Utopische daran, also das, was sich nie verwirklichen läßt? Es ist die Idee der vollkommenen Befriedigung, die auch immer vollkommene Verschmelzung bedeutet – sei es die Verschmelzung mit der Mutterbrust, sei es die in der genitalen Vereinigung. Diese utopische Dimension aber sorgt gleichzeitig dafür, daß die Trauer um die Unerfüllbarkeit immer gegenwärtig bleibt. Diese Maßlosigkeit des Triebes ist nur erkennbar, wenn man mit den ganz speziellen Methoden der Psychoanalyse (Traum, freie Assoziation, Fehlhandlungen und so weiter) das Lebenspanorama eines Menschen durchleuchtet. Es ist ein »Grenzbereich« (Nitzschke, 1990), in den eine glatte Vernunft nicht vordringen kann. Von einer Reihe von Autoren (Lorenzer, 1984, Nitzschke, 1990, Erdheim, 1984, Parin, 1986, und andere), die dem triebtheoretischen Standpunkt Freuds verpflichtet sind, wird seit einiger Zeit beklagt, daß diese Auffassung des Triebkonzepts aufgegeben wird zugunsten eines Standpunktes, der dem Beobachtbaren, sogar Meßbaren (beim nomothetisch-positivistischen Kreis der Psychoanalytiker wie Thomä und Kachele) verpflichtet ist. Letztlich hat Freud mit dieser Auffassung vom Triebgeschehen (Nitzschke) »der Liebe in ihrem vollen Umfang ihr Recht verliehen«, Liebe: als das Bedürfnis nach Vereinigung in einem allumfassenden Sinn. (Freud: »Wir gebrauchen das

Wort Sexualität in demselben umfassenden Sinn, wie das deutsche Wort ›lieben‹« ... »legen Wert darauf, daß man den seelischen Faktor des Sexuallebens nicht übersehe und nicht unterschätze ...« (Freud, GW VIII, S. 120)

Was aber bedeutet das Wort »Psychosexualität«? Es bedeutet, einfach gesagt, daß der Mensch von der Suche nach jener nie ganz zu erfüllenden Lust getrieben wird und daher seine gesamte psychische Entwicklung der Tatsache verdankt, daß er in je nach Geschlecht und Alter unterschiedlichen »erogenen Zonen« diese Lust sucht und findet, sich aber auch damit auseinandersetzen muß, wenn die Befriedigung gestört wird, ausbleibt, Komplikationen unterliegt und nie den vollen Umfang erreicht, den sie eigentlich erstrebt.

Die primären lustspendenden Zonen sind, wie bekannt, im Laufe der menschlichen Entwicklung in unterschiedlichem Maße vorherrschend: im Mundbereich, im Analbereich und zentriert um die Genitalien.

Der Modus der erreichbaren Befriedigung bleibt für das Kind ein Leben lang Vorbild für viele weitere, davon abgeleitete Bedürfnisse: Ganz speziell diese Behauptung ist es, die Freud immer noch Feinde verschafft. Daß Kinder Sexualität erleben, hat zwar einige seiner prüden Zeitgenossen gestört (wissenschaftlich versiertere, speziell Ärzte, wußten natürlich darum), aber dies ist heutzutage Populärwissen, das man in jeder Zeitschrift lesen kann. Was auch heute noch stört und Laien wie Fachleute oft empört, ist die Tatsache eben der Ableitung auch aller »höheren« Bedürfnisse des Menschen aus diesen »primitiven« Lustquellen. Der Mensch sucht nicht Lust, sondern Sinn, sagte bei einem Vortrag zum Beispiel Viktor Frankl, ein typischer Freudkritiker. Freud hätte dies natürlich nie geleugnet – wer könnte dies je tun? Freud aber hätte auch nie mit der lahmen Antwort eingelenkt, daß der Mensch natürlich »auch« Sinnsucher sei. Denn er hat immer wieder sehr entschieden dargelegt, daß auch die sogenannten

»höheren« Bedürfnisse, ihre individuelle Ausgestaltung und ihre Art der Befriedigung sich ableiten lassen von dem, was einstmals das kleine Kind an Lusterlebnissen und Störungen desselben erfahren hat. »Machen wir uns klar, daß jeder Mensch durch das Zusammenwirken von mitgebrachter Anlage und von Einwirkungen auf ihn während seiner Kinderjahre eine bestimmte Eigenart erworben hat, wie er das Liebesleben ausübt, also welche Liebesbedingungen er stellt, welche Triebe er dabei befriedigt und welche Ziele er sich setzt« (Freud, GW VIII, S. 365 f.). Dies betrifft aber nicht nur das Liebesleben im banalen Sinn, sondern alle damit verbundenen Regungen »höherer« Art, wie zum Beispiel etwa die Sehnsucht nach einem nie ganz erreichbaren Ideal oder zum Beispiel der Wunsch, Ordnung zu schaffen, was sich unter Umständen als Verkehrung des Wunsches nach Schmutz und Chaos herausstellt. Ein anderes Beispiel wäre der drängende Wunsch nach Erkenntnissen, was nach Freud durchaus ableitbar wäre vom Wunsch des Kindes, sich in die Geheimnisse des Intimlebens seiner Eltern einbezogen zu sehen. Natürlich kann man – und man tut es – dies als eine Abwertung des »höheren« Menschentums ansehen. Der Naturwissenschaftler Freud, dem die Darwinsche Evolutionstheorie in Fleisch und Blut übergegangen war, hat dies nicht so empfunden. Daß Höheres sich aus Niedrigerem ableitet, war ihm nichts Befremdliches. Und so haben er und seine Anhänger – oft recht unbekümmert – weder vor den Werken der Kunst noch vor denen der Wissenschaft oder Religion haltgemacht. Leonardo da Vincis gehemmte Homosexualität wurde zum Erklärungsgrund für eine Reihe von Eigentümlichkeiten seines Schaffens, unbefriedigte Sexualneugier zur Triebfeder seiner wissenschaftlichen Betätigung erklärt. Den Antisemitismus suchte Freud (GW XVI) zu erklären durch die nie gesühnte Schuld der Juden am Mord ihres Vaters Moses, den er als einen vornehmen und ehrgeizigen Ägypter ansah, der im niedergehenden Reich für sich selbst keine Aufstiegschancen mehr sehen konnte und daher das Häuflein der Semiten um sich scharte. Es gäbe noch viele Beispiele dafür.

Die Triebfeder der Entwicklung in der Psychosexualität zu sehen (später wurde die Trieblehre komplexer, und die Aggression als »Todestrieb« gesellte sich dazu, ein Konzept, das nie derartig klar ausgearbeitet wurde wie die Lehre von der Lustsuche) bedeutet: sich als der Zerstörer allzu zartsinniger bürgerlicher Vorstellungen vom Menschen zu erweisen, den ganzen Schwulst der Populärphilosophie über die Höherentwicklung des bürgerlichen Menschen zu dementieren. Das war das eigentliche Ärgernis. Freud hat ja nie geleugnet, daß Menschen Großartiges vollbringen können in der Kunst und in der Wissenschaft. Er hat nur immer auch die Wurzeln mitbedacht, und die lagen für ihn sehr klar in der frühen Suche nach Liebe, Lust und Vereinigung sowie in den Möglichkeiten, mit den notwendigerweise auftretenden Versagungen fertig zu werden. Der psychophysische Kern des Menschen ist es, um den sich alles dreht: Psychoanalyse ist in ihrem Wesen eine Körpertheorie, weil der Trieb etwas ist, das zwischen Psyche und Soma angesiedelt ist.

Lustsuche heißt: an den Körper gebunden immer wieder Einheit zu suchen und notwendige Trennungen zu ertragen; schon das Kind an der Mutterbrust muß die Suche nach dem lustspendenden Organ immer wieder verschieben, wird frustriert und muß sich damit auseinandersetzen. Im Analbereich steht die Bedeutung des Körperinhalts als etwas, was zu mir gehört, von dem ich mich aber auch trennen muß, im Zentrum. Und so geht es durch die ganze Entwicklungsreihe hindurch bis zum Drama des Ödipus, wo die intensive Liebe zum gegengeschlechtlichen Elternteil überwunden werden muß zugunsten einer »Trennung« nunmehr schon im üblichen Wortsinn: der kleine Junge kann nicht »die Mami heiraten«, so wie das kleine Mädchen darauf verzichten muß, sich an die Stelle der Mutter zu setzen.

Die Umwandlungen dieser archaischen Formen der Suche

nach Lust und der Trauer über die immer wieder auftretenden Versagungen sehen wir, klassischer psychoanalytischer Vorstellung nach, in symbolisierter Form das ganze Leben begleiten. Der Umgang mit dem Geben und Nehmen, mit dem Behalten und Loslassen und ähnlichem hat seine frühen Vorläufer in der Erfahrung der oralen oder analen Phase. Psychosexualität in diesem Sinne ist ein sinnstrukturierendes Element (Lorenzer, 1984) durch die ganze Biographie hindurch.

So werden das Leibliche und das Seelische zusammengeführt, und zwar – anders als bei den späteren Theoretikern der Ganzheitlichkeit – nicht als eine abstrakte Behauptung, sozusagen als eine Art Addition oder Wechselwirkungseinheit, sondern als eine untrennbare Sinneinheit, die sich ausdrückt in den Modi des Begehrens und der Trauer über die Unmöglichkeit der vollkommenen Erfüllung.

Was das Innerste zusammenhält, ist also das Triebgeschehen, sind die mächtigen Wünsche des Menschen an ungehemmte Befriedigung. Genau darin aber liegt auch der Haken: Diese Wünsche können nicht ungehemmt befriedigt werden. Ihre Unersättlichkeit ist nicht nur gesellschaftsfeindlich (darüber mehr auf Seite 248 f.), sondern macht auch angst. »Das Glücksgefühl bei der Befriedigung einer wilden, vom Ich ungebändigten Triebregung ist unvergleichlich intensiver als die Sättigung eines gezähmten Triebes« (Freud, GW XIV S. 437). Ungezähmtes Vergnügen aber würde die Gesellschaft nicht dulden können. Vieles wird daher schon sehr früh in die Versenkung des Unbewußten verbannt. Was beobachtbar und erlebbar ist an unseren Wünschen, ist nur die »gezähmte« Version, die »Spitze des Eisberges«. Die wirklichen Forderungen, die unersättlich-egoistischen Wünsche, finden sich nur in unseren Phantasien, im Traum und oft auch in den Werken der Künstler. Alles andere wird abgewehrt; dies betrifft zum Teil übrigens auch die Versagungen und die Schmerzen: sie sind manchmal so unerträglich, daß der Mensch von früh an

Mechanismen einsetzt, um sich vom Kummer über die Versagungen nicht überwältigen zu lassen.

Ein Beispiel: Eine Patientin erzählt – ein wenig beschämt ob dieser therapiewidrigen Gedanken –, daß sie immer wieder einmal die Phantasie hat, mit ihrer Therapeutin eine Tasse Tee zu trinken. Sie malt diese Szene aus: nur eine kleine Stunde, einfach so von Frau zu Frau plaudern und so weiter. Näherer Kontakt wäre ihr aber eher unangenehm. Am Tag darauf bringt sie einen Traum zur Sprache, der diesen harmlosen und bescheidenen Wunsch in seiner ganzen Dimension aufzeigt: Im Traum hatte sie im Bett der Therapeutin gelegen, eng an sie gekuschelt, es sei aber der Ehemann der Therapeutin ins Zimmer gekommen und habe sich ganz ungeniert vor ihr ausgezogen, was sie sehr irritiert habe. Hier können wir also klar sehen, wieviel weiter die Wünsche der Klientin ausgreifen über eine »kleine Stunde Teetrinken« hinaus.

Wenn immer wieder betont wird, daß die Psychoanalyse ein »Konfliktmodell« darstellt, dann sind alle diese Vorgänge gemeint. Konflikte zwischen verschiedenen Wünschen, Konflikte zwischen Wünschen und notwendigen Versagungen (von innen und von außen diktiert), Konflikte zwischen Wünschen und den festen Bestimmungen, die die Realität bietet.

Konflikte sind es, die neuroseerzeugend sind (siehe Seite 170 f.), aber: Sie sind auch notwendig, um psychisches Leben überhaupt zur Entwicklung zu bringen.

Die sogenannten Objektbeziehungstheoretiker haben die Psychoanalyse um wichtige Gesichtspunkte erweitert. Bei allen Verschiedenheiten, die auch in diesem Bereich wiederum die einzelnen Schulen kennzeichnen, gibt es doch einige wichtige Gemeinsamkeiten. Sie bestehen vor allem darin, daß die Existenz einer inneren Welt von Objektbeziehungen (das sind: die Bilder von Beziehungsformen, nicht die von Personen!) als wesentlich für den Aufbau des Selbst angesehen wird. Diese Zentrierung führt zu einer besonders intensiven Beschäftigung mit dem Aufbau der frühen Objektbeziehungen und ihrer Beziehung zu späteren (pathologischen und nichtpathologischen) Zuständen sowie zum Aufbau der Selbstrepräsentanzen. Dadurch wurde das Augenmerk sehr viel mehr als früher auf sehr frühe Entwicklungsstufen gelenkt. Neben der Triebentwicklung wird nun auch die Linie der Objektbeziehungen verfolgt. In unterschiedlichem Maß wird dabei die Freudsche Triebpsychologie eingeschränkt, ganz verlassen oder noch immer als Hauptentwicklungslinie gesehen. (Der traditionellen Psychoanalyse fern sind: Fairbairn und Harry Stack Sullivan; auf der Linie der Triebpsychologie liegen z. B. Melanie Klein, Margaret S. Mahler, Edith Jacobson und Otto Kernberg; eine Mittelposition vertreten Donald W. Winnicott und Joseph Sandler.)

Auch Objektbeziehungstheoretiker haben einen Bereich erforscht, der genuin psychoanalytisches Wissen produzieren kann: die Entwicklung der Beziehungsfähigkeit des Menschen in der Dimension Symbiose versus Autonomie. Vom wissenschaftstheoretischen Standpunkt aus ist diese Tendenz der immer größeren Autonomieentwicklung vermutlich ebenfalls in eine quasi metaphysische Dimension zu verlegen, ähnlich wie der Triebbegriff. Ist doch die Hervorhebung des Symbiose-Autonomie-Strebens ebenfalls auf einer »utopischen« Linie zu sehen: in der Realität nie rein anzutreffen, nur als richtunggebender Annäherungswert zu denken (Baumgart, 1990). Ichpsychoanalytiker (Heinz Hartmann, Rene A. Spitz, John Bowlby, Anna Freud) haben sich noch zu Lebzeiten Sigmund Freuds mit der Verbindung von Triebgeschehen und Ichfunktionen (zum Beispiel mit den verschiedenen Formen der Abwehr, die ja eine Ichleistung darstellen) beschäftigt. Ihre besondere Wichtigkeit für die Psychoanalyse liegt darin, daß sie die sogenannten »Ichfunktionen« (Denken, Wahrnehmen, Motorik) auf psychoanalytischer Basis einbezogen haben in die Entwicklungstheorie und so eine Verbindung zur herrschenden akademischen Psychologie herzustellen versuchten. Daß dabei der Aspekt der (oft allzu passiv gesehenen) Anpassung des Ichs an soziale Gegebenheiten betont wird, gilt strengen Psychoanalytikern als ein Stein des Anstoßes (Jeron, 1993). Für sie ist nach wie vor die Unmöglichkeit der Zielerreichung und der letzten Befriedigung zentral.

Diese Gedanken schienen dem Amerikaner Carl Rogers fremd, ja allzu streng und pessimistisch.

Für ihn, den zwischen Naturwissenschaften und Religion erzogenen Sohn eines puritanischen Farmers im Middle West, der später als bedeutendster Vertreter der Humanistischen Psychologie gefeiert wurde, war der Mensch etwas ganz anderes. Abgestoßen von offensichtlich etwas kurz gegriffenen psychoanalytischen Lehren seiner Lehrer, verwahrte er sich gegen deren Vorgehen. Daß zum Beispiel ein jugendlicher Pyromane, nachdem er dessen sexuelle Problematik aufgedeckt hatte, rückfällig wurde, enttäuschte ihn und brachte ihn dazu, die Trieblehre aufzugeben. (Man kann an diesem von Rogers erzählten Beispiel ablesen, daß offenbar in seinem Milieu tatsächlich Sexualität im populären Sinn als die Wurzel aller Krankheit angesehen wurde.) Auch fand er die inquisitive Art des Interviewens, die auf psychoanalytischer Basis stattfand, wenig hilfreich (Rogers, 1981).

Er entwickelte sehr eigene und für die damalige Zeit sicher eigenwillige Ideen über die richtige Art des Umgangs mit Menschen und – damit verbunden – über ihre eigentlichen und tiefsten Entwicklungsgesetze.

Die wesentliche Triebkraft der Entwicklung ist, so sah er es nach einigen Jahren der psychologischen Praxis, die Aktualisierungstendenz – ein dem täglichen Wachsen der Pflanzen abgeschautes Prinzip.

Was bedeutet das? Aktualisierungstendenz bedeutet, daß in jedem Menschen eine Tendenz zur Entwicklung aller Möglichkeiten besteht, die der Erhaltung und Förderung des Organismus dienen. Es ist also ein ganzheitliches (abstraktes, formales) Prinzip, das Wachstum auslöst.

Dieses Prinzip kann nur dann wirksam werden, wenn »volle Erfahrungen« gemacht werden (»to experience in awareness«), was schwer zu übersetzen ist; vielleicht läßt es sich am besten beschreiben als ein »Gewahrwerden von Erfahrungen«, die Möglichkeit, eine gemachte Erfahrung – egal welcher Provenienz – in Zusammenhang zu bringen mit der eigenen Person und ihren (realen wie potentiellen) Möglichkeiten.

Das wichtigste Kennzeichen »voller Erfahrungen« scheint ihre Prozeßhaftigkeit zu sein. Erst wenn ein Mensch merkt, daß er sich in einem ständigen Fluß der Erfahrungswahrnehmung befindet, bekommt er Zugang zu den privaten und ganz individuellen Erfahrungen, die im Gegensatz zu den vorfabrizierten stehen. »Ein lebendiges Individuum ist immerfort im Werden«, wird Sören Kierkegaard bei Rogers zitiert. Die Verleugnung von Erfahrungen als »nicht zu mir gehörig« ist eine Quelle von Krankheit und Unglück. Ein Mensch muß imstande sein, den jeweiligen »exakten Geschmack eines Gefühls« (Rogers, 1961, S. 174), das ihm »passiert«, wahrzunehmen – egal, wie weh dies zuerst tun mag.

Der Organismus, also Körper und Seele im philosophischen Sinn, ist immer wieder als Gesamtes betroffen, wenn solche Erfahrungen gemacht werden. Ganz besonders wichtig ist aber eines der Subsysteme in diesem Organismus: das Selbstsystem. Dieses Selbstsystem unterliegt nun genauso der Aktualisierungstendenz wie der gesamte Organismus. Herausgehoben wird es als Selbstaktualisierungstendenz. In dieser Selbstaktualisierungstendenz ist eine Art »Sog« vorhanden, »volle Erfahrungen« zu machen. Welcher Art diese Erfahrungen sind und ob es besonders bedeutsame gibt: das bleibt offen; der Erfahrungsbegriff bei Rogers muß undifferenziert und formal bleiben, damit er alle Bereiche umfassen kann.

Es ist also ein teleologisches Prinzip wirksam: Menschen entwickeln sich gemäß einem vorgedachten Plan; so wie der Bau der Pflanze im Plan der Natur »vorgedacht« ist, so gibt es auch für jeden Menschen einen nur ihm persönlich zugedachten »Plan«. Das Wort von Kierkegaard »Werde, der du bist« ist daher ein Leitwort auch für Carl Rogers' Theorie von der Entwicklung des Menschen. Bedingung für diese Entwicklung aber ist, daß der Mensch alle ihm zur Verfügung stehenden Möglichkeiten zur Wahrnehmung seiner Erfahrungen ausschöpft. Die »fully functioning person« ist eine, die ihr Entwicklungsgesetz erfüllt hat, sie »ist«, was sie »sein sollte«. Ein jedem Menschen inhärentes Wachstumsgesetz (besser wäre es zu sagen: Wachstumsverlangen) drängt zur Erfahrungswahrnehmung. Allerdings kann dieses Wachstumsverlangen durch eine Reihe von schlechten Bedingungen überwuchert sein und nur noch sehr schwach zum Tragen kommen.

Wir haben es bei diesem Konzept der »Wachstumstendenz«, das sehr viele moderne, auch psychoanalytische Therapiesysteme durchzieht, mit einem Prinzip zu tun, das mit dem klassischen Psychoanalysekonzept Freuds nichts zu tun hat und »guten Gewissens« (also ohne Theoriebruch) wohl auch nicht integriert werden kann. Warum nicht? Persönliche und wissenschaftstheoretische Gründe spielen hier ineinander.

Freud war Arzt, Rogers hatte Theologie und Landwirtschaft studiert, bevor er Psychologe wurde. Freuds Zeit war die des europäischen ausgehenden 19. und beginnenden 20. Jahrhunderts, mit dem Weltschmerz und der Resignation des Fin de siècle durchtränkt; diejenige von Rogers war noch immer durchdrungen vom amerikanischen Traum der unendlichen Entfaltungsmöglichkeiten des einzelnen. In den siebziger Jahren wird allerdings auch Rogers' Stimme mehr diejenige eines Beschwörers denn eines Verkünders dieses Traumes.

Diese Unterschiede schlagen sich in den beiden Theorieansätzen ganz speziell dort nieder, wo es um das »Innerste« des Menschen geht, sozusagen um die Kernsubstanz seines Wesens und seiner Entwicklungsmöglichkeiten.

Freud kann im Menschengeschlecht, das er immer wieder in seinen kranken und gestörten Formen vor Augen hat, nichts sehen, was zu solch großem Optimismus Anlaß gibt. Eingezwängt zwischen Natur und Kultur schlängeln die Menschen sich gerade eben so durch und können froh sein, wenn eine gesunde Konstitution ihnen das Schicksal des Neurotikers erspart. Glück aber ist den Menschen nicht gegeben, dazu mußten sie die Erlaubnis haben, ihre Triebe ungehemmt auszuleben, was aber angesichts ihrer sozialen Verfaßtheit nicht möglich ist. Daß der Mensch des Menschen Wolf ist, spricht Freud direkt und indirekt immer wieder aus, so in »Totem und Tabu« oder in »Das Unbehagen in der Kultur«. »Unterbliebe ein solcher Versuch [die Regelung sozialer Beziehungen, E. J.], so wären diese Beziehungen der Willkür einzelner unterworfen, d.h. der physisch Stärkere würde sie im Sinne seiner Interessen und Triebregungen entscheiden« (GW XIV, S. 454). Zwar staunt auch er, wie Rogers, vor den Werken der Kultur und Zivilisation. Als Glücksbringer aber kann er sie nicht sehen. Es gibt kein Gesetz, das Menschen immer »höher« hinaufführt. Sofern sie begabt sind, haben sie allerdings Möglichkeiten, sich ihr ernstes Los als ewige Triebverzichter zu lindern. Sublimierung durch Wissenschaft und Kunst, die Abkehr von der Welt des Verlangens durch Askese: all dies ist ihm möglich und kann auch eine Art von Zufriedenheit bringen. Langdauerndes Glück aber bedeutet es nicht – allzu deutlich erweist sich der »Ersatzcharakter«.

In diesem Zusammenhang kann aber auch keine Rede davon sein, daß irgendein Plan oder ein Naturgesetz besteht, demzufolge wir immer reicher und damit vollkommener und auch glücklicher werden. Glück ist weder im Lebensplan noch im Therapieplan eines klassischen Analytikers vorhanden.

Selbstverständlich gibt es auch bei Freud ein Entwicklungskonzept, das Durchlaufen der psychosexuellen Phasen ist dafür die Basis. Daß damit einhergeht auch eine immer reichere Entfaltung der Ichfunktionen (also der Motorik, der Wahrnehmung, der Gefühlswelt, des Denkens und der Symbolisierungsfähigkeit und so weiter), ist selbstverständlich. Erfahrungszuwachs ist die natürliche Folge. Dies aber ist eine andere Erfahrung als die von Rogers gemeinte. Es ist nämlich von Anfang an nicht eine reibungslose Entwicklung (diese ist nicht möglich!), die sich da entfaltet, sondern eine, die von Beginn an und notwendigerweise vom Konflikt vorangetrieben wird. Jedes Begehren muß von Anfang an in Schach gehalten werden, um die Maßlosigkeit der egoistischen Wunschwelt einzudämmen. Es kann also keine Rede davon sein, daß der Mensch (auch nicht das kleine Kind) sich einfach friedlich seinen Erfahrungen hingeben kann. Der Konflikt ist notwendig infolge der Maßlosigkeit der infantilen Wunschwelt. Bei Rogers ist von Anfang an eine harmonische und glückbringende Entwicklung zumindest denkbar, also eine, die genau dem Wachstumsplan folgt, demzufolge ein Mensch sich der »fully functioning person« annähern kann.

Was bei Freud fehlt, ist die Vorstellung einer (ideal gedachten) Richtung, in die dieser Erfahrungszuwachs zielen soll; es gibt keinen »Standard«, keinen Plan für dieses Wachstum, schon gar nicht einen jeweils individuellen. Rogers' Konzept ist das eines idealistisch-existentialistischen Denkers; Freud denkt als Materialist. Die Natur strebt nicht nach Vervollkommnung, sondern nach einem Maximum an Befriedigung, wobei die Menschenwelt dadurch ausgezeichnet ist, daß dieses Streben gebremst wird – sehr zum Schaden der Lustbalance.

Nicht nur im Prinzip des »Wachstums« unterscheiden sich die beiden Ansätze grundsätzlich. Es ist auch die tiefe Körperbezogenheit Freuds, die die beiden Denker trennt. Entgegen populären Vorstellungen von der »Ganzheitlichkeit« der humanistischen Systeme gegenüber der »Verkopfung« der Psychoanalyse (dies stimmt weder für die Therapie noch für die Theorie) hat gerade

Freud ja die Trieb- und Körpergebundenheit als das Leitprinzip angesehen. Daß der Mensch vom Körperlichen »abgeleitete« Strebungen entwickelt, bedeutet: daß er immer und jederzeit an seinen Körper gemahnt wird, ja: an ihn gebunden ist. Demgegenüber ist die Betonung der »Ganzheitlichkeit« bei den verschiedenen humanistischen Therapiesystemen sowie bei einigen tiefenpsychologischen (dem Adlerschen zum Beispiel) eine vom dualistischen Denken getragene Grundfigur. Körper und Seele sind zwar »irgendwie« (meist hilft das Wort »Wechselwirkung« aus) miteinander verbunden, aber sie sind nicht, wie bei Freud, wirklich in eins zu denken. Das heißt bei Freud: Sie sind durch denselben inhaltlichen Gesichtspunkt verbunden. Das Erleben des Kindes bei der »Trennung« von Kot und Urin steht Pate im späteren Leben, wenn die Trennung von Gütern (die als wichtiger Besitz der eigenen Person gedacht werden) nötig ist. Bei Rogers bleibt immer ein Rest an Unverbundenem, das, was im Körper »nicht zu fassen« ist, das »Höhere«, das »geistige Prinzip«. Dies fällt bei Freud weg. Das »Höhere« ist immer auch das vom Körper Abgeleitete, es ist immer ein und dieselbe Medaille, von der anderen Seite her betrachtet. Und auf diese »andere Seite« kommt es zwar an – aber sie könnte nicht bestehen ohne ihre Basis, die als eine körperliche zu denken ist.

Mit dem Körperlichen fällt in den Humanistischen Systemen aber auch etwas weg, was damit bei Freud eng verknüpft ist: nämlich die Maßlosigkeit. Freud geht davon aus, daß körperliche Lust in der Kindheit – und abgeleitet davon jede Lustsuche – immer etwas drängend Maßloses an sich hat (»Denn alle Lust will Ewigkeit ...«, dichtet Nietzsche). Diese Maßlosigkeit wird natürlich sofort gedämpft und muß abgewehrt werden – aber sie ist da, ja: erst die Maßlosigkeit ist es, die den gesamten Konflikt schafft. Auch dies ein völlig anderes Bild vom Menschen: Wo bei Rogers im Idealfall (der später als die »bedingungslos akzeptierende Beziehung« noch genauer beschrieben wird, siehe S. 210 f.)

ein Mensch in völliger Hingabe an die eigenen Erfahrungen sich gemäß der eigenen Wachstumsdynamik ohne große Probleme entwickeln kann, ist bei Freud von klein an die große Dramatik der Versagung im Spiel: Versagung von außen, später von innen.

Man kann sie fast vor sich sehen, die beiden Säuglinge: Der von Freud konzipierte hin und her gerissen zwischen seliger Lust, ungestillter Gier, Wut und Resignation; der von Rogers als ein lieblich-rosiges Wesen, das mit Glück und Interesse seine Umwelt erforscht und selig über jede neue Erfahrung ist, sofern man sich ihm nur liebend und gewährend zuwendet. Dieses Menschenkind wird nicht gepeinigt von den Ängsten, die ihm durch Maßlosigkeit entstehen; es ist nicht mörderisch wütend über die ihm widerfahrenden Versagungen; es muß sich nicht von der Dynamik seines Unbewußten treiben lassen; es entfaltet sich gemäß einem selbstregulierenden Prinzip, das ihm immer mehr Differenzierung und Erfahrungen ermöglicht und damit das Wachstum zu seiner nur ihm eigenen Gestalt vorantreibt.

In Rogers' Theorie, aber vor allem in seiner emphatischen Sprache läßt sich ein fast verzweifeltes Ringen um das Individuum erkennen, dem nicht so sehr entfremdende Arbeit als vor allem eine nivellierende Freizeitindustrie alle Einmaligkeit wegnimmt. Die Beschwörung der Erfahrung, die Forderung der Abkehr vom »Fassadenmenschen« zeigt den Ort an, der Rettung verheißt: einen innersten Kern, eine unzerstörbare Privatheit. Das »Selbst« als Metapher dieses »Kerns« verweist auf die notwendige Arbeit des Therapeuten: diesen Kern freizulegen, damit alles, was aus ihm entstehen kann, das Falsche und Verfremdete zum Verschwinden bringe.

Wir finden diese Idee des »Wachstums« nach eigenen, privaten Wachstumsplänen auch in einigen tiefenpsychologischen Systemen der Frühzeit angedeutet, später gibt es Anklänge davon bei einigen Objektbeziehungstheoretikern.

Adler zum Beispiel kennt ebenfalls ein teleologisches Prinzip: Der »Lebensplan« eines Menschen bildet sich durch frühe Erfahrungen, die im späteren Leben eine Selektion (»tendenziöse Apperzeption«) der Eindrücke bewirken und dafür sorgen, daß die ganz private Lebenslinie durchgehalten wird. Diese allerdings kann ebensogut eine neurotische wie eine gesund-konstruktive sein.

Bei C. G. Jung gar ist die Tendenz zum Wachsen und Reifen schon sehr deutlich ausgeprägt als eine, die den Menschen fast »drängt«, für sich vollere und bessere Möglichkeiten zu finden, die in ihm vorhandenen Potentiale zu nutzen. Die »Individuationstendenz« liegt in jedem Menschen verborgen, sie führt ihn, gibt aus dem Unbewußten heraus »Anleitungen«. Auch das »wahre Selbst« von Winnicott, einem der ersten Objektbeziehungstheoretiker, zeigt Verwandtschaft mit dieser Wachstumstendenz. Das »falsche Selbst« nämlich sorgt für Unbehagen und Unordnung und zeigt eine Art »Sehnsucht«, sich dem »wahren Selbst«, also einer übergeordneten Idee von der Person, anzunähern.

Die Wahl des Bildes bestimmt hier eine Tendenz, die von der Psychoanalyse Freudscher Prägung wegführt. Natürlich läßt sich sagen, daß auch in der klassischen Psychoanalyse so etwas wie das »falsche Selbst« konzipierbar wäre: dort nämlich, wo allzuviel Abwehr einen Menschen gänzlich abschneidet von seinem Unbewußten. Die Metapher selbst aber drängt in eine andere Richtung des Denkens und Handelns. Sie hat etwas Statisches an sich, bezeichnet nicht den Bereich des dauernden Kampfes, des – vor allem beim späten Freud – immer wieder durchbrechenden Triebes und der damit einhergehenden immer wieder neu sich formierenden Abwehr. Assoziationen zum »wahren Selbst« sind eher: Ruhe, Sich-Finden, Reife und ähnliches. Wachstum bedingt Reife. Der alte Freud (GW XV) ist skeptisch gegenüber der Möglichkeit, endgültige Reife zu erreichen, er ist sogar skeptisch gegenüber der asymptotischen Annäherung, die Rogers später postulieren wird. Freud meint, daß die Triebkonflikte immer wieder einmal durchbrechen: sei es aus besonders bedrängenden äußeren Gründen, sei es aus einer Störung eines inneren Gleichgewichts bei Krankheit oder im Alter.

Therapeuten aber, die von einer Wachstumstendenz ausgehen, haben die Funktion des Weggefährten und Gärtners, müssen warten und behutsam stützen, wo unterbrochenes Wachstum sich wieder zu regen anfängt. Metaphern dieser Art führen zu einer anders gefärbten Form der Psychotherapie als Metaphern, die vom Kampf zweier Mächte (dem Ich und dem Es zum Beispiel) künden. Die Konfrontation, der schmerzhafte Eingriff aber, sind Metaphern des Kampfes. Das »Ringen« und »Bearbeiten« (Freud: dem Meer ein Stück Land abringen wie bei der Trockenlegung der Zuidersee, GW XV, S. 86) steht dabei im Vordergrund.

Auch bei Kohut können wir viel von dem finden, was Rogers vorausgedacht hat. Eingebunden in eine noch psychoanalytische Sprache, ist auch er davon überzeugt (je älter, desto mehr), daß Menschen in sich ein narzißtisches System der Selbstregulierung haben, das bei optimalen Entwicklungsbedingungen (der empathischen Spiegelung) zu Kreativität, Zufriedenheit und einem reifen Selbstwertgefühl führt.

In der Gestalttherapie finden wir bei der Frage nach dem Innersten des Menschen recht unterschiedliche Antworten – je nachdem, welche Richtung der Gestalttherapie wir uns vornehmen. Befaßt man sich mit der Literatur des frühen Perls sowie seiner ersten Weggefährten (Paul Goodman, Ralph Hefferline, Laura Perls, Isadore From und anderer), dann erhält man ein anderes Bild, als wenn man sich mit den kalifornischen Esalen-Therapeuten beschäftigt (zu denen Perls selbst später ja ebenfalls gehört hat). Beim frühen Perls ist noch immer etwas sichtbar vom psychoanalytischen Konfliktmodell, später dominiert der Einfluß der Humanistischen Psychologie, und wir finden viele Anklänge an ein Wachstumsmodell.

So hat Goodman (1979) (zusammen mit Perls und Hefferline, der Hauptanteil des Manuskripts soll jedoch auf Goodman zurückgehen, siehe auch Dreitzel, 1992) in einem wichtigen Kapitel des ersten Einführungsbuches in die Gestalttherapie sehr detailliert beschrieben, wie wesentlich es zur Menschennatur gehöre, daß immer wieder Konflikte auftreten. Er begründet dies allerdings anders als Freud. Er zeigt nämlich auf, wie die aufrechte Körperhaltung und damit das Verkümmern der Nahsinne, die Entwicklung des Großhirns und damit die Abstraktion sowie der Erhalt sozialer Bedingungen über die Sprache ein immer höheres Maß an Verlust der Unmittelbarkeit der Einpassung Mensch-Umwelt zutage treten lassen. Was ursprünglich in Gefahrensituationen wichtig war: das Sich-tot-Stellen, die Verzerrungen der Wahrnehmung, die Halluzination, die dauernden Wiederholungen – all dies verselbständigt sich und trägt bei zur Entstehung der Neurose. Die Neurose ist also – als jüngste Menschheitsentwicklung – im Grunde genommen der Versuch, in der chronischen Gefährdung des Menschen Sicherheit zu erlangen – was sich aber als Bumerang erweist. Goodman definiert den Menschen eindeutig als ein primär gesellschaftliches Wesen. Es sei ein »großes Verdienst der Psychoanalyse«, meint er, »diese auseinanderweisenden Begriffe (Individuum und Gesellschaft, E. J.) wieder in ein Konzept dynamischer Wechselwirkung gebracht zu haben.« »Auch die Neurose ist eine Reaktion der ›Menschennatur‹; sie ist gegenwärtig epidemisch verbreitet und normal, und vielleicht hat sie eine dauerhafte soziale Zukunft«, so schreibt er etwas spöttisch (S. 105). Nichts davon finden wir in den Werken bekannter Gestalttherapeuten von der Westküste (etwa Polster & Polster, 1975, oder Zinker, 1977). Hier dominiert eine ungebrochen optimistische Sicht auf den Menschen. Noch immer wird zwar konstatiert, daß Menschen sich unglücklich machen, wenn sie nicht in unmittelbaren Kontakt zu ihrer Umwelt treten, wenn sie sich in Vorbereitungen ergehen, ohne jemals das »Eigentliche«

zu erleben; aber all dies, so scheint es diesen Schriften nach, ist offensichtlich durch Gestalttherapie mit ihrem »Hier-und-jetzt-Prinzip« zu beheben. Nichts mehr von Goodmans gedankenvollen Einsichten über die dem Menschengeschlecht notwendige und inhärente Zerreißung von Sensorik, Motorik und Vegetativum, die dafür verantwortlich zu machen ist, daß Spontaneität im kreatürlichen Sinn nicht mehr gewährleistet ist. Für die Westküsten-Gestalttherapeuten ist all dies behebbar – man muß die Menschen nur auf das richtige Pferd heben.

Natürlich aber gibt es zwischen diesen beiden Richtungen auch viele Gemeinsamkeiten. Die wichtigste ist: die Gestalttherapie sieht als den zentral vorwärtstreibenden Motor menschlichen Lebens das auf die Umwelt bezogene Bedürfnis an. Mensch und Umwelt sind nicht voneinander zu trennen, die Gestalttherapie basiert auf einem Mensch-Umwelt-Interaktionsmodell. Bedürfnisse sind nicht einfach »vorhanden«, sie bilden sich im Wechselspiel mit der Umwelt heraus und sind Anreiz zur Entwicklung entsprechender Ich-Funktionen, die die Erfüllung von Bedürfnissen gewährleisten. Diese Bedürfnisse sind also, im Gegensatz zu denjenigen von Freud, nicht real körperbezogene; sie sind eher ein formales Gestaltungsprinzip, das sich seine Realität erst schafft. Es gibt, nach Dreitzel (1992), »Bedürfnishierarchien«, die sich im Laufe der Zeit herausbilden. Sie sind bei Dreitzel dem Maslowschen Modell nachgebildet. Dieses Modell unterscheidet zwischen höheren und niedrigeren Bedürfnissen: An erster Stelle stehen die nach Nahrung und Wärme. Sie werden gefolgt von den Bedürfnissen nach Schutz und Sicherheit, nach Sexualität und Liebe, nach Anerkennung und Prestige; auf der höchsten Stufe rangiert das Bedürfnis nach Selbstverwirklichung. Diese Bedürfnisse sind voneinander unabhängig (stehen also in einem zentralen Gegensatz zum Freudschen Begriff der Psychosexualität) und wirken letztlich irgendwie zufällig aneinandergereiht. Ihre Tauglichkeit für die Gestalttherapie verdanken sie wohl der

Tatsache, daß auch die Gestalttherapie von einer immer wieder neu sich ordnenden Relevanzordnung der Bedürfnisse ausgeht.

Wichtig an diesem Konzept ist zudem die Tatsache, daß Bedürfnisbefriedigung vor allem um der Qualität des »Neuen« willen geschehen muß (»Das Alte nährt nicht«), das heißt: Die erregende Qualität des Neuen ist es, die gefragt ist und zum Wachstum beiträgt. Homöostase (Gleichstand) ist also nur ein untergeordnetes Prinzip, letztlich geht es darum, durch Neues zu wachsen. Das Prinzip der Selbstregulierung, das die Gestalttherapie von der Humanistischen Psychologie übernommen hat (in manchen Lehrbüchern wird sie unter die Humanistischen Psychotherapien eingereiht, so bei Kriz, 1985), ist geleitet von einem innewohnenden »Bedürfnis«, angefangene Interaktionen mit der Umwelt zu beenden. (Wie auf Seite 238 gezeigt werden wird, bestimmt dies auch den therapeutischen Prozeß.) Die Interaktion mit der Umwelt wird genauer beschrieben im Konzept des »Kontaktprozesses«. Dieser Kontaktprozeß – er wird in vier voneinander unterscheidbare Kontaktphasen unterteilt – ermöglicht eine schöpferische Anpassung des Menschen an seine Umwelt und an seine eigenen Bedürfnisse.

In der ersten Phase, dem Vorkontakt, soll der Mensch sich seiner Bedürfnisse bewußt werden. Es ist die Phase der vollen Wahrnehmung dessen, was der Organismus gerade nötig hat. Die zweite Phase ist die des Auswählens der diesen Bedürfnissen gerade gemäßen Umwelt, die nun sondiert und auf ihre Brauchbarkeit hin untersucht wird. Im dritten Stadium findet die Begegnung mit der Umwelt statt. In einem letzten Stadium – Nachkontakt genannt – wird das, was für den Organismus wichtig ist, sozusagen »verdaut« und förderlich gemacht für ein neues Wachstum.

Dieser Prozeß ist einer, der das Ich als eine statisch gesehene Entität immer wieder auflöst, weil ein Mensch, der in Kontakt mit seiner Umwelt ist, immer wieder Neues erfährt, sich immer wieder ändert. Auch hier, wie bei Rogers, spielt also die

Erfahrung die zentrale Rolle. Es ist die jeweils neue Erfahrung im Kontakt mit der Umwelt. Die Umwelt ist also nicht nur in Form eines (repressiven) Über-Ichs vorhanden, nicht nur als die Gefahr, die vom »sekundären Wertsystem« (wie bei Rogers, siehe Seite 126) ausgeht, sondern sie ist eine Quelle der Anregung zum Wachsen, weil sie sich mit der Tendenz zum »Beenden einer Gestalt« sozusagen verbündet. Unser Wahrnehmungsapparat ist so gestaltet, daß wir jeweils diejenigen Reize aus der Umwelt als besonders erregend erfahren (Figur), die den jeweils dominierenden Bedürfnissen entsprechen. Sind sie gestillt, tritt aber nicht eine einfache Sättigung ein, die nur dem homöostatischen Prinzip gehorcht. (Das heißt, daß alle Organismen gegenüber sich ändernden Lebensbedingungen die Tendenz zeigen, das von ihnen erreichte [Fließ-]Gleichgewicht zu halten.) Es ist durch die Bedürfnisstillung [eine] neue Erfahrung gemacht worden, die eine andere Ebene möglich macht:

Eine Erfahrung macht reicher und bringt Wachstum. Dies heißt in der Gestalttherapie – expliziter als in anderen humanistischen Therapieformen: schöpferisches Wachsen, Angeregt-Werden zu Neuem. Die Problematik, die sich ergibt, wenn man ein aus der Wahrnehmungspsychologie entlehntes Prinzip (eben das Figur-Hintergrund-Modell) auf sämtliche menschlichen Situationen überträgt, ist evident.

Was bedeutet es, wenn das Wort »Kontakt«, normalerweise zur Bezeichnung eines sozialen Ereignisses verwendet, zum Gestaltungsprinzip des psychischen Lebens erklärt wird? Wenn also das Lesen eines Buches, das Essen eines Apfels und das Aufräumen des Küchenschrankes mit demselben Wort belegt wird? Es bedeutet vermutlich eine Verlebendigung aller Aktivitäten, ein Hinweis darauf, daß die Interaktion mit der Umwelt keine Einbahnstraße ist, sondern ein Prozeß, in dem beides verwandelt wird: der Mensch und die Umwelt. Es ist aber sicher nicht zu verwechseln mit dem in der Psychoanalyse gegenwärtigen Prinzip der Ableitung aller Bedürfnisse aus der Psychosexualität. Es gibt zwar eine begriffliche Parallelität verschiedener Kontakte, sie sind aber in keiner Weise als »auseinander entstanden« zu betrachten, was im Konzept der Bedürfnishierarchie nochmals von der anderen Seite her klar wird.

Perls und seine Mitarbeiter haben ihre wichtigsten Gedanken in einer Zeit ausgebaut, in der (während der sechziger und siebziger Jahre) ein Teil der Jugend Amerikas zu neuem Aufbruch drängte. Das Alte wurde über Bord geworfen, die Hippie-Bewegung, die Studentenrevolte, die neue Drogenkultur um Leary versprachen völlig neue Lebensformen, immer wieder anderes, Neues wurde ausprobiert. Daß in dieser Kultur die Idee vom schöpferischen Menschen und seinem verändernden Umgang mit der Umwelt auf besonders fruchtbaren Boden fallen konnte, ist verständlich. Es waren daher im Laufe der ersten Entwicklung der Gestalttherapie immer eher die Anhänger dieser Subkulturen, die sich der Gestalttherapie verschrieben und mit den von den Gestalttherapeuten angeleiteten neuen Interventionsmöglichkeiten experimentierten.

Diese Sicht auf das Individuum erfährt in den neunziger Jahren eine abermals andere Gewichtung. Die immer wieder neue »Gestaltung« des Menschen durch neuartige Erfahrungen wird nunmehr zum (oftmals beklagten) Merkmal des modernen (postmodernen) Menschen überhaupt. Was als Prinzip des Lebendigen in der Gestalttherapie begrüßt wurde, zeigt nunmehr seine Kehrseite: die Schwierigkeit, sich als eine eigenständige Identität, die im Wechsel konstant bleibt, zu sehen. Das Goodmansche Wort vom gesunden Menschen, der »möglichst wenig Persönlichkeit« hat (Persönlichkeit im Sinne von überdauernden Charaktereigenschaften), etikettiert nun eine moderne Plage. Goodman entwirft zwar eine Konflikttheorie, trotzdem ist auch bei ihm das Prinzip der Selbstregulierung existent. Der Kontaktprozeß gewinnt damit eine Art Eigenbewegung und führt zur »Beendigung von Gestalten«, folgt also auch einem Wachstumsprinzip. Pointiert könnte man formulieren: das Wachstumsprinzip im Kontaktprozeß ist ein Ausgleich dafür, daß die von Goodman immer wieder zitierte »Menschennatur« in ihrer eigentlichen Ausprägung neurotisch sein muß. Bei Goodman kommen wir dem Freudschen Pessimismus sehr nahe und sind weit entfernt von der optimistischen Sicht der Westküsten-Gestalttherapeuten.

Den Zug der Selbstregulierung hin zum Schöpferischen finden wir in der Rogersschen Konzeption vom Menschen nicht in solch expliziter Form, aber natürlich könnte sich Rogers (und könnten sich mit ihm noch sehr viele andere Humanistische Psychologen) mit dieser Idee gut arrangieren. Sie entstammt ja demselben Wachstumsdenken, das auch schon dort konstatiert wurde, führt es aber in präziserer Form fort.

Im Zuge der Diskussion um das sogenannte »postmoderne Subjekt« wird eine solche Auffassung vom immer wieder neu sich bildenden Selbst erneut interessant: spiegelt es doch auch diese Dimension moderner Welt- und Identitätserfahrung wider, während bei Freud im Individuum, das durch ein reifes Über-Ich mit den Gesetzen der Gesellschaft ausgesöhnt worden ist, noch ein klar konturiertes, mit sich selbst identisches Subjekt im Vordergrund steht.

Wenn wir uns den lerntheoretischen Konzepten der Therapie zuwenden, wird die Frage nach dem, was den Menschen im Innersten zusammenhält, schwierig zu beantworten. Man könnte auch einfach sagen: Es gibt für die lerntheoretische Schule keine innere Triebkraft, jedenfalls ist sie in keiner Weise irgendwie inhaltlich zu benennen. Offenbar gibt es nur eine Art ungerichteten Drang zur irgendwie gearteten Bewegung; eventuell könnte man sagen, daß der Mensch halt am Anfang seines Lebens dieselben Triebe hat wie andere Säugetiere auch. Dieser Drang wird aber von Anfang an natürlich von der Umwelt beantwortet, und zwar ganz im Sinne dieser Umwelt, an welche er sich anpassen muß.

Das sogenannte »Operant« wird bewegt. Das Operant ist nichts anderes als diejenige Äusserung des Menschen, die sich eben bewegen lässt – in der Sprache der Lerntheoretiker: die sich verstärken lässt. Und erst hier beginnt die Geschichte des Menschen. Ohne irgendein angeborenes, eingeborenes Prinzip, das ihn in eine bestimmte Richtung treibt, ist ihm nur der Drang eigen, seine ersten Lebensäusserungen formen zu lassen. Der Mensch ist zu Anfang ein unbeschriebenes Blatt, er ist eine Tabula rasa – dieses Prinzip, das seine philosophischen Vorläufer schon in der Antike hat und von den Sensualisten (etwa John Locke) ausgebaut wurde, regiert die Lerntheorie. Interessant ist nur, welche »Schrift« in den Menschen eingeritzt wurde, nicht: was vor diesen Lernprozessen eventuell auf spekulative Weise erschlossen werden kann. Der Mensch löst sich auf in die Geschichte seiner Konditionierungen: welche es sind, die auf ihn appliziert werden, ist willkürlich, zufällig, hat aber natürlich eine historische Tradition. Verstärkt wird, was sich in der Vergangenheit als wichtig und vernünftig erwiesen hat. Es ist übrigens schwer zu erklären, weshalb immer wieder Neues dabei herauskommt, da die Geschichte sich ja doch nicht im stets genauen Wiederholen erschöpft.

Die Verhaltenstherapie, die mit nur geringer Zeitverschiebung zur Gestalttherapie ihren Boom erlebte (also ebenfalls in den sechziger und siebziger Jahren), stellt nun merkwürdigerweise gerade das Gegenbild zur Gestalttherapie dar. Dies ist nicht ganz leicht zu erklären. Nichts vom kreativen Individuum, das in immer wieder neuer und unmittelbarer Erfahrung sich die Welt erschafft, nichts vom neuen Lebensstil wird hier sichtbar.

Um hier Klarheit zu bekommen, muss man sich vor Augen halten, wo die lerntheoretisch orientierten Therapien (also die verschiedenen Verhaltenstherapien) ihren Ursprung haben, von wem sie praktiziert wurden. Von Anfang an galten die Verhaltenstherapeuten als die akademischen Wissenschaftler, die nun endlich die Universitätspsychologie mit der Praxis unter einen

Hut bringen konnten, also lerntheoretische Gesetze praktikabel machten. Daß dies auf einer Reihe von Trugschlüssen beruhte, wurde sehr bald zwar erkannt, aber noch längere Zeit nicht zur Kenntnis genommen (London, 1972, Breger & McGaugh, 1966). Mitglieder von Fakultäten aber sind meist nicht diejenigen, die das Leben von seiner neuartigen Seite, von den kreativen Potentialen her sehen; eher besteht (und bestand damals) auf der Seite der etablierten Universitätsangehörigen eine gewisse Angst vor der plötzlich aufmüpfigen Jugend. Verhaltenstherapie läßt sich am besten begreifen als das beruhigende Öl, das auf die Wogen der sechziger und siebziger Jahre gegossen werden sollte. Sie war das noch immer haltbare akademische Gewand, das den Hippie-Lumpen entgegengehalten werden konnte. Sie knüpfte außerdem an eine ehrwürdige medizinische Tradition an: Es bedarf des Symptoms, damit Verhaltenstherapeuten aktiv werden; der reine Lebensüberdruß, die Suche nach der eigenen Identität genügten nicht, um in den Genuß einer Psychotherapie zu kommen. Auch in dieser Hinsicht also stand die Verhaltenstherapie auf der Seite der Ordnung. Kein Wunder, daß sie als einzige neue Therapie in Deutschland krankenkassenwürdig wurde – obwohl die meisten Verhaltenstherapeuten längst alle möglichen Therapieformen vermischten und selbst ihre Ausbilder oft von ganz anderen Therapierichtungen (zum Beispiel aus der Tiefenpsychologie) kamen.

Verhaltenstherapeuten moderner Art nennen sich meist »Kognitive Verhaltenstherapeuten«, was besagt, daß sie nunmehr schon seit längerem gelernt haben, mit ihren Patienten zu reden, zu diskutieren und ihre falschen Einstellungen und Lebensmuster in Frage zu stellen.

Ist bei diesen Kognitiven Therapeuten vielleicht ein neues Muster auszumachen, das uns zeigt, in welcher Weise der Mensch im Innersten zusammengehalten wird?

Wir können darüber explizit nichts erfahren. Sehen wir aber in die therapeutischen Interventionen zum Beispiel eines Kognitiven Therapeuten wie Ellis oder Beck hinein, dann wird klar, daß hier implizit so etwas wie Rationalität als zentrales Movens betrachtet wird. Es läuft nämlich immer wieder darauf hinaus, daß Menschen – hat man ihnen nur einmal klargemacht, daß ihre Einstellungen und Glaubenssätze unvernünftig sind – von selbst wieder zur rechten Vernunft finden werden, nötigenfalls eben unterstützt von den Mitteln der aktionsorientierten Verhaltenstherapie, die der Realität ihren Tribut zollt. Was vernünftig ist, ist wirklich, und was wirklich ist, ist vernünftig: das ist das unausgesprochene Credo der Kognitiven Therapeuten, dem sich die Verhaltenstherapeuten anschließen. Ob allerdings aus einem solchen vernünftigen Grund des Handelns auf ein Entwicklungsmotiv geschlossen werden kann? Offenkundig nicht, es gibt ja auch keine prinzipiellen Unterschiede in der Entwicklung gestörten oder ungestörten Verhaltens. Beides beruht auf Zufall. Oder doch nicht? Hat das ungestörte Verhalten irgendeinen tieferen Grund, der in der Selektion der Verhaltensweisen liegt? Solche Fragen stellen sich allerdings im verhaltenstheoretischen Rahmen nicht von selbst, manche Verhaltenstheoretiker aber (wie Seligman) wagen sich spekulativ an derlei heran. So vermutet Seligman zum Beispiel, daß bestimmte Angstkonditionierungen einen biologischen Sinn haben, daß also etwa die Angst vor Dunkelheit oder vor kleinen flinken Tieren schon für unsere Primaten-Vorfahren lebenswichtig war, weil sie sich durch diese Angst schützen konnten. Es leuchtet aber ein, daß solche Spekulationen nicht dem System der Lerntheorie selbst entspringen.

In neuester Zeit wird das Schema-Konstrukt, wie Neisser und Piaget es verwendet haben, benutzt, um die Kognitiven Therapien verbal zu modernisieren (Grawe et al., 1993) – »Ein Schema ist ein Plan, der die Organisation von Wahrnehmung, Denken und Handeln ermöglicht« (Knaur, 1992, S. 337). Für die Psychotherapie bedeutet dies, daß es überdauernde Strukturen gibt, die menschliches Handeln, vor allem menschliche Beziehungen gestalten und die in der Psychotherapie in Frage gestellt werden. Daß dies nicht allzuviel Neues bringt, hat Mertens 1994 herausgearbeitet.

Systemisches Denken, das mit dem Konzept der »treibenden Kraft« ebenfalls nicht viel anfangen kann, läßt – jedenfalls implizit – in gewisser Weise das System, in dem sich ein Mensch befindet, vor dem Individuum rangieren. Eingebunden in ein Geflecht von untereinander in verschiedener Weise verbundenen Menschen, gibt es einen (heimlichen, unbewußten) »Plan«, der den einzelnen dazu bringt, dieses System, das ihn trägt, aufrechtzuerhalten. Alles, was ihm möglich ist, wird getan – und seien es die verkehrtesten und verrücktesten Dinge –, um nicht aus dem System herauszufallen, sondern das Ganze zu erhalten. Das Ganze rangiert hier eindeutig vor den Teilen. Daraus könnte man schließen, daß ein Mensch nur durch die Verbundenheit mit den ihn umgebenden Systemen in seiner Entwicklung vorwärtsgetrieben wird, die Erfüllung der Systemgesetze ist dafür verantwortlich, wie sein Leben aussieht, welche seiner Möglichkeiten sich entfalten und welche er nicht entwickeln kann. Es gibt aber in der Literatur zur Systemischen Therapie keine Hinweise darauf, wie die verschiedenen Autoren sich die Entwicklung des Individuums erklären.

Es fällt vielmehr auf, daß in dieser Bevorzugung des Ganzen vor den Teilen eine Art von Vernachlässigung der Eigenkräfte des Individuums vorliegt, ganz so, als müßte man Angst um das »vereinzelte« Individuum haben. Nur das System macht stark: so könnte die Botschaft lauten, nur im Verein mit anderen ist das Individuum adäquat zu begreifen.

Welche Rolle der einzelne im System zu spielen hat, ist mehr oder weniger zufällig, ist auch austauschbar. (Dieser Gedanke wird immer wieder bemüht, wenn darauf hingewiesen wird, daß die Symptome in einer Familie wandern können.)

Wichtig sind die Wechselbeziehungen innerhalb des Systems,

die den einzelnen in jeweils anderen Facetten konstituieren. Das Individuum verliert dadurch seine Statik und Konstanz. Es bleiben »verflüssigte« Eigenschaften (Weber und Stierlin, 1989) zurück, je nach dem Wechselspiel der Interaktionen erweist sich die eine oder die andere Seite des Menschen als relevant. Dazu kommt noch die Wichtigkeit der Bedeutungsgebung, wie sie vor allem in den stark konstruktivistisch ausgerichteten Denkansätzen immer wieder hervorgehoben wird. Es sind demnach nicht die Fakten, die zählen, sondern die Ideen, die wir von diesen Fakten besitzen. Die Realität (sofern man davon überhaupt sprechen kann) wird durch Ideen von und Konstruktionen über das, was Realität sei, geformt. In einer Systemischen Familientherapie werden die Bedeutungsgebungen erforscht und, wenn nötig, verändert, ebenso die Interaktionsregeln, wenn dies nötig erscheint. Obwohl immer wieder in Fallberichten oder theoretischen Abhandlungen die Wichtigkeit der Autonomisierung der einzelnen Familienmitglieder betont wird, gibt es doch keinen theoretischen Ort, wo diese Autonomisierung passieren könnte. Kein »innerster Kern«, keine »private Erfahrung«, die in dieser Theorie eine Rolle spielt. Ist es, wie Brodkin meint, die Angst um die zerfallende bürgerliche Familie, die hier nach Rettung ruft? Oder ist es ein Tribut an eine Massengesellschaft, in der der einzelne austauschbar ist? Beide Deutungen sind möglich, beide werden immer wieder gemacht (Jaeggi, 1988).

Was behindert die Entwicklung?

Man könnte die der Entwicklung hinderlichen Bedingungen als das Negativ der förderlichen ansehen, wenn nicht in einzelnen Systemen – den Besonderheiten der Gründer oder des Zeitgeistes geschuldet – die Hindernisse bei der Entwicklung in lebhafterer Art geschildert würden als die förderlichen Bedingungen.

In der klassischen Psychoanalyse wird, getreu dem Triebkonzept, die gestörte Beziehung des Kindes zu den altersspezifischen Triebwünschen thematisiert, wenn man von hinderlichen Entwicklungsbedingungen spricht. Grobe sexuelle (auch: aggressive) Traumatisierungen stehen im Mittelpunkt, außerdem allzu strenge oder allzu nachgiebige Haltung gegenüber den Triebwünschen. Wird durch diese allzu frühe Versagung (oder Verwöhnung) das Ich des Kindes geschwächt oder kann es sich erst gar nicht recht entwickeln, dann wird die ödipale Phase nur mit Mühe erreicht. Die Mühen des ödipalen Dramas sind dann nicht mehr so recht zu bestehen: Das Kind regrediert auf eine frühere Phase und wählt auch im späteren Leben immer wieder die Befriedigungen, die aus dieser Phase stammen, wenn es in Not gerät. So sind einige Eßstörungen (nicht alle) sicher auch auf dieser Linie zu erklären: Wo Frustrationen auftreten, gerät manch ein Erwachsener wieder in die orale Phase, wo ihm vielleicht das Essen als die einzig mögliche Tröstung erschienen ist.

Als Naturwissenschaftler hat Freud übrigens immer wieder darauf hingewiesen, daß auch die angeborene »Triebstärke« eine große Rolle spielt bei der Entwicklung einer Neurose, also: daß die äußeren Bedingungen nicht immer die allein ausschlaggebenden sind. Er spricht in diesem Zusammenhang oft von einer »Ergänzungsreihe« (zwischen inneren und äußeren Bedingungen bei der Entwicklung). Seine damaligen Opponenten – berühmte Mediziner mit rein naturwissenschaftlicher Orientierung – werden an vielen Stellen in Freuds Werk mit dem Hinweis »besänftigt«, daß auch er, Freud, natürlich die Heredität (Erblichkeit) nicht leugne. Nur: Er sieht dieses Konzept als nicht ausreichend an.

Sehr viel genauer haben sich die Objektbeziehungstheoretiker älterer und neuerer Generationen mit dem für das Kind hinderlichen Wechselspiel zwischen Erziehungspersonen und Kind befaßt. Der Interaktionsgedanke wird hier sehr klar akzentuiert. Die falsche Balance zwischen Nähe und Distanz wird bei Margaret S. Mahler (1980) ins Zentrum der kindlichen Fehlentwicklung gestellt.

Auch hier wird der Altersspezifität Rechnung getragen. Die körperliche Entwicklung erfordert immer mehr Freiheit. Die wichtigen Interaktionspartner des Kindes können diesen Drang nachhaltig behindern und Unsicherheit erzeugen: Das Kind verliert das Vertrauen zu sich und zur Welt und entwickelt schwere Störungen, die nicht unbedingt mit den Triebkonflikten zusammenhängen müssen. Wo bei Freuds Fallschilderungen immer wieder die Überschwemmung des Kindes mit inadäquaten Triebreizen gezeigt wird (zum Beispiel beim Rattenmann in Person der Kinderfrau, die sich dem Jungen nackt zeigte und anal berühren ließ), liegt bei Mahlers Falldarstellungen der Schwerpunkt auf den klammernden oder nachlässigen Müttern, auf die man sich nicht verlassen kann.

Ausgehend von den Objektbeziehungstheoretikern (Margaret S. Mahler, Donald Woods Winnicott, Michael Balint und andere mehr) entwickelt sich die Psychoanalyse ganz eindeutig hin zu einer Theorie der Beziehung. Bei Freud ist eine solche Beziehungstheorie noch nicht ausgearbeitet (wenngleich nicht ganz vernachlässigt), jedenfalls nicht bezogen auf die Subtilitäten des Interaktionsverhaltens in der ersten Kindheit. Allzusehr dominiert bei ihm das Vertrauen in die im großen und ganzen funktionierende Kinderstube der bürgerlichen Familie, wo Kleinkinder gut versorgt werden und keinen Mangel leiden. Die Entwicklungshindernisse entstammen denn auch weniger dem Verschulden der Erwachsenen, sondern sehr häufig dem Zusammenspiel überstarker Triebregungen, sexueller Frühreife und bestimmten Zufällen – zum Beispiel dem Beobachten des elterlichen Geschlechtsverkehrs unter absonderlichen Bedingungen, inzestuösen Handlungen mit den Geschwistern und ähnlichen Erlebnissen.

Bei Mahler wird die Sicht auf die »böse Mutter« sehr viel detaillierter. Sie setzt sich, allerdings mit anderen Akzentsetzungen, fort bis hinein in die psychoanalytische Säuglingsforschung, die davon ausgeht, daß es sehr subtile »Passungsmechanismen« schon in den ersten Tagen sind, die das Gelingen oder Mißlingen der Mutter-Kind-Interaktion steuern und damit für das Ausmaß des späteren Wohlbefindens verantwortlich sind (Stern, 1992, Lichtenberg, 1987 und andere).

Rogers hat von Anfang an den Gedanken der Wichtigkeit der Beziehung ins Zentrum seiner Theorie gestellt. Die entwicklungshinderlichen Beziehungsformen sind allesamt diejenigen, die das Kind nicht als eine eigenständige Erfahrungsinstanz respektieren, die also nicht bereit sind, das Kind mit seiner Erfahrung bedingungslos zu akzeptieren. Er wählt für diesen Vorgang den Begriff des übergestülpten »sekundären Wertsystems«. Dies führt zur Inkongruenz zwischen den gemachten Erfahrungen und dem Selbst, was sich in »falschen Symbolisierungen« ausdrückt. Es entsteht der »Fassadenmensch«, der seine eigenen Erfahrungen nicht mehr ernst nimmt und statt dessen zurückgreift auf das, was ihm andere aufzwingen. Ob dies auch noch verbunden ist mit Symptomen und neurotischem Verhalten, ist für Rogers nicht von großer Bedeutung. Wesentlich ist die Abkehr vom »Echten«, »Erlebten«. Meist entsteht Angst, wenn die Inkongruenz von Erfahrung und Selbst eben anfängt, in das Gewahrsein zu dringen.

Hier drängt sich ein sehr modernes Menschenbild in die Psychotherapie, eines, das in der Psychoanalyse in dieser Klarheit noch nicht mitgedacht war. Es ist das Menschenbild, das vom Konzept der *Authentizität* bestimmt ist.

Der Mensch ist, diesem Konzept zufolge, nicht nur äußerlich autonom. Er muß auch von innen her autonom über seine Gefühle verfügen können; dazu aber muß er sich selbst kennen. Der Nachdruck, den Rogers auf die innere Erfahrungswelt legt, ist geschuldet dem hohen Ziel der Selbsterkenntnis und Selbstwahrnehmung. Wo die Erziehungswelt dieses Ziel blockiert, treibt sie Raubbau mit den besten Möglichkeiten des Menschen. Natürlich finden wir auch bei Freud – implizit – die Forderung, es möge ein Mensch sich selbst erkennen. Die Aufdeckung des Unbewußten ist ja nichts anderes als die Forderung nach Selbsterkenntnis. Bei Rogers aber erhält diese Forderung einen noch viel drängenderen Ton. Die Gefährdung des Individuums in seiner Einmaligkeit ist sehr viel spürbarer als bei Freud, dem es ja nur darum gehen kann, dem in seine Neurose verstrickten Patienten die Fallstricke, die zu dieser Verwirrung geführt haben, kenntlich zu machen. Sonst ist für den gesunden Normalbürger keine besondere Anstrengung erforderlich, sich seiner selbst zu vergewissern. Die große Mühe, die Rogers' Theorie zufolge nötig ist, um mit sich selbst kongruent zu sein, zeigt die Gefährdung des bisherigen bürgerlichen Menschen. Rogers sieht die Medienwelt, die »gemachten« Gefühle und die vielen unterschiedlichen Wertordnungen auf das Individuum zukommen. Dagegen muß es sich wappnen. Nur das Besinnen auf das »Ureigenste« (und dafür steht der Begriff der Erfahrung) kann ihm helfen, einen Weg zu finden. Jede Beziehung, die dies verhindert, ist schädlich und verbirgt dem Menschen sein »Eigenstes«.

»Werde, der du bist« – dieser Leitspruch ist nur dann erfüllbar, wenn der Mensch auch »erkannt« wird als »der, der er ist«. Sein Bedürfnis nach positiver Wertschätzung durch die anderen ist das stärkste Motiv seiner Entwicklung – er strebt ihm nach, selbst um den Preis, sein »Eigenstes« zu verlieren.

»Erkannt« wird ein Mensch aber nur dann, wenn die wichtigsten Bezugspersonen sich selbst kennen. Die wichtigsten Personen im Leben eines Menschen sollten solche sein, die mit sich selbst im Einklang leben. Selbstempathie ist Ziel und Bedingung der geglückten Mutter-Kind-Dyade. Wo sie fehlt, ist der neurotischen Entwicklung des Kindes Tür und Tor geöffnet.

Die Gestalttherapie mit ihrem sehr starken Nachdruck auf die Fähigkeit zum Durchlaufen eines Kontaktzyklus, also zur Fähigkeit, »volle Erfahrungen« zu machen, hat relativ wenig beigesteuert zu einer Theorie der Interaktion, die dies ermöglicht. Implizit läßt sich dennoch einiges herauslesen, weil das Konzept des kontaktblockierenden »Introjekts« in der Literatur immer wieder betont wird, weil außerdem Perls' Strukturtheorie des Psychischen einiges verrät auch über die hinderlichen Entwicklungsbedingungen. Es sind die »starren«, die nicht wirklich durchlebten Haltungen, die von außen an den Menschen herangetragen werden und die er »schluckt«, ohne sie sondierend zu »zerkauen« (immer wieder finden wir in der Gestalttherapie die Metaphern des Essens). Diese Starrheit der Haltungen, der Wertvorstellungen, des gesamten »Stils« ist neuroseerzeugend – Interaktionen, so können wir mutmaßen, die das Kind dazu bringen, sich diese Introjekte anzueignen, sind gefährlich. Bei Perls, Hefferline und Goodman finden wir immer wieder Hinweise auf den Zwang, der von Einzelpersonen, aber auch von Institutionen ausgeht. Wenn wir vernünftige Institutionen hätten, gäbe es auch keine Neurotiker: das ist der Tenor (Perls et al., 1979). Natürlich blockieren »unerledigte Geschäfte«, also abgebrochene Kontaktzyklen, das Weiterwachsen einer Person. »Der gesunde Mensch hat möglichst wenig Persönlichkeit« (S. 170) wird demnach formuliert; gemeint ist damit: Der Strukturanteil »Persönlichkeit«, der die überdauernden Züge eines Menschen darstellt, soll möglichst nur einen geringen Anteil haben am Gesamt des Austausches zwischen Psyche und Umwelt. Alles, was überdauert (der gesamte »Stil« eines Menschen also), gefährdet das Eintauchen in neue Erfahrungen und blockiert somit die Selbstverwirklichung. Die Nähe zur Therapie nach Rogers ist hier sehr deutlich.

Wo bei Freud das reife »Über-Ich« als Entwicklungsziel steht, lauert bei Perls die Neurose. Ein für allemal Feststehendes (also: moralische Gebote, feststehende Redewendungen, ein ganz persönlicher Habitus) gerät in die Nähe des Rogersschen »Fassadenmenschen«.

Warum diese Angst vor der Konvention, vor dem Feststehenden?

Die fünfzig Jahre, die zwischen Freud und den Humanisten und Gestalttherapeuten liegen, sind hier wohl entscheidend. Allzu kraß wurde klar, welches Unheil trotz und zum Teil mit der hochstehenden bürgerlichen Moral angerichtet werden konnte. Die »Sekundärtugenden« (Ordnung, Pflichtbewußtsein, Fleiß, Gehorsam) hatten Auschwitz und den Zweiten Weltkrieg nicht nur nicht verhindert, sondern kräftig unterstützt. Wo anders als im eigenen Inneren sollten also ethische Maßstäbe gewonnen werden? Die Hinwendung zur eigenen Erfahrung, das Konzept eines Menschen, der natürlicherweise »gut« ist, wenn man ihn nur seine eigenen Erfahrungen machen läßt, scheint hier ein Ausweg. Natürlich könnte man argumentieren, daß auch in der Psychoanalyse das »reife« Über-Ich selegierend seine Identifizierungen vornimmt. Es gibt jedoch keine benennbare Instanz, wie die Kriterien für diese Selektion aussehen könnten. Hier springen die Humanisten mit ihrem Konzept der Erfahrung ein. Voraussetzung ist natürlich der Glaube an die Möglichkeit der »privaten« Erfahrung, ganz ohne Beimischung des »sekundären Wertsystems«. Hier allerdings scheiden sich dann doch wieder die Geister der Humanisten Rogersscher Prägung und die der Gestalttherapeuten. Bei Rogers gibt es den Glauben an das »Ursprüngliche«; in Rousseauscher Manier präsentiert er den Glauben an die Reinheit des Ursprünglichen, das ohne weiteres auch ethischer Wegweiser sein kann. Eine der wichtigen Weiterentwicklungen der Rogersschen Therapie, die von Gendlin eingeführte sogenannte »Focusing«-Methode, setzt auf dieses »Ursprüngliche«, das sie im Körpererleben sucht und mit detaillierten Anweisungen zu ihrer »Hebung« versieht (Gendlin, 1981). Perls und seine Mitautoren sind da ambivalenter. Zwar sehen auch sie das »Selbst«, das immer wieder neu an der »Erfahrungsgrenze« entsteht, als etwas Erstrebenswertes an. Aber nirgends gibt es den ungebrochenen Glauben daran, daß diese Erfahrungen so rein und ursprünglich sein könnten, daß daraus eine Ethik abzuleiten wäre. »Die Beschaffenheit des Menschen ist eine im Konflikt« – das ist das Credo der Gestalttherapeuten Perlsscher (eher wohl noch Goodmanscher) Prägung.

Lerntheorien haben mit dem Problem der Entwicklungshindernisse wenig Schwierigkeiten. »Falsches« Lernen sowie »falsche« Systemgesetze (bei den Systemdenkern) sind ausschlaggebend für die Entstehung der psychischen Störung. Die Bedingungen, die angegeben werden, sind tautologisch. Falsches Lernen entsteht dort, wo (aus irgendeinem Grund) falsch gelernt wird. Falsche Vorbilder, falsche Bekräftigungen und unglückliche Konditionierungen begünstigen Neurosen. Was jeweils »falsch« ist, bestimmt die Gesellschaft. Warum ein System aus den Fugen geraten ist, wird explizit nicht zum Gegenstand der Reflexion gemacht. Immer wieder sehen wir den Verweis auf die Zirkularität der Störung. Dies verbietet die Frage nach dem »Warum«. Eben dies ist es, was Systemtheoretiker sich ja zum Vorteil anrechnen: daß die Ursachenfrage ausgeschaltet wird und damit die Schuldzuweisung gestoppt werden kann.

Was nützt der Entwicklung?

Da Freud vorwiegend vom neurotischen Menschen ausgegangen ist, finden wir in seinem Werk nur wenig Hinweise auf die »gesunde« Entwicklung. Die Abweichungen waren ihm wichtiger, diese suchte er zu erklären. Sofern einer nicht neurotisch wurde (und das heißt bei ihm vorwiegend: keine Symptome entwickelte), wurde einfach eine »gute« und »normale« Kinderstube angenommen, in der keine sexuellen Übergriffe stattgefunden hatten und ein einigermaßen vernünftiger Umgang mit sexueller Aufklärung herrschte (wobei letzteres oft nicht in dem von uns angenommenen Sinn geschah, was Freud auch nicht weiter gestört hat – so hielt er es offensichtlich durchaus für angebracht, den Kindern das Onanieren zu verbieten, sogar Kastrationsdrohungen empfand er als normale Erziehungsmethode, zumindest lesen wir dies in der Fallschilderung vom Kleinen Hans). Wir können hauptsächlich aus Randbemerkungen zu Fallgeschichten entnehmen, welche Art von Erziehung er für verfehlt hielt.

Was im Vordergrund steht bei seinen Überlegungen zur »gesunden« Entwicklung, ist ein abstraktes Prinzip: Es nützt der Entwicklung, wenn ein Mensch unter altersadäquater Einführung des Realitätsprinzips eine altersadäquate Möglichkeit zur Erfüllung des Lustprinzips findet, das heißt also: wenn ihm dies von den Erziehungspersonen ermöglicht wird. Dosierte Frustration, das Prinzip der psychoanalytischen Therapie, steht auch bei der Erziehung Pate. Das Realitätsprinzip ist nach Freud alles andere als ein glückverheißendes. Ihm Untertan zu sein heißt: sich der »Ursünde« des sexuell-aggressiven Ödipuskomplexes durch die »Buße« der Arbeit zu unterziehen (Riesman). Die Aufgabe des magischen Denkens, in dem alle Wunscherfüllung möglich ist, wird erst unter dem Druck von Schmerz und Versagung möglich. Eltern, die ihre Kinder nicht von früh an mit dem Schmerz der Versagung bekannt machen, verletzen das Realitätsprinzip und schaffen arbeitsscheue Neurotiker. Freud hat in seiner Forderung, ein gesunder Mensch müsse arbeitsfähig und liebesfähig sein, an alles andere als an Glück gedacht. Arbeit ist eine mühevolle Bürde, Liebe nur in kurzer Verliebtheit als Glück erlebbar, während auch sie eine gewisse Mühe der Verantwortung (auch für das Fortbestehen des Menschengeschlechts) bedeutet.

Die Objektbeziehungstheoretiker, allen voran Margaret S. Mahler, geben an dieser Stelle sehr viel konkretere Hinweise auf die Förderlichkeit der Bedingungen, unter denen ein Mensch sich gesund entwickeln kann. Sie liegen in der Beziehung zur primären Person (bei Mahler noch: der Mutter), und zwar gehören sie zu der Dimension »Nähe – Distanz«. Die Sehnsucht des Kindes nach Geborgenheit und Symbiose wird in jeder Entwicklungsphase konterkariert vom gegenteiligen Bestreben, nämlich: von der Mutter wegzukommen, ihr zu entfliehen, um die eigenen Kräfte zu erproben. Mütter, die hier mitschwingen mit den Bedürfnissen des Kindes, die ihm Nähe geben, wenn es diese verlangt, die aber auch ohne allzuviel Angst seine Exploration der Welt zulassen: diese Mütter garantieren für ein Wohlergehen des Kindes. Natürlich werden auch bei den Objektbeziehungstheoretikern die alten Freudschen Überlegungen nicht ad acta gelegt: Dosierte Frustration ist auch hier noch immer eine wichtige Erziehungsregel, auch Mahler sieht die Entwicklung gemäß den psychosexuellen Stufen als wichtig und zentral an. Daneben aber zieht sich die Linie der Entwicklung der Objektbeziehungen (also: der Beziehung zu anderen Menschen) von der ersten symbiotischen Nähe, in der die Mutter noch als Teil des eigenen Ichs gefühlt wird, bis hin zum ersehnten Ziel der Objektkonstanz: der Wahrnehmung der anderen Person als eines eigenständigen Ganzen, die trotz Abwesenheit noch immer als Teil des eigenen Vorstellungsvermögens präsent bleiben kann. Weder das übertriebene Suchen nach Nähe noch der drängende Kampf nach Freiheit soll diese feste und doch nicht klammernde Beziehung zum anderen hindern. Als eine besonders wichtige Phase betrachtet Mahler die Zeit zwischen anderthalb und zweieinhalb Jahren, wo das Kind infolge seiner motorisch größeren Freiheiten darauf drängt, von der Mutter wegzukommen. Dieses Freiheitsverlangen aber erzeugt auch eine gewisse Angst; das Kind braucht hier den besonderen Schutz der Mutter: die Gewißheit, daß es ungestraft »weg« kann, jederzeit aber liebevoll wieder aufgefangen wird. Mahler nennt dies die »Wiederannäherungskrise« oder »-phase«.

Bei Rogers richtet sich das Interesse ganz wesentlich auf die

Entwicklung einer gesunden und glücklichen Persönlichkeit, was auch mit der Art seiner Klientel (intellektuelle Mittelschicht mit Selbstfindungsproblemen) zusammenhängt. Nicht mehr nur das Freisein von neurotischen Symptomen steht nunmehr im Mittelpunkt, sondern das Erringen eines glücklichen und selbstbestimmten Lebens, das Wissen um die eigene Person. Wie wird eine solch glückliche Entwicklung aber garantiert? Durch die bei Rogers zentrale und in allen Facetten immer wieder beschworene positive Beachtung, die an keinerlei Bedingungen geknüpft ist! Die Achtung vor den Erfahrungen des anderen, den eigenen Wertigkeiten, die er diesen Erfahrungen beimißt: das ist der Nährboden, in dem das Pflänzchen wächst, geführt von der Selbstaktualisierungstendenz, die aber nur dadurch zum Tragen kommt, daß ein anderer voll Respekt vor den Erfahrungen des Kindes (später: des Klienten) zusieht. Es gibt keine »Erziehung«, meint Rogers (1973). Wir können im Grunde den Kindern nichts beibringen, was nicht in ihnen steckt. Wir müssen nur zusehen, daß sie genügend Vertrauen entwickeln, damit sie ihren Erfahrungen auch das rechte Gewicht beimessen. Das aber kann nur dann geschehen, wenn eine Erziehungsperson zu sich selbst eine gute Beziehung hat. Indem ich meine eigenen Werte akzeptiere, mein Selbstbild und meine Erfahrungen also in die gleiche Richtung tendieren, bin ich auch in der Lage, mich liebevoll und verständnisvoll dem anderen zuzuwenden und so sein Selbstbild mit seinen Erfahrungen kongruent sein zu lassen. Man muß nichts Besonderes »tun«, wenn man erzieht; man muß nur »geschehen lassen«.

Es gibt keine Überlegungen zur Phasenspezifität der Entwicklung. Die »gute Beziehung«, die Wertschätzung, die an keine Bedingungen geknüpft ist: die ergibt natürlich von selbst, daß Erziehungspersonen die Phasenspezifität (die aber nirgends definiert wird) beachten. Man geht ja sozusagen »mit dem Kind mit«, begleitend, auf seine eigenen Erfahrungen horchend. Wenngleich nicht sofort sichtbar, so machen doch diese unterschiedlichen Vorstellungen für die Therapie einen recht großen Unterschied. Ob der Therapeut als Suchraster die inhaltlich genau bestimmten Entwicklungshemmungen auf einer spezifischen Stufe sucht oder ob er nur ganz allgemein konstatiert, daß bestimmte Erfahrungen des Klienten nicht genügend positiv beachtet wurden, verändern das therapeutische Vorgehen in beträchtlichem Maß. Die Interventionen sehen in jedem Fall anders aus, mehr oder weniger Emphase wird auf die eine oder andere Beobachtung gelegt, je nachdem, welche Vorstellung von einer gelungenen Entwicklung der Therapeut hat. Deshalb ist bei einem Gesprächstherapeuten oft die einfache Umformulierung einer vom Patienten berichteten Erfahrung genug – er hat Vertrauen dazu, daß der Patient die positive Wertschätzung spürt und deshalb auch sich selbst besser vertrauen lernt. Anders ein Psychoanalytiker: erst die Überlegung, in welchem Konflikt auf welcher psychosexuellen Phase basierend der Patient sich im Augenblick gerade befindet, gibt ihm Hinweise auf eine mögliche Intervention, die zwar nicht unbedingt schon eine Deutung sein muß, sich aber doch in Richtung dorthin bewegt. Richtung und Formulierung dieser Intervention balancieren oft (je nach Schweregrad der Störung) riskant zwischen dem Ansprechen eines erwachsenen Gegenübers und dem Niveau, das ein Kind der betreffenden Altersstufe haben kann.

Um dies an einem Beispiel (das dem Buch von Gertrude und Rubin Blanck entlehnt ist) zu verdeutlichen: Eine Patientin berichtet über ein schönes sexuelles Erlebnis, das sie mit ihrem Partner am Vortag hatte. Die Psychoanalytikerin, wissend um die Penetrationsängste der Frau (die sie als sehr frühe Angst vor Verletzung der Körpergrenzen interpretiert), gibt sich mit dieser Schilderung nicht zufrieden – sie würde sich wundern, wenn diese Patientin wirklich ihre Angst schon überwunden hätte, also auf einer sehr viel späteren Phase angelangt wäre. Daher fragt sie vorsichtig nach, welche Erfahrungen ganz genau es denn gewesen seien, die ihr Freude gemacht hätten. Diese gibt erwartungsgemäß an, es sei einfach das Kuscheln und Zusammenliegen gewesen. »Sonst nichts?« fragt daraufhin die Therapeutin. »Nein, aber ich hatte nichts dagegen (Verkehr zu haben, wie der Freund es wollte, E. J.). Es war so schön, jemandem nahe zu sein«, woraufhin die Therapeutin das Thema nicht weiter verfolgt. Für die Patientin (ihren erwachsenen Anteil) aber bleibt klar, daß sie in bezug auf ihre Sexualität noch einen weiten Weg vor sich hat. Eine Gesprächstherapeutin könnte sich damit zufrieden geben, das Wohlgefühl der Patientin nochmals zu unterstreichen und auszudrücken, daß sie es gut findet, wenn die Patientin eine erotisch-zärtliche Begegnung als etwas Schönes erleben kann.

Beide Interventionen können sinnvoll sein und weiterhelfen. Die Unterschiede müssen nicht unbedingt sofort Werturteile hervorrufen. Das Ambiente einer Therapie (und damit letztlich das gesamte Weltbild auch der Patienten) wird als Folge vieler solcher kleinen Unterschiede aber doch recht verschieden gestaltet sein.

Man kann Rogers' Beziehungskonzept natürlich auch als eines sehen, das entdifferenziert, den jeweiligen Ansprüchen und Forderungen einer bestimmten Altersstufe nicht gerecht wird. Man kann es aber ebensogut sehen als eines, das die Basis einer jeden Entwicklung – in der Therapie und in der Realität – darstellt.

Es fällt schwer, in der Gestalttheorie eine Vorstellung von den günstigen Bedingungen der Entwicklung zu entdecken. Sowenig wie es hier ein therapeutisches Interaktionskonzept gibt, so wenig gibt es Vorstellungen darüber, was der Entwicklung des gesunden Menschen förderlich ist. Natürlich läßt sich extrapolieren: Die jeweiligen Bedürfnisse müssen wahrnehmbar bleiben, sollen nicht durch Introjektionen oder andere Blockierungen irritiert werden, so daß immer wieder volle Kontaktzyklen durchlaufen werden. Wie aber sehen die Interaktionen aus, die einem Kind solches gestatten? Hier kann zwar gesunder Menschenverstand einsetzen (ohne weiteres läßt sich auch die Rogerssche Auffassung supponieren), aber explizite Vorstellungen davon haben wir in der gestalttherapeutischen Theorie nicht. Da die Gestalttherapeuten sich lange Zeit nicht wirklich mit der biographischen Dimension des Menschen beschäftigt haben (höchstens als Reflex des »Hier und Jetzt« im therapeutischen Prozeß), fehlt auch die Dimension der begünstigenden Interaktion in der Kindheit. Was allerdings von Perls und seinen Mitautoren als eine geglückte Persönlichkeitsentwicklung angesehen wird, das ist ihrem Buch durchaus zu entnehmen. In diesem Punkt decken sich übrigens auch die verschiedenen Richtungen der Gestalttherapie. In striktem Gegensatz zum Freudschen Realitätsprinzip und der damit verbundenen Anpassung wird das Prinzip der kreativen Kindlichkeit in ihrer »Unvernunft« idealisiert. Das Kind als ein Wesen, das gerade in der Ernsthaftigkeit seines Tuns (im Spiel zum Beispiel) Realität schafft, das in der freien Aggressivität schöpferisch tätig ist: dieses Kind wird dem »unfreien«, in den Zwängen der Realität erstarrten Erwachsenen entgegengestellt. »Die kindlichen Gefühle sind von Bedeutung nicht als etwas Vergangenes, dessen man sich entledigen müßte, sondern als einige der schönsten Kräfte im Leben des Erwachsenen, die wiederhergestellt werden müßten: Spontaneität, Unmittelbarkeit im Gewahrsam und im Zugriff auf die Umwelt« (Perls et al., S. 81). Und ein wenig später im Kapitel über Reife und Infantilität heißt es in Opposition zur Freudschen Auffassung vom zu erringenden Realitätsprinzip: »Und kühl betrachtet, so wie Freud es formulierte, ist die Anpassung an die ›Realität‹ ja gerade neurotisch: ein absichtliches Eingreifen in die organische Selbstregulierung und Umwandlung spontaner Befriedigung in Symptome. So gesehen ist Kultur eine Krankheit« (Perls et al., S. 85). Wenngleich bei Perls, Hefferline und Goodman (bei Dreitzel in noch höherem Maß) das Kind in recht unkritischer Weise als Träger höherer Werte geschildert wird (ab wann beginnt eigentlich die anpasserische Introjektion?), so ist doch in der Auseinandersetzung mit Freud ein wichtiger Punkt getroffen. Die Freudsche Psychologie kennt im Grunde das freie Spiel ohne jede funktionale Nebenbedeutung nicht. Wie Riesman (1965) darlegt, hat Freud zum Tätigsein um seiner selbst willen (sei es Arbeit oder Spiel) keinen Zugang, weshalb er die Kindheit mit »wohlwollender Geringschätzung« betrachte.

Lerntheoretische Therapieformen können sehr genau, wenn auch nur sehr formal, angeben, wie ein Mensch möglichst förderliche Entwicklungsbedingungen erhält. Er muß, angeleitet von guten Modellen (und was ein gutes Modell ausmacht, hat schon Bandura festgestellt), für die richtigen Verhaltensweisen in der richtigen Weise verstärkt werden, es müssen günstige respondente und operante Bedingungen herrschen, damit jemand symptomfrei und gut angepaßt den Weg in die Gesellschaft antreten kann. Was jeweils richtig ist, bestimmt die Umgebung. Das »Tabula rasa«-Denken erlaubt keine inhaltliche Bestimmung.

Bei den Systemikern gibt es, zumindest im Sinne Minuchins, einige Entwicklungsprinzipien, die den Kindern sicher förderlich sind: Es sind dies die klare, aber nicht starre Grenzziehung zwischen den Generationen und die richtige Koalitionsbildung – all dies gedacht im Sinne der bürgerlichen Normalfamilie. Ob diese »Familiengesetze« in unserer Zeit der Fortsetzungsfamilien, der Halbfamilien und Scheidungswaisen wirklich noch so unbesehen übernommen werden können, bleibt ebenso fraglich wie der Fortbestand der gesamten modernen Familie, die ja von vielen Psychologen und Soziologen (etwa von Brodkin) zu einer »fragwürdigen Unternehmung« erklärt wurde.

Innere und äußere Realität: Dominanz oder Balance?

Auf den ersten Blick scheint es absurd, Therapieschulen zu unterstellen, sie würden das »Innen« der Seele nicht in Betracht ziehen. Natürlich weiß jeder Psychotherapeut um die Innenseite des Menschen. Trotzdem kann es vorkommen, wie bei der »Evolution of Psychotherapy Conference« (Zeig, 1991) geschehen, daß ein Therapeut (Haley, Systemischer Familientherapeut) einem anderen (Wolberg, Objektbeziehungstheoretiker) sehr rüde vorwarf, er würde sich bei der Beschreibung von kranken Jugendlichen vorwiegend auf das »Innen« beziehen, was er als »abstoßend« (wörtlich!) empfand. Er ließ sich über diese Art der Betrachtung von Krankheit in ziemlich harten Invektiven aus. Es scheint also sehr große Differenzen zu geben in bezug auf dieses Thema.

Was aber ist überhaupt das Thema, da doch bestimmt alle Therapeuten der Meinung sind, daß das, was »innen« geschieht, für die Psychotherapie von Bedeutung ist? Es kann sich also nur um Akzentsetzungen handeln – und um die Frage, wie denn dieses »Innen« und »Außen« verknüpft sind. Es scheint, daß das Konzept dieser Verknüpfung weitreichende Konsequenzen hat.

Wir finden schon zu Beginn der Psychoanalyse das Thema vorformuliert. Die berühmte Abwendung Freuds von der Verführungstheorie setzt hier einen prägnanten Anfang. Ursprünglich war er bekanntlich von der Verführung der Kinder durch Erwachsene ausgegangen, weil er die Aussagen seiner Patientinnen als konkret erlebte Erinnerungen nahm. Seine wachsenden therapeutischen Erfahrungen legten es ihm jedoch nahe, irgendwann einmal an der Faktizität dieser Erinnerungen zu zweifeln. Er nahm an, es handle sich um Wunscherfüllungsphantasien, die durch frühe sexuelle Regungen der Kinder hervorgerufen worden waren. Später mußte er die Tatsache akzeptieren, daß von Anfang an nicht nur sexuelle Impulse, sondern auch aggressive das Kind bestimmen und daß diese innere Realität sich in Phantasien äußern kann, die nichts mit der äußeren zu tun haben. Dies bedeutet allerdings nicht, daß Freud nun die äußere Realität gar nicht mehr in Betracht gezogen hätte. Sowohl in der Betrachtung der Pathologie als auch in der Entwicklungspsychologie und den Therapiezielen rangiert das Realitätsprinzip (das heißt: die Erringung eines einigermaßen realitätsadäquaten Bildes von der Welt, das dem logischen Denken unterworfen ist) sehr hoch. Orale Frustrationen, allzu strenge Sauberkeitserziehung und ähnliches mehr sind bei Freud durchaus als pathogene Faktoren relevant. Sehr viel ausgeprägter finden wir dies noch bei Anna Freud. In ihren Streitigkeiten mit Melanie Klein spielte auch diese Frage immer wieder eine bedeutende Rolle: Wieviel an sozusagen vorgegebenen Motiven und Trieben müssen wir annehmen bei einer Pathologie, und/oder wieviel an Umwelteinflüssen ist wichtig? Bekanntlich ist Melanie Klein die Vertreterin einer sehr extremen Betonung des »Innen« (siehe auch Großkurth, 1993). Bei Freud ist das Über-Ich zum Beispiel die Summe aller elterlichen Verbote, ist also von außen her bestimmt. Für Melanie Klein ist die Innenbestimmung sehr viel wichtiger. Für sie sind die (infantilstrengen) Ge- und Verbote des Über-Ichs ein Ergebnis der Projektion eigener strenger Phantasien oder Idealbildungen auf die Eltern. Die realen Eltern sind bei ihr sehr viel weniger wichtig als die phantasierten, und die Phantasien stammen aus einem (angeborenen) Repertoire an libidinösen und aggressiven Impulsen. (Der späte Freud neigte übrigens eher den Ideen Melanie Kleins zu, so daß beide Parteien sich immer wieder auf ihn berufen konnten.)

Wenn man die innere Realität als eine eigene Instanz ansieht, von der vor aller Beeinflussung bestimmte mächtige Impulse ausgehen, dann wird Psychologie mehr und mehr zu einer Erlebnispsychologie anstatt zu einer Ereignispsychologie. Alle sozialisationstheoretischen beziehungsweise milieutheoretischen Überlegungen aber gehorchen dem Primat der Ereignispsychologie. Die Suche nach Traumata bei bestimmten psychischen Fehlentwicklungen, die faktorenanalytische Suche nach Eigenschaften, Erziehungsstilen und elterlichen Einstellungen in ihrer

Verknüpfung mit späteren Verhaltensweisen: all dies verrät eine Psychologie, die sich sehr viel mehr am Ereignis als am Erlebnis orientiert.

Erlebnisorientierte Psychologie läßt sich auch nicht »einholen«, wenn man, wie unter Kognitivisten oder fortgeschrittenen Behavioristen üblich, darauf verweist, daß es bei allen traumatisierenden Reizen auf die »innere Verarbeitung« ankommt. Denn: Aufgrund welcher Faktoren soll diese innere Verarbeitung geschehen? Wenn die »inneren« Gesetze nicht klar sind, nach denen aus einem Ereignis ein Erlebnis wird, muß man immer wieder auf ein Ereignis verweisen, um die Erlebensseite zu erklären. Genau dies aber tun die Kognitiven Verhaltenstherapeuten. Hat ein Mensch zum Beispiel immer wieder in bestimmten Situationen selbstabwertende Gedanken, dann hat man ihm dies eben irgendwie »beigebracht«, es sind also diese Reaktionsweisen in ihn von außen her »hineingebracht« worden. Anders bei traditionellen Psychoanalytikern und Objektbeziehungstheoretikern. Dort entwickelt sich – teils aus vorgegebenen seelischen Formierungen heraus, teils nach Regelhaftigkeiten der inneren Verarbeitung äußerer Impulse – eine innere Welt, die mit der äußeren Welt nicht mehr in einem 1:1-Verhältnis steht. Vermittler zwischen innerer und äußerer Realität ist, neben angeborenen Triebstärken, die Fähigkeit des Menschen zur Symbolbildung – die Konzentration Freuds auf diese dem Menschen angeborene Möglichkeit zur Erfindung einer völlig neuartigen Psychologie ist eine epochemachende Leistung. Nur auf dieser Basis war es Freud schon relativ früh möglich, in den Wahnvorstellungen Schrebers über einen folternden Gott den Vater zu sehen, der den in ödipalen Phantasien befangenen Sohn züchtigt und quält. Vermutlich zu Recht hat man Freud gerade im Fall Schreber vorgeworfen, er habe die Realität des ganz real sadistischen Vaters von Schreber nicht zur Kenntnis genommen. Zu jener Zeit aber war ihm noch sehr daran gelegen, aus dem Patientenmaterial heraus Beweise für die Allmacht des Ödipuskomplexes zu erbringen, weshalb er sich nicht weiter um die reale Vaterfigur bemühte. Er hätte dies durchaus machen können, ohne letztlich den Grundgedanken der Psychoanalyse untreu zu werden.

Moderne Versionen der Psychoanalyse, vor allem die der Objektbeziehungstheoretiker, spielen immer wieder gerade das Zusammenspiel von äußerer Realität mit inneren Entwicklungsgesetzen durch. Die »inneren Objekte« sind aber keine Abbilder der realen Eltern. Es werden Aspekte der Elternfiguren im Inneren aufbewahrt, die sich vor allem um prägnante Beziehungskonstellationen ranken. Jedes Kind einer Familie trägt andere innere Repräsentanzen der Eltern in sich und bildet daher andere symbolische Vertretungen aus. Dies ist der Grund, weshalb alle sozialisationstheoretischen Untersuchungen von einem bestimmten Punkt an keine Aussagen machen können. Sind sie einigermaßen geschickt angelegt, dann lassen sich immer wieder einzelne statistisch signifikante Befunde aufstellen (beispielsweise zwischen sozialen Phobien und ängstlichem Verhalten der Eltern), aber der große Rest, der nicht ins Bild paßt, bleibt unerklärlich. Da sich die Abbildung der Eltern als innere Repräsentanzen sehr früh konstelliert und wir wenig Zugang haben zu diesen sehr frühen Bildern (die etwa von Lorenzer vor allem als Interaktionsrepräsentanzen gesehen werden), ist unser Wissen darum eine Mischung von Schlußfolgerungen aus dem Erwachsenenleben und gewissen Beobachtungen an Kindern.

Ein Beispiel aus der Beobachtung einer Familie mit zwei Kindern über Jahrzehnte möge die Wichtigkeit der Phantasie für die Entwicklung kennzeichnen:

Die Familie (Vater, Mutter, zwei Töchter, die zweieinhalb Jahre Altersunterschied aufweisen) wird dominiert von einer sehr kontrollierenden, ängstlich-besorgten Mutter. Die Ältere entwickelt sich zu einem sehr braven und angepaßten Kind, das ängstlich bemüht ist, es allen recht zu machen. In der Pubertät bekommt sie Schwierigkeiten mit den Gleichaltrigen; sie traut sich wenig zu, zieht sich zurück, gibt selten eine eigene Meinung bekannt und entwickelt eine Eßstörung (Fettsucht). Sie verbringt ihre Freizeit fast ausschließlich bei den Eltern und vermeidet jeden Kontakt zum anderen Geschlecht. Die Jüngere ist ein schwieriges Kind: Wenn ihr jemand seinen Willen aufzwingen will, bekommt sie wahrhaft angsterregende Tobsuchtsanfälle. Sie duldet keinerlei Einmischung in ihre Belange, so darf zum Beispiel nie jemand aus ihrem Glas trinken oder von ihrem Teller essen. In einer sehr aufmüpfigen Pubertätsphase kann sie ihren Ärger über die kontrollierende Mutter sehr klar ausdrücken und schafft ihre Ablösung zwar unter Kämpfen, aber ohne psychische Störung. Wie kommt es zu diesen krassen Unterschieden?

Es leuchtet zwar ein, daß die Mutter beim ersten Kind vermutlich noch ängstlicher und kontrollierender war als beim zweiten, aber Beobachtungen ergaben, daß auch das zweite in ziemlich rigider Weise verplant wurde. Die sehr großen Unterschiede zwischen den Töchtern lassen sich dadurch nur unbefriedigend erklären. Bezieht man die Phantasieebene ein, dann kommt man aber ein Stück weiter. Offensichtlich hat die Jüngere schon sehr früh ein Bild der Mutter in sich entwickelt, bei dem die dominierenden Qualitäten die Oberhand gewonnen haben. Bezeichnend dafür ein Ausspruch der Dreijährigen: »Du tust mir immer so weh, wenn du mich drückst.« Man kann daraus folgern, daß bei ihr – zuerst noch auf basaler Ebene, später sublimiert – die Vorstellung einer erdrückenden, den Atem nehmenden, bedrohlichen Mutter vorherrscht. Die ältere Tochter mag das Bild der beschützenden und verwöhnenden Mutter in den Vordergrund stellen. Beides sind Seiten derselben Mutter, die Reaktionen ihrer beiden Töchter sind schroff gegensätzlich. Warum bei der Jüngeren die dominierende Mutterrepräsentanz und bei der Älteren die besorgt-liebevolle im Vordergrund steht, ist nicht klar. Möglicherweise handelt es sich hier tatsächlich um angeborene Sensibilitäten, die auch noch in hohem Grade durch die reale Mutter angeregt werden.

Es war Kohut, der – zwar oft mißverständlich, aber doch letztlich erkennbar – die Psychoanalyse wieder auf den Kurs der Sozialisationstheorien brachte. Das Trauma selbst (und nicht die vorgegebenen Verarbeitungsmuster) ist bei ihm ausschlaggebend, und so ist es nur logisch, wenn er schreibt: »daß wir nach 80 Jahre langem Umweg zu Freuds ursprünglicher Verführungstheorie zurückkehren« (Kohut, 1987, S. 30). Allerdings meint er nicht nur die Verführungstheorie im engeren Sinne als die sexuelle Mißbrauchssituation, sondern alle traumatischen Erfahrungen, in denen Kinder sich mißbraucht oder nicht angenommen fühlen. Alice Miller (1980) hat diese Gedanken immer wieder wiederholt und exemplifiziert: Adolf Hitlers schlagender Vater ist Vorbild für alle Grausamkeiten des Nazi-Reiches, Jürgen Bartschs frustrierend-spießige und sadistische Eltern haben den Keim gelegt für die Mordphantasien des Adoptivsohnes und mehr dergleichen.

Es ist interessant, unter diesem Aspekt der inneren und äußeren Realität die Analysen von Stierlin (1975), der damals noch ein psychoanalytischer Familientherapeut war, und von Alice Miller über die Person Hitlers zu vergleichen. Stierlin übergeht die bei Miller so wichtige traumatisierende prügelnde Person des Vaters. Für ihn ist die depressive und besorgte Mutter wichtiger. Sie, die geliebte, die der Sohn über den Schmerz wegen dreier toter Kinder trösten mußte, ist tragendes Element. Deutschland wird zum Symbol für diese Mutter, er muß Deutschland von der Schmach (des Versailler Vertrages) reinigen und »trösten«, so wie seine Mutter getröstet werden mußte. An Deutschland wird alles gutgemacht, was an der Mutter versäumt wurde. Der jüdische Arzt, der die Mutter nicht retten konnte, steht nun für alles Verderben. Deshalb müssen die Juden vernichtet werden, während der konkrete Arzt, der natürlich ambivalent auch geliebt wurde, von Hitler persönlich gerettet wird. All dies zeigt, wie auf symbolischer

Ebene Wiedergutmachung, Abwehr und Konflikt ausgetragen werden. Nicht direkte Traumata, sondern die Verarbeitung von Repräsentanzen (also: von Phantasieprodukten!) prägen das Bild Hitlers bei Stierlin.

Bei Alice Miller hingegen ist die direkte traumatische Einwirkung des Vaters auf Hitler wirksam: der böse und sadistische Vater erzeugt einen bösen und sadistischen Sohn.

Hier läßt sich gut zeigen, daß in der Psychoanalyse eben jenes 1:1-Verhältnis nicht mehr gilt. Böse Eltern haben nicht unbedingt böse Kinder, sie können auch besonders gut sein oder verrückt werden oder im Kunstwerk auf symbolische Art ihre Wunden vernarben lassen.

Kohut fällt wieder zurück in eine schlichte Trauma-Theorie, zumindest lassen sich viele Passagen bei ihm so lesen. Bei Alice Miller ist das 1:1-Verhältnis perfekt.

Auch dies verbindet die Narzißmustheorien mit der Humanistischen Psychologie.

Bei Rogers ist das Tabula-rasa-Prinzip aber nicht vollständig. Es wird ja gebrochen von der Aktualisierungstendenz. Wir können also annehmen, daß jede Erfahrung zuerst einmal von dieser Tendenz »umschmeichelt« wird. Bevor die Umwelt auf ein Kind eindringen kann mit ihrem »sekundären Wertsystem«, tendiert es zu einem Festhalten an dem, was ihm wichtig und bedeutsam ist. Diese erste zaghafte Bemühung um volle Erfahrungen aber kann sehr schnell gestoppt werden, wenn die akzeptierende Beziehung nicht oder nur unvollständig vorhanden ist. Einbrüche aus fremden Wertwelten sind geeignet, Unsicherheit zu erzeugen. Die äußere Realität ist daher von sehr großer Bedeutung, das zarte Pflänzchen der subjektiven Evidenz kann ihr selten standhalten, weil die (ebenfalls angeborene) Sehnsucht nach Liebe so groß ist. Das aber heißt: die Bedeutung von Erfahrungen wird durch Außeneinflüsse schnell verzerrt, wir übernehmen fremde Bedeutungen, die unsere Selbstentfremdung vorantreiben. Bei einem so subjektivistischen System kann es nicht ausbleiben, daß die äussere Realität vor allem in seiner Störfunktion gesehen wird. Nur der warme Regen der Akzeptanz (in der Therapie: der helfenden Beziehung) darf und muß von außen eindringen, alle inhaltliche Beeinflussung kann schädigen. Das ganze System ist, wenn man es aus der Perspektive »Innen« versus »Außen« betrachtet, widersprüchlich. Bedeutung hat vor allem die innere Welt. Da sie aber theoretisch-inhaltlich nicht abgestützt ist, muß Rogers zu dem Schluß kommen, daß sie außerordentlich fragil ist, von jedem Windhauch umzublasen. Weder starke sexuelle noch aggressive Impulse können sich durchsetzen (da sie theoretisch ja nicht vorhanden sind), nur das vage Verlangen nach Liebe und Akzeptanz sucht sich seinen Weg – und der gerade führt oft ins Verderben, weil damit immer wieder traumatische Erfahrungen gegeben sind. Die äußere Realität hat also außerordentlich starke Möglichkeiten der Beeinflussung, die traumatische Erfahrung des Nicht-akzeptiert-Werdens bestimmt den Lebensweg.

In der Gestalttherapie, die ja die Mensch-Umwelt-Beziehung im Konzept des Kontaktprozesses in den Mittelpunkt stellt, wird vor allem die »nährende« Funktion der äußeren Realität akzentuiert. Mensch und Umwelt sind aufeinander abgestimmt, jede neue Umwelterfahrung produziert neue Bedürfnisse, die wiederum auf die Umwelt hin gelenkt werden und von ihr befriedigt werden können. Natürlich gibt es Störungen des Kontakts, die vergangenen Erfahrungen geschuldet sind. Das Bedürfnis des Menschen, Gestalten zu vollenden, läßt nach kreativen Möglichkeiten suchen, die unbefriedigten Bedürfnisse auf Umwegen doch noch zu befriedigen. Wenn wir uns an Frau Beckmann, die agoraphobe Frau in der Einleitung, erinnern: sie versucht ihre Versorgungsbedürfnisse durch ihre Straßenangst befriedigt zu bekommen – ein Versuch, der immer unbefriedigend bleibt, weil der Preis, den sie zahlt, zu hoch ist und wiederum andere Bedürfnisse nicht zur Befriedigung kommen läßt. Ähnlich wie bei Rogers das Aktualisierungsbedürfnis, ist bei Perls das Bedürfnis, Gestalten zu vollenden (in anderer Terminologie: einen Kontaktprozeß zu vollenden) das innere Formprinzip, das psychisches Leben vorantreibt. Es ist ähnlich formal wie das Rogerssche und läßt daher dem »Außen« viel freien Raum. Das »Innen« ist allerdings in einer anderen Hinsicht auch noch gestalttheoretisch gedeckt: nämlich in der Dominanz der kindlichen Neugierde und Kreativität, die auch ins Erwachsenenalter hineinspielt. Dieses zentrale Konzept, das tragend für das ganze System ist, ermöglicht eine Erklärung für die immer wieder neuen Auffassungen der Umwelt, für die originelle Verarbeitung der Außenwelt durch die primären Denkprozesse, die Weiterentwicklung und Umgestaltung der Umwelt durch die Eigengesetzlichkeit einer inneren Welt, die im Idealfall derjenigen des Kindes gleicht.

Daß bei C. G. Jung die Innenwelt über die äußere dominiert, scheint beim ersten Zusehen evident. Es ist aber nicht ganz so klar, wenn man seine Krankheitslehre reflektiert. Natürlich gibt es die vor aller Individualität liegenden kollektiven Gehalte im Unbewußten, die den Menschen steuern. Dazu kommen noch die durch die Individualisierungstendenz drängenden Impulse, die auf komplementäre Ergänzung des Psychischen zielen. Da eine Krankheits- und Entwicklungslehre aber bei ihm mehr oder weniger fehlt, gibt C. G. Jung wenige theoretische Hinweise darauf, wie denn nun eigentlich die Umwelt sich auswirkt auf dieses von überindividuellen Kräften gesteuerte psychische System. Man kann also vermuten, daß auch hier eine mehr oder weniger naive Psychologie von sozialisationstheoretischem Zuschnitt eine Rolle spielt. Sie ist zu erschließen aus dem Fehlen an präzisen und differentiellen Angaben darüber, wie eigentlich Entwicklung und Fehlentwicklung entstehen, wenn man von einigen Hinweisen absieht, die darauf hinauslaufen, daß Komplexe eine »Saugwirkung« auf den Energiehaushalt haben und daher eine Entwicklung gemäß der Individuationstendenz verhindern.

Sehr klar und eindeutig wird das Verhältnis von »innen« und »außen« bei den Verhaltenstherapeuten bestimmt. Es gibt kein inhaltlich zu benennendes »Innen« (die Black-box-Metapher, so krude sie scheint, ist ganz folgerichtig und ehrlicher als die ebenso inhaltsleeren Worte der Kognitivisten). Es besteht die Möglichkeit des Organismus, bewegt zu werden, alles übrige vollzieht die Außenwelt. Das Tabula-rasa-Prinzip dominiert. Dies ist die Welt, in der sozialisationstheoretische Überlegungen sinnvoll sind. »Haben dominante Eltern starke oder schwache Kinder?« »Sind die Kinder berufstätiger Mütter neurotischer als andere?« »Haben Scheidungskinder mehr Schulschwierigkeiten als solche aus intakten Ehen?« Dies sind die dazugehörigen Fragen, die jeweils auf statistischem Niveau beantwortet werden. Hat man die Fragen gut gestellt, dann ergeben sich signifikante Korrelationen, weil dann ein Stück wichtige äußere Realität getroffen wurde. Daß immer ein erheblicher Anteil diesen Determinanten nicht gehorcht, bleibt meist unerklärt oder wird mit der vagen »inneren Verarbeitung« erläutert. Daß diese Verarbeitung nach gelernten Schemata passiert, trägt dann wenig bei zu einer Erhellung des Verhältnisses von innen und außen.

Körperlose Therapie?

In den letzten Jahren wurde von verschiedenen Seiten immer wieder darauf hingewiesen, wie wichtig es sei, auch den Körper in die Psychotherapie einzubeziehen. Gerade die als »Einsichtsverfahren« bezeichneten Therapiesysteme, so wurde argumentiert, hätten den Körper ausgespart und sich auf rein verbal-kognitive Weise mit ihren Patienten beschäftigt.

Besonders schwerwiegende Vorwürfe gingen immer wieder an die Adresse der Psychoanalytiker, von Tilmann Moser als »sprechende Attrappen« bezeichnet und von Körpertherapeuten und

Gestalttherapeuten immer wieder des Unverständnisses bezichtigt gerade dort, wo es um die »präverbalen« Störungen gehe.

Hier müssen einige Grundannahmen und Vorverständnisse sowie unterschiedliche Problemkreise gekennzeichnet werden. Zum einen geht es bei der Diskussion über den Körper darum, die Tatsache ins Bewußtsein zu heben, daß auch schon vor dem Spracherwerb für die weitere Entwicklung sehr bedeutungsvolle Dinge geschehen. Die Konzentration vieler Therapeuten auf die »frühen Störungen« gibt Zeugnis davon, daß man heutzutage auch sehr frühe Stadien der Entwicklung einbezieht in die Ätiologie einer Störung. (Manche Therapeuten gehen sogar so weit, auch pränatale Defizite zu konzipieren.) Daß schon die sehr frühen Interaktionen eines Säuglings (meist mit der Mutter) störungsanfällig sind, erweist sowohl die klinische Erfahrung als auch die moderne Säuglingsforschung und natürlich auch die gesamte Pädagogik, die sich mit den Sozialisationsschäden von Heimkindern befaßt.

Darüber also gibt es keinen großen Disput zwischen den verschiedenen Therapiesystemen.

Fraglich ist nur, ob und wie solche Schäden in der Therapie »repariert« werden können. Traditionelle Psychoanalytiker hatten daran ihre Zweifel und betrachteten sehr früh geschädigte Patienten als unanalysierbar. Das hat sich in den letzten Jahren geändert: auch »frühe Störungen« gelten als behandelbar, wenngleich auch nicht immer mittels »großer Analyse«. Sehr viel Konfliktstoff zwischen den Therapieschulen aber wirft die Frage auf, wie denn nun mit diesen präverbal entstandenen Störungen umgegangen werden solle.

Zwei gängige Vorstellungen dominieren das Diskussionsfeld: Eine Gruppe ist der Meinung, daß dort, wo vor dem Spracherwerb Schaden entstanden ist, die Sprache nicht ausreicht, um diese Schäden wiedergutzumachen. Das Prinzip der Restitution genau mit den zum frühen Zeitpunkt versagten Mitteln herrscht hier vor. Einfach gesagt: wo Körperkontakt in früher Zeit vernachlässigt wurde, kann nur Körperkontakt das Mittel sein, das Manko auszugleichen. Der Körper muß sich – unabhängig von der Sprache – wiederum selbst finden, die ihm zugefügten Wunden können sich nur dann schließen, wenn der Körper etwas »erfährt« – und das nicht mit nur verbalen Mitteln. Schon in der Urform der Körpertherapie (Wilhelm Reich) wurde versucht, den Körper seine seelisch bedingten Verspannungen und Verkrampfungen fühlen zu lassen und durch entsprechende Massagemethoden dazu zu bringen, sich ein neues Wohlgefühl zu verschaffen, das dann auch auf die Seele einwirken sollte.

Eine andere Gruppe von Therapeuten ist diesen konkretistischen Methoden gegenüber skeptisch. Sie sind der Meinung, daß es genügt, den Körper in sozusagen symbolischer Form (im Gespräch, im Traum) daraufhin abzutasten, was ihm ursprünglich »angetan« wurde. Die Reflexion darüber bringt – wie auch in den übrigen Störungsfällen – Erleichterung, vielleicht Heilung. So wie ein Patient, der in der Kindheit Hunger gehabt hat und daraus orale Störungen entwickelt, auch nicht von seinem Therapeuten gefüttert werden muß, um im Bereich der Oralität Gleichgewicht zu erlangen, so wenig – dies ist die Meinung vieler Therapeuten, meist Psychoanalytiker – muß er im Bereich der Körperempfindung Vermißtes ganz konkret »nachholen«, indem er etwa vom Therapeuten umarmt wird oder seinen körperlichen Widerstand im Kampf spüren muß.

Psychoanalytiker traditioneller Art argumentieren immer wieder damit, daß sie – schon entsprechend der Theorie – natürlich dauernd mit dem Körper beschäftigt seien. Dieser »Trieb«körper ist im analytischen Gespräch, im Traum, in der freien Assoziation dauernd präsent, seine wunden Stellen werden besprochen, entsprechende Gefühle auch taktil-sensorischer Art stellen sich ein – und so geschieht langsam ein Durcharbeiten auch der körperlich entstandenen Schäden. Der Vorteil bei dieser Art von Betrachtung – so die Meinung einiger Analytiker (Bittner, 1986, Jaeggi, 1987, Wilke, 1988) – besteht darin, daß hier sehr viel dosierter vorgegangen werden kann als mit den relativ »robusten« Methoden der direkten Einwirkung auf den Körper. Außerdem, so wird ebenfalls gemutmaßt, kann in einer allzu konkreten Körpertherapie einer Sexualisierung der Therapie Vorschub geleistet werden, die vielen Patienten schaden würde.

Es gibt aber durchaus Psychoanalytiker (Tilmann Moser ist einer davon), die diesen Schaden meinen begrenzen zu können und einer Integration von Psychoanalyse und körperorientierten Methoden das Wort reden (Moser, 1986, Moser, 1992). Allerdings gibt es im Setting der Psychoanalyse dabei innere und äußere Barrieren, die nicht zu bagatellisieren sind. Da ist zum einen das Berührungstabu, das zu den Grundregeln der Psychoanalyse gehört und dessen Übertretung von einem Psychoanalysepatienten sicher anders empfunden wird als vom Patienten eines Körpertherapeuten. Da ist zum anderen aber auch – und dies wird von einigen Psychoanalytikern sogar bedauernd zur Kenntnis genommen – die Tatsache, daß das Liegen auf der Couch einen weniger großen Erfahrungsraum mit körperlichen Äußerungen zuläßt, als dies in anderen Therapieformen möglich ist. Der Blick des Psychoanalytikers auf den Patienten schräg von oben erschwert das Erkennen subtiler Körperregungen. Der Psychoanalytiker ist auf die Berichte des Patienten angewiesen – und die sind bekanntlich gerade im Bereich des Körperlichen oft schwer verständlich. Meist sind Patienten auch gar nicht so recht in der Lage, solche Körperempfindungen als etwas Besonderes wahrzunehmen.

Therapeuten der Rogers-Schule haben – da die Therapiestunden immer im Sitzen abgehalten werden – besseren Ausblick und können natürlich auch die wahrgenommenen Körpererfahrungen ins Gespräch bringen. Es gibt aber gerade für Rogers-Therapeuten mit ihrer Betonung des Gesprächs und der vielerlei Kongruenzen/Inkongruenzen von Erfahrungen im symbolischen Bereich nicht unbedingt eine besondere Konzentration auf den Körper, so daß sie in dieser Hinsicht etwa gleich gut gestellt sind wie psychoanalytisch orientierte Therapeuten außerhalb der großen Psychoanalyse. Es ist sicher nirgends verboten, auf den Körper einzugehen, wenn sich dies dem Therapeuten aufdrängt – gemäß ihrer Theorie und Ausbildung wird aber ganz bestimmt bei der Gesprächspsychotherapie dieses Gebiet nicht gerade in den Mittelpunkt gerückt. Eine Ausnahme macht eine Variante der Gesprächspsychotherapie, das Focusing von Gendlin, in dem mit körpertherapeutischer Arbeit versucht wird, Gefühle im Körper zu lokalisieren. Gendlin reicht die bloß abstrakt gedachte Erfahrung als Vergewisserung der subjektiven Evidenz nicht aus. Die wirkliche und unhinterfragbare Validierung des Wahren liegt bei ihm im Körper, in einer Verbindung von körperlich erlebten Gefühlen und Symbolisierung, wobei die Körperempfindungen durch einen angeleiteten Prozeß in den Fokus der Aufmerksamkeit gerückt werden.

Daß der Körper nicht lügen kann, ist Glaubenssatz sehr vieler Körpertherapeuten, die die »Wahrheit« des Körpers der »Lügenhaftigkeit« des Intellekts entgegensetzen. Dies ist oft auch Meinung der Gestalttherapeuten. Der Körper, »zum ›Organismus‹ deklariert, der in gleichsam untergründiger Weise, vor dem Einsetzen von reflektivem Bewußtsein, aus und für sich funktioniert« (Nogala, 1987), ist sozusagen ein wichtiger Zeuge für ein Ja oder Nein in bezug auf die Richtigkeit und Echtheit von Gefühlen, Gedanken und Entscheidungen. In der Gestalttherapie gibt es daher die meisten Berührungspunkte mit den verschiedenen körpertherapeutischen Schulen; zur Ausbildung der Gestalttherapeuten gehört denn auch recht oft ein Ausbildungsstrang »Körpertherapie«.

Die Theorie der Kontaktblockierungen selbst ist es nämlich, die den Zugang über den Körper fast erzwingt. Es wird beim Thema Kontaktblockierungen ja immer wieder erfragt und beobachtet, wie denn eigentlich der Kontakt blockiert wird. Sehr oft, so stellen Patient und Therapeut fest, geschieht dies über den Körper. Das kann heißen: Bestimmte Verkrampfungen machen unempfindlich für gewisse Erfahrungen, ein dauernd nervös bewegtes Bein lenkt ab und führt Erregung ab, die zum Kontaktgeschehen dazugehören würde, und mehr in diesem Sinne. Das aber heißt: Gestalttherapeuten werden in ganz besonderer Weise darauf hingewiesen, sich mit dem jeweiligen Körperverhalten des Patienten zu befassen und damit zu arbeiten. Vielerlei »Experimente« der Gestalttherapeuten dienen dazu, gerade auch Körperempfindungen zu verstärken, um sie ins Bewußtsein zu heben. Der Übergang zur Körpertherapie ist fließend, oft verwenden Gestalttherapeuten Übungen, die erstmals von Bioenergetikern oder Sensitivity-Trainern verwendet wurden. Es ist dabei also weniger der Gedanke der »Wiedergutmachung« leitend als die Idee der Bewußtmachung von kontakthinderlichen körperlichen Verspannungen. Während bei der Verbindung von Körpertherapie und Psychoanalyse sowie bei der Bioenergetik immer wieder darauf hingewiesen wird, daß durch die körperlichen Übungen psychische Schäden wiedergutgemacht werden sollen, geht es in der Gestalttherapie eher um die Funktion des Körpers: als Kontaktblockierung oder als ein Körper, der Kontakt erst richtig zur Entfaltung bringt. Dies ist ein kleiner, aber nicht unerheblicher Unterschied. Die »Wiedergutmachungsphantasie« des Therapeuten richtet sich darauf, daß der Patient ein Wohlgefühl erreicht, das ihm früher nicht ermöglicht wurde.

Ein kleines Beispiel aus Mosers »Stundenbuch« möge dies verdeutlichen (S. 106): Es handelt sich um einen sehr erfolgreichen Unternehmensberater, der mit vielerlei Hemmungen, Ängsten und Depressionen in die Therapie kam. Seine depressive Mutter hatte sich umgebracht, als er acht Jahre alt war, sein Vater konnte mit Kindern nichts anfangen. Der Patient regrediert in der Therapie offenbar in früheste Kindheitsphasen, wobei Moser annimmt, daß die ersten Interaktionsspiele des Patienten mit seiner Mutter falsch gelaufen sind. Patient und Therapeut sind bereit, diese »nachzuholen«.

»Dann bittet er mich noch einmal um meine Hand, und diesmal ist die Berührung ganz anders in die Interaktion integriert. Er sagt noch einmal, daß er sich schäme, so kindlich-abhängig zu sein […] Jetzt sind Blick und Spiel mit der Hand sequenzweise koordiniert, wobei sie sich ergänzen, interpretieren, abwechseln […] Da er zwischendurch aber meine Hand untersuchte, als ob er auf eine unbekannte Tierart gestoßen sei, und auch kleine Druckprüfungen machte, gab es mindestens sohn-väterliche Beimengungen einer forschenden Prüfung von Konsistenz, Beweglichkeit, Wärme und Architektur meiner Hand. Er ging vergnügt weg.«

Zur Beseitigung der Kontaktblockierung aber arbeitet man häufig mit einer *Verstärkung* des »falschen« körperlichen Verhaltens, so daß sich eine Korrektur über den vermehrten Schmerz herstellt. Die damit verbundenen Übungen können relativ hart sein: Boxen, Verspannen, Verstärkung nervöser Ticks und dergleichen sind in der Gestalttherapie häufiger anzutreffen als bei Psychoanalytikern, die mit Körpermethoden arbeiten. Daß die »Wiedergutmachungsvorstellung« auf den Widerstand vieler Psychoanalytiker trifft, ist verständlich, wenn man sich das mehr oder weniger streng gehandhabte Verbot der Wunscherfüllung vor Augen hält. Wunscherfüllung an Stelle der Reflexion wird bekanntlich vor allem von traditionellen Psychoanalytikern als »unanalytisch« abgelehnt.

Als der Psychoanalytiker Tilmann Moser in einem Buch (»Das erste Jahr«) genau beschrieb, wie er, mit einer schwer gestörten Patientin am Boden liegend, ihr erlaubte, mit den Fingern sein Gesicht zu erforschen, wie er sie anhält, sich von ihm wegzudrehen, ihn dann wieder anzusehen und ähnliches mehr, waren die meisten Kollegen entsetzt, einige wollten Moser aus der

Deutschen Psychoanalytischen Vereinigung ausschließen. Die in Gang gekommene Diskussion aber hält an und ist sicher noch lange nicht zu Ende.

Verhaltenstherapeuten thematisieren das Verhältnis zum Körper nicht explizit. Erweist sich aber eine Störung als eine körperbezogene, dann werden auch oft körperorientierte Methoden (vorzugsweise der Entspannung) eingesetzt. Es gibt für sie keine eigene »Theorie« des Körpers und keine technischen Regeln, wie man mit ihm umzugehen hat. Schon zu Beginn der Verhaltenstherapie-Zeit allerdings galt es, nach einigen Versuchen mit spannungsreduzierenden Medikamenten, als wichtige Vorbedingung der systematischen Desensibilisierung, den Patienten durch ein Relaxationstraining dahin zu bringen, sich in entspannter Lage die angsterregenden Vorstellungen vor Augen zu halten. Entspannung galt als ein Gegenkonditionierungsmittel. Wenngleich spätere theoretische Überlegungen mehr und mehr dahin gelangten, auch die kognitiven Seiten der Angstreduktion durch die systematische Desensibilisierung zu akzentuieren, blieb doch das Entspannungstraining bis heute wichtiger Bestandteil vieler Angstreduktionsmethoden. Dieser etwas unspezifische Einsatz des Körpers (Entspannung ist bei vielen Methoden und Störungen wichtig!) zeigt zumindest an, daß kein besonderes Tabu besteht im Einsatz körperlicher Mittel. Gerade dann, wenn Verhaltenstherapeuten über ihre eigene Theorie hinaus arbeiten, werden immer wieder einmal auch Methoden der Körpertherapien einbezogen, wenn man zum Beispiel erreichen will, daß Patienten ihr Hungergefühl besser kontrollieren und beobachten lernen, oder wenn motorische Ticks durch »negative Übungen« (= willentliche Verstärkung des unerwünschten Verhaltens über längere Zeit) unter Kontrolle geraten sollen.

Es ist natürlich kein Zufall, daß heutzutage in so vielen Therapieformen das Verhältnis zum Körper explizit oder implizit thematisiert wird. Die »Leibfeindlichkeit« einer technisierten und rationalisierten Kultur hat auch den Körper zu einer Maschine gemacht, die man durch entsprechende Übungen ölt und schmiert, damit sie möglichst gut funktioniert. Körperliche Ertüchtigung, Hochleistungssport und ähnliches entfernen aber den modernen Menschen von seinem Körper eher, als daß sie ihn damit vertraut machen. Das Nicht-Wahrnehmen von subtilen Körperempfindungen gerade auch bei Menschen mit einem hohen Anspruch an ihre körperliche Leistungsfähigkeit ist bekannt. Als Gegenbewegung dazu sind die verschiedenen Formen von Körpertherapien zu betrachten, die die Einheit des Seelisch-Körperlichen betonen und durch entsprechende Aufmerksamkeitsverteilung diesen Zusammenhang auch dem Patienten klarmachen. (Übrigens werden auch die Schüler bestimmter asiatischer Kampfsportarten oder Rituale in ähnlicher Weise instruiert.) Der Körper als eine biographische Einheit, als ein Ausdrucksfeld dessen, was im Laufe des Lebens passiert ist: das neu zu erfahren und neu zu bewerten ist Aufgabe der meisten Körpertherapien oder der traditionellen Richtungen von Psychotherapie, die sich mit dem Körper befassen. Es wird damit auch ein Thema der Anthropologie aufgegriffen, das gerade in jüngster Zeit wieder Aktualität bekommen hat: der Einbezug des Körpers als einer neuen Art der Selbstvergewisserung, also auch: der Einbezug des Leibes in die menschliche Kommunikation, in die Bezüge auch zur nichtmenschlichen Natur (Böhme). Auch dies eine Gegenbewegung: gegen die seit Descartes vorherrschende Selbstvergewisserung des Menschen allein durch sein Denkvermögen. Die dadurch entstandene Einseitigkeit, das böse Erwachen inmitten einer zerstörten Natur: all dies trägt bei zu der Bedeutung, die nun wieder dem Körper als Träger von Sinnlichkeit und sinnlich definierten Beziehungen verliehen wird.

Die in den Psychotherapien mancherorts vertretene Idealisierung des Körpers als Träger des »Authentischen« gibt allerdings zu denken. Verschweigt sie doch die Möglichkeiten des Menschen, sich selbst auch über den Körper etwas vorlügen zu können. Die Täuschungsmanöver, die wir zur Verfügung haben, sind eben sehr vielfältig. Gerade die Psychosomatik zeigt uns, daß der Körper sich sehr häufig täuschen kann, daß er ein Mitspieler ist in der großen doppelbödigen Verwechslungskomödie des menschlichen Lebens, die vom Unbewußten dirigiert wird.

Das Unbewußte: Hexenkessel oder Herrlichkeit der Tiefsee?

Es gibt heutzutage kaum noch Psychotherapeuten, die nicht vom Unbewußten sprechen. Das Unbewußte ist ein Konstrukt, das dem europäischen Denken seit dem ausgehenden 18. Jahrhundert geläufig ist: als Nachtseite des Lebens oder als eine Art Kessel, der Kreatives enthält, als das, was das Genie antreibt, über sich hinauszugehen, oder den Verbrecher zu seinen unerklärlichen Taten. Alfred Schöpf (1994) sieht die Spannung zwischen Aufklärung und Romantik als diejenige Kraft an, die die Idee des Unbewußten hervorbrachte. In der Aufklärung mit ihrem Beharren auf der rationalen Durchdringung unseres Wissens, auch unseres Wissens von uns selbst, steckt auch schon die Gegenidee: daß dieses Wissen nur gewährleistet ist, wenn das Ich sich seiner Herkunft aus dem »Nicht-Ich« oder »Trieb« (Johann Gottlieb Fichte, 1762 bis 1814) bewußt wird. Schon im ersten Heft der *Zeitschrift für Erfahrungsseelenkunde,* die von Karl Philipp Moritz 1783 herausgegeben wurde, befaßt sich Moritz mit denjenigen »Veränderungen in uns selber [...], die nicht von unserer Willkür abzuhängen scheinen« (zitiert in Obermeit, 1980, S. 75). Er versucht, dem Phänomen unbewußter Strebungen und Vorstellungen auch begrifflich auf die Spur zu kommen, wenn er von den »hellen« und »dunklen« Ideen spricht. Diese »dunklen« Ideen, »solche nämlich, deren Entstehen und Verhältnisse wir nicht genau kennen« (S. 76), determinieren uns oft zum Handeln. »Folgt nicht ferner, daß die dunklen Ideen und Vorstellungen, wenn sie nur die lebhaftesten sind, uns zu Handlungen zwingen, die uns klare Ideen widerraten?« (zitiert nach Obermeit, S. 76)

Diese Bestimmungen einer Seite unseres seelischen Lebens, die wir nicht immer verfügbar halten können (und die natürlich immer dem hellen, zielgerichteten Tagbewußtsein entgegengesetzt war), wurden im Laufe der Geschichte der Psychiatrie präziser bestimmt (Ellenberger). Diese Bestimmungen grenzen bis zum heutigen Tag unterschiedliche Auffassungen vom Unbewußten gegeneinander ab; es ist daher sehr wichtig zu wissen, welches Konzept vom Unbewußten bei einem Therapeuten jeweils im Vordergrund steht, weil dieses Konzept auch seinen Umgang damit bestimmt. Aussagen von Verhaltenstherapeuten oder Kognitiven Therapeuten, daß sie natürlich »auch« das Unbewußte in Betracht ziehen, gewinnen nämlich erst dann einen greifbaren Sinn, wenn man sich klarmacht, daß damit zum Beispiel nicht das Freudsche Unbewußte gemeint sein kann – in diesem Falle müßte man nämlich einen Großteil der Freudschen Theorie und sogar einen Teil seiner Therapietechniken mit übernehmen.

Ende des 18. Jahrhunderts bis fast zum Ende des 19. Jahrhunderts war es die Hypnose, die den Zugang zum Unbewußten zustande bringen sollte. Die immer wieder von neuem frappierenden Ergebnisse der Hypnose, die anzeigten, daß Menschen über Kräfte verfügten oder Beeinflussungen ausgesetzt wurden, die ihrem Wachbewußtsein unbekannt waren, zogen viele Spekulationen nach sich. Neben okkulten (spiritistischen) Überlegungen, in denen davon ausgegangen wurde, daß die Welt der Geister über ein »Medium« zu den Lebenden Kontakt aufnahm, beschäftigte sich auch die ernsthafte Wissenschaft mit Phänomenen, die man nur dem Unbewußten zuschreiben konnte. Daß hier eine gewisse (unbekannte) Gesetzmäßigkeit herrschen könne, wurde gemutmaßt: So beschäftigte man sich mit dem Phänomen der

Regression in der Hypnose, also der Tatsache des Rückfalls in kindliche Sprechweisen und Gewohnheiten sowie des Erinnerns vergessener Kindheitserlebnisse. Ebenso interessant erschien die Frage, ob man einen Hypnotisierten zu unmoralischen Handlungen bewegen könne, die er im Wachbewußtsein ablehne – wobei man bald zu dem Schluß kam, daß dies nicht möglich sei. Colonel de Rochas, ein berühmter französischer Hypnotiseur, behauptete sogar, er könne das vorgeburtliche Leben und die davor liegenden früheren Lebensläufe eines Menschen rekonstruieren (Ellenberger). Rebirthing-Therapeuten in der esoterischen Szene versuchen ähnliches, um bestimmte Eigenarten des Seelenlebens ihrer Klienten zu ergründen. So erzählte mir ein junger Mann, bei dem ich eine Anamnese machte, er sei wegen seiner aggressiven Phantasien bei einer Rebirthing-Therapeutin gewesen. Sie hätte durch die Sitzungen in Trance herausgefunden, daß er im früheren Leben ein mächtiger Krieger gewesen sei und daß seine Phantasien über das Töten der ganzen Menschheit damit zu tun hätten.

Neben den hypnotischen Zuständen waren noch andere Seelenzustände, die auf Unbewußtes hinwiesen, bemerkenswert: Katalepsie, schwere Amnesie und vor allem die multiple Persönlichkeit. Ellenberger berichtet, daß diese Phänomene zwischen 1840 und 1880 zu einem der von Psychiatern und Philosophen am häufigsten diskutierten Themen wurden. Bei der multiplen Persönlichkeit wurde besonders deutlich klar, daß es verschiedene Seelenzustände gibt, die voneinander »nichts wissen«, das heißt: unbewußt sind. Diese Tatsache beeinflußte das Denken französischer Psychiater (Alfred Binet, Jean Martin Charcot, Pierre Janet) über die Hysterie beträchtlich. Im hysterischen Anfall stellt sich ja das Phänomen der »zwei Persönlichkeiten« immer wieder her, die Hypnose läßt hysterische Symptome verschwinden, als wenn sie nie dagewesen wären, und ähnliches mehr. Alle diese Überlegungen hat Freud in der Salpetriere vorgefunden. Allerdings hat er dem Phänomen des Unbewußten dann doch wieder eine ganz neue Richtung gewiesen.

Freuds Vorstellung vom Unbewußten grenzt sich klar von derjenigen Charcots und (dessen Schüler) Janets ab, obwohl er Charcot immer wieder als seinen Lehrer bezeichnet hat (Lorenzer).

Wir finden bei Charcot und Janet viele Hinweise darauf, wie sie Unbewußtes verstehen. Es handelt sich bei beiden um eher formale Bestimmungen, nach denen das Seelische aufgespalten wird: in den bewußten Teil, der etwa im alltäglich-heutigen Sinn gebraucht wird, und in denjenigen Teil, der sich davon »absplittert«, wobei die Ursache dafür bei Charcot eine »Überlastung« des Seelenapparates ist. Diese Überlastung kann vielfältige Ursachen haben: Das Geschehen mag traumatisch sein, oder es kann sich um eine Überfülle von Ereignissen handeln, die der geschwächte Organismus nicht verkraftet. Immer aber handelt es sich um eine sozusagen quantitative Überfülle, die vom Bewußtsein nicht mehr aufgenommen wird. Die Lebensgeschichte spielt dabei keine besondere Rolle, sie wird nicht weiter thematisiert. Das heißt: Bei Charcot handelt es sich nicht um irgendwelche inhaltlichen Bestimmungen, sondern nur um quantitative. Unbewußt ist, was das Bewußtsein nicht verkraften kann und daher absplittert. Warum es dies tut, kann nur gemutmaßt werden: konstitutionelle Nervenschwäche, Heredität und ähnliche biologische Faktoren werden abwechselnd als Ursache genannt. Dies ist bei Janet doch anders. Ihm gebührt das Verdienst, Überlegungen zum Unbewußten angestellt zu haben, die weit über diejenigen seines Lehrers Charcot hinausgingen. Allerdings wurden sie erst nach der Freud-Breuer-Darstellung der Anna O. publiziert, weshalb der alte Vorwurf, Freud habe sich ohne Nennung der Quelle von Janet inspirieren lassen, sicher nicht zutrifft. Was aber sind die Erkenntnisse von Janet?

Er hat sehr klar herausgearbeitet und in einigen Falldarstellungen verewigt, daß die Verknüpfung des Symptoms mit der

Lebensgeschichte der Patientin eine enge und wichtige ist. Ähnlich wie Breuer dies bei Anna O. tat, hat er Symptom für Symptom gesondert auf seine Wurzeln hin befragt und herausgefunden, daß bestimmte Symptome als Wiederholung einer vom Bewußtsein nicht zu verkraftenden Szene zu verstehen sind. Hier wird also ganz klar inhaltlich gedacht, wobei auch darauf Bedacht genommen wird, daß jedes Trauma einen sozialen Bezug hat. (Durch die »falschen Ansichten« ihrer Umgebung hat zum Beispiel eine von Janets Patientinnen ihre erste Menstruation als etwas Traumatisches erlebt.)

Trotzdem besteht hier ein wesentlicher Unterschied zur Freudschen Auffassung, und dieser Unterschied spielt nach wie vor eine große Rolle, wenn wir die unterschiedlichen Therapieschulen betrachten.

Noch immer nämlich sind (bei Janet) die nicht zu bewältigenden Inhalte etwas, was zufällig nicht bewältigt werden kann, weil diese traumatisierenden Szenen sich bei einem schwachen Individuum abgespielt haben (konstitutionelle Schwäche, heute würde man sagen »Ichschwäche«). Bei Freud aber ist die Schwäche Resultat (und nicht Ursache) der abgespaltenen Bewußtseinsinhalte, das heißt: Die inhaltliche Unvereinbarkeit der Erlebnisse im Bewußtsein beruht darauf, daß hier der Patient als Träger einer bestimmten Lebensgeschichte (und das ist allemal auch die Geschichte seiner Werte und Normen) in Konflikte gerät. Die Ereignisse, die traumatisch gewirkt haben, sind es nicht allein, die das Symptom hervorrufen. Es ist die Erlebnisreaktion, die des Patienten Bewußtsein zwingt, sich davon zu distanzieren. (In späteren Zeiten der Psychoanalyse wird man sagen: Sein Über-Ich gestattet ihm nicht, bestimmte Gefühle zu haben, weshalb diese unterdrückt werden müssen.) Diese Erlebnisreaktion – und hier beginnt das systematische, nach Gesetzmäßigkeiten suchende Denken Freuds – ist nicht nur bestimmt von irgendwelchen zufälligen Erlebnissen, sondern entsteht in immer wieder ähnlicher Weise aufgrund allgemeiner Regelhaftigkeiten des Trieblebens und der damit verbundenen Konflikte. Hier finden wir den Beginn der Auffassung vom dynamischen Unbewußten als einer Sinneinheit, die die ganze Lebensgeschichte eines Menschen umfaßt, die aber gleichzeitig auch klarmacht, daß im Unbewußten Konflikte zwischen verschiedenen Instanzen ausgetragen werden und – da unaussprechlich und nicht mehr erlebbar – im Symptom symbolisiert werden. Nicht die traumatische Szene an sich ist es, die krank macht. Es ist die unterdrückte Reaktion darauf – und diese Reaktion ist eine, die von einem Geschehen diktiert ist, die von Freud als »Trieb« oder als »Sexualtrieb« (im erweiterten Sinn, siehe Seite 96 f.) bezeichnet wird. Das Ereignis an sich wird also »bearbeitet« (die Rolle der unbewußten Phantasie kann nicht scharf genug akzentuiert werden!), und diese Bearbeitung folgt allgemeinen Gesetzen, zu deren Entschlüsselung Freud seine ganze Lebenszeit gebraucht hat. Spricht ein Therapeut vom Unbewußten, dann ist also immer zu fragen, welches Konzept davon er meint.

Nicht nur in außerpsychoanalytischen Kreisen aber wird dieses Konzept unterschiedlich gehandhabt, auch unter den verschiedenen Richtungen der Psychoanalyse besteht eine Tendenz, das vor-freudianische Konzept wiederaufleben zu lassen. So hat zum Beispiel Kohut (haben aber auch manche Ich-Psychologen) das alte Janetsche Verhältnis wieder eingeführt: Ein Trauma entsteht aufgrund des schwachen Ichs (das wiederum durch präödipale Vernachlässigung entsteht), das durch bestimmte Ereignisse überlastet ist. Im deutschen Sprachraum wird diese Position sehr konturiert, kämpferisch und populär von Alice Miller vertreten, bei der nur noch die realen Fakten und nicht mehr die verqueren und oft durch unbewußte Phantasien gesteuerten Erlebnisreaktionen eine Rolle spielen. Überspitzt gesagt könnte man ihre Position so bestimmen: Je schlimmer das Trauma, desto größer der Schaden; oder: Je schlimmer der Schaden, desto ärger war wohl das Trauma.

Hier wird der eigentlichen Bearbeitung des Erlebnisses im Unbewußten (wobei eben Freud ein Regelwerk des Psychischen beschreibt, zum Beispiel das Regelwerk der Abwehrsysteme) kaum mehr eine Rolle zugebilligt. Es dominiert in dieser Position wiederum die äußere Realität vor der unbewußten Bearbeitung, die wiederum (auch) allgemeinen Regelhaftigkeiten des Psychischen geschuldet ist. Wenn also am Grunde einer Neurose ein sexuelles Trauma liegt, dann wird in der traditionellen Psychoanalyse nicht nur das Geschehen an sich als Ursache angesehen, sondern die jeweilige Bearbeitung durch das Kind – je nachdem, in welcher psychosexuellen Entwicklungsphase es sich befindet. Das ödipale Kind wird also zum Beispiel sein sexuelles Mißbrauchtwerden ganz anders verarbeiten als das Kind in der analen Phase: nämlich mit Schuldgefühlen, weil es, von seinen inneren Triebwünschen geleitet, das Geschehen eventuell schon mit geahnter Lust und Sieg über den ödipalen Rivalen erlebt hat. Das Kind in der analen Phase wird dagegen bei einem sexuellen Mißbrauch viel mehr die Verletzung seiner Körpergrenzen empfinden und als Konsequenz später eher Sexualängste entwickeln, die rund um Vernichtungsphantasien durch Sexualität kreisen. Das sexuell mißbrauchte ödipale Kind aber könnte später eventuell immer wieder die Dreierkonstellation herstellen wollen, weil es die schuldbeladene Ursprungssituation immer wieder durchspielen muß.

Sehr klar hat einer der fortgeschrittensten Kognitiven Verhaltenstherapeuten, nämlich Michael J. Mahoney, erkannt, daß er mit seinem Konzept vom Unbewußten, das er bei der Kognitiven Verhaltenstherapie nicht missen möchte, etwas anderes meint als die Freudianer. Er beruft sich ausdrücklich auf Janet und Charcot, um darzulegen, daß es ihm um das geht, was man im moderneren Jargon »automatisierte Gedanken« nennt (ähnlich bei Aaron T. Beck, 1979, und bei Albert Ellis und R. Grieger, 1977). Hier ist Unbewußtes wiederum in vorfreudianischer Manier das, was »zuviel« ist, aus irgendeinem Grund dem Bewußtsein nicht zugänglich – eventuell deshalb (und das sagt der Ausdruck »automatisierte Gedanken«), weil es »überlernt« wurde. So wird bei Kognitiven Therapeuten auch manchmal das Autofahren als ein Beispiel angeführt, um Unbewußtes zu erläutern: Manche Handgriffe gehen so sehr in Fleisch und Blut über, daß man sie sprachlich und gedanklich nur noch schwer nachvollziehen kann, die Handlung hat sich automatisiert und wird im Bewußtsein nicht mehr repräsentiert. Ähnlich manche Gedanken: sie unterliegen bestimmten Gefühlen und Handlungen, ohne daß man sie bewußt reproduzieren könnte, weil sie einem von Kindheit an so selbstverständlich waren, daß sie nicht mehr als etwas Besonderes bemerkbar wurden.

Eine wiederum andersartige Auffassung vom Unbewußten finden wir bei C. G. Jung. Das Unbewußte ist einerseits dem Bewußtsein komplementär, andererseits aber auch der Sitz universeller Urbilder oder universeller Auffassungsmodi. Was vom Bewußtsein ausgeschlossen wird, sammelt sich im Unbewußten und korrigiert so das bewußte Leben, die »Persona«, wie Jung es ausdrückt, eine Art von bewußter Rollenperson (vgl. F. Schlegel). Neben den verdrängten und vergessenen Anteilen, die im Unbewußten repräsentiert sind (durchaus im Sinne der Psychoanalyse gedacht), gibt es kollektiv Unbewußtes, das den Niederschlag der Menschheitserfahrungen umfaßt. Es ist von unpersönlicher Objektivität und wertneutral, daher kann es die Erhaltung der psychischen Kontinuität gewährleisten. Das Unbewußte hat also neben seiner Funktion, Verdrängtes aufzunehmen, vor allem die Aufgabe, eine Art Reservoir von psychophysischen Kräften darzustellen, die ans Licht drängen, aber durch Dissoziation (Komplexe, deren lebensgeschichtliche Bedeutung wichtig ist) dem Bewußtsein ferngehalten werden. Diese (unbewußten) Komplexe haben eine Art »Sogwirkung« auf die psychische Energie, die befreit werden muß. Es gibt demnach ein metaphysisches Prinzip (ähnlich der »Wachstumstendenz« bei Rogers), das dazu drängt, die im Unbewußten oft schlummernden (weil verdrängten) Kräfte ins Bewußtsein zu heben und dafür zu sorgen, daß ein Mensch mit seinen vollen Kräften in reicherer und kreativer Weise umgehen kann: das Individuationsprinzip. C. G. Jung hat dies auch inhaltlich bestimmt. Seine Typenlehre nämlich gibt Aufschluß darüber, von welchen Kräften ein Mensch geführt werden kann. Er unterscheidet Einstellungen und Funktionen; Einstellungen (extravertiert, introvertiert) geben die wichtigste Möglichkeit der Auseinandersetzung mit der Umwelt wieder, Funktionen beziehen sich auf die herausragenden Ichfunktionen, mit denen diese Einstellungen realisiert werden. Fühlen, Denken, Empfinden und Intuieren sind die vier Basisfunktionen, wobei die meisten Menschen sich auf zwei davon konzentrieren und die beiden anderen vernachlässigen. Diese werden als »unbewußte« (genannt »minderwertige«) gedacht. Ein Mensch muß, soll er seiner Individuationstendenz folgen, möglichst auch die im Unbewußten »ruhenden« Einstellungen und Funktionen zum Leben erwecken, wenn er ein erfülltes Leben führen will. Das Unbewußte ist hier also eine Art Ratgeber und weniger ein Reservoir für Verdrängtes (obwohl es das auch ist). Wenn sich ein Mensch der »Weisheit des Unbewußten« überläßt, dann wird er die unbewußten Funktionen richtig verwenden lernen und damit ins Bewußtsein heben. Der Introvertierte wird also im Laufe einer gelungenen Entwicklung zu einer extravertierten Auseinandersetzung mit seiner Umwelt gelangen und umgekehrt. Einer, der sich vor allem auf das Denken verläßt, wird seine Sinnlichkeit entwickeln müssen und so weiter.

Es ist vor allem die Vorstellung von der Komplementarität des Unbewußten, die außerhalb der Psychoanalyse liegendes, modernes psychologisches und psychotherapeutisches Denken beeinflußt hat. Im begrifflich nur unscharf zu erfassenden Klima vieler Workshop-Kulturen finden sich ähnliche Ideen, die zu einer Reihe von oft merkwürdigen Strategien geführt haben. So werden etwa »Phantasiereisen« ins Unbewußte angeboten, oder die Entdeckung des »inneren Kindes« wird empfohlen. Hypnose, Trance oder sogar Drogeneinnahme sollen diesen Weg erleichtern. Hinter solchen Angeboten stehen ganz offensichtlich Vorstellungen von der kompensierenden, heilenden Funktion des Unbewußten. Ein Mensch wird demnach reicher und kompletter, wenn er sich dem Unbewußten überläßt. Es steht nun nicht mehr die harte Arbeit dessen im Vordergrund, der dem Unbewußten sozusagen ein Stück Land »abringen« muß (so wie in Freuds Metapher von der Zuidersee) – nein, dem Unbewußten muß man sich »hingeben«, damit es einen mit den schönsten Stücken aus der Menschheitsgeschichte beschenkt. Dies alles läßt sich ableiten aus dem Jungschen Gedankenwerk, wenn auch nicht anzunehmen ist, daß C. G. Jung mit diesen modernen Versionen zufrieden wäre. So beruft man sich in esoterisch angehauchten Psychokreisen immer wieder auf ihn, und nicht ganz ohne Grund. Das Unbewußte wird hier als eine »Schatzkammer« gedacht, die jeder für sich aufschließen sollte, damit er reicher und kreativer wird. Heiner Keupp zitiert in diesem Zusammenhang Mary Ferguson, eine Pionierin des New Age: »und während wir die Sensitivität für dieses unterschwellige Wissen kultivieren, werden wir visionärer, flüssiger in unserer Kreativität«. »Emotionen als instrumentalisierte Produktivkraft [gebrauchen]« nennt Keupp (S. 264) mit kritischem Engagement ein solches Vorgehen. Tatsächlich kann man sich des Gedankens nicht erwehren, daß hier das Unbewußte ökonomisch gesehen wird. Wer tief ins Unbewußte eindringen kann, wird »reicher«.

Rogers versucht, das Konzept des »Unbewußten« überhaupt zu umgehen. Seine Ablehnung der Freudschen Psychoanalyse zeigt sich in seinem Versuch, eine rein phänomenologische Persönlichkeitstheorie zu entwerfen. Im Prinzip ist alles, was der Selbstwahrnehmung zugänglich ist, real, und nur dieses gilt. Als Psychotherapeut kann man aber natürlich nicht umhin, wahrzunehmen, daß vieles, was Menschen dem Therapeuten erzählen, ganz offensichtlich nicht dem entspricht, was man als Beobachter wahrzunehmen meint oder auch – aus Erfahrung – für wahrscheinlich hält. Trotzdem, so muß man feststellen, sind diese Menschen sehr oft nicht als Lügner zu bezeichnen. Zu sagen, daß manches eben ihrem Bewußtsein entzogen ist – also unbewußt abläuft –, erscheint daher einfach und logisch. Rogers aber war sich klar bewußt der Tatsache, daß er mit diesem Konstrukt nur allzuleicht das ganze, ihm verdächtige Theorienkonvolut der Psychoanalyse mitbedenken müßte. Er suchte daher Auswege, die allerdings nicht immer ganz konsequent das vermeiden, was er offensichtlich an der Psychoanalyse nicht mochte: daß sozusagen von »außen« ein Mensch auf ihm nicht bewußte Anteile hin beurteilt wird. Das Konstrukt »unbewußt« vermeidet er ganz und gar. In der englischen Sprache gibt es einige Begriffe, die in die Nähe dessen kommen, was damit gemeint ist. »Awareness«, »to experience« oder »being unaware« sind solche Worte. Was er damit umschreibt, könnte in manchen Fällen ähnliches bedeuten wie »bewußt« versus »unbewußt«, muß aber doch im Kontext des gesamten Rogersschen Systems anders gedeutet werden. Ausgehend von den prinzipiellen Möglichkeiten der »vollen Erfahrungswahrnehmung« (siehe Seite 105) erscheinen die von Rogers gekennzeichneten Fälle von Inkongruenz zwischen organismischer Erfahrung und wahrgenommenem Selbst als mehr oder weniger kurzfristige, prozeßhaft gesehene Widersprüche in der Erfahrung, die sich auflösen lassen im Lichte der wahrgenommenen echten Beziehungserfahrung. Die schwankenden Einstellungen zum eigenen Selbst werden öfters als Zeuge herangezogen für dieses Changieren zwischen exakter Symbolisierung und Wahrnehmungsverzerrung. Allerdings gibt es natürlich auch bei Rogers das Phänomen der »Nicht-Wahrnehmung« dessen, was eigentlich gerade geschieht. Er nennt einige Abwehrmechanismen (Verleugnung, Verzerrung und so etwas wie Rationalisierung), die an der exakten Wahrnehmung hindern. Sein theoretisches Gerüst entstammt dabei vorwiegend der Wahrnehmungspsychologie, Therapiebeispiele werden oft analog zu den Wahrnehmungstäuschungen konstruiert. Auch in der Wahrnehmungspsychologie kennt man ja (vermutlich zum Schaden der Wahrnehmungslehre) das Konzept des Unbewußten nicht, weshalb Wahrnehmungstäuschungen und -verzerrungen eher psychophysiologisch oder durch die Reizkonstellation der Umwelt erklärt werden, aber keine Befragung auf irgendeinen verborgenen Sinn hin geschieht. Wenn man mit dem Konzept der Abwehr operiert (und das tut Rogers immer wieder), dann ist natürlich die Frage nach dem Warum wichtig. Hier läßt uns die Rogerssche Theorie allerdings weitgehend im Stich. Abwehr, so wird manchmal etwas vage formuliert, entsteht aus Angst (wovor?), aus Gefälligkeit gegenüber den Eltern oder anderen wichtigen Personen. Was erbringt diese etwas krampfhafte Bemühung, der Phänomenologie treu zu bleiben? Was verbirgt sie?

Ich denke, daß Rogers' Erstmotivation, mit der Psychoanalyse zu brechen, auch und gerade beim Konzept des Unbewußten sehr deutlich durchschlägt. Der Ärger über die »Besserwisserei« dessen, der mit diesem Konzept den anderen »beurteilen« kann, der also dessen Handlungsinkompetenz zementiert, steht Pate bei einem Konzept, das dem Individuum seinen eigenen Raum läßt. Es gibt hier keine prinzipiell undurchdringlichen Abgründe des Seelischen, es gibt nur die mehr oder weniger sensible Wahrnehmung für die Kongruenz innerer Bilder und seelischer Wahrnehmung. Dies scheint weniger beleidigend als das berühmte Eingeständnis Freuds, daß der Mensch nicht »Herr im eigenen Haus« sein könne – prinzipiell nie im Gesamten, und wenn überhaupt, dann nur in sehr kleinen Segmenten. Hier dem Menschen eine wesentlich höhere Kompetenz zuzugestehen ist sicherlich einer der von Rogers intendierten Vorteile. Damit aber wird verwischt, warum, in welcher Weise und mit welchem Gewinn der Mensch sich davor scheut, sich selbst zu erkennen. Das aber ist das große

Verdienst Freuds: sehr klar zu sehen, wie Menschen sich davor drücken, selbst das kleine mögliche Stück Autonomie zu erlangen, das möglich wäre. Der Sinn der Symptome, die Funktion der verschiedenen Abwehrmechanismen: all dies kann nur erkannt werden, wenn man das Konzept des Unbewußten als eines erfaßt, das in regelhafter Weise Sinn macht, weil es unter anderem auch Schmerzen erspart, die mit tief verinnerlichten Tabus verbunden sind – und sei diese Ersparnis auch nur kurzfristig und letztlich für den Menschen ein noch schwereres Kümmernis.

Auch die Gestalttherapeuten haben sich am Konzept des Unbewußten gerieben. Das Wort »Gewahrsein« (awareness) spielt auch dort eine große Rolle; allerdings ist hier eine noch schärfere Auseinandersetzung des ehemaligen Psychoanalytikers Perls mit dem Konzept des Unbewußten spürbar als bei Rogers. Ohne auf allzu viele Einzelheiten eingehen zu können, kann man vielleicht (im Sinne des Buches von Perls, Hefferline und Goodman) sagen, daß die Trennung »bewußt – unbewußt«, zumindest als eine absolute, aufgehoben wird, was aber voraussetzt, daß man Freud eine solche absolute Trennung unterstellt. Allerdings – und hier werden klare Unterschiede der Positionen konstatiert – wird die von Freud behauptete prinzipielle Unerkennbarkeit des Triebes (also seine metaphysische Qualität, siehe Seite 96) geleugnet. Es wird vielmehr behauptet, daß die Trieberregung überhaupt nicht verdrängbar sei, immer verfügbar, wenngleich mit den falschen Gedanken verknüpft. Dies entspricht ja im Grunde genau den von Freud beschriebenen Verdrängungsvorgängen, da ja auch Freud annimmt, daß wir nur »Triebabkömmlinge« erleben, die zielgehemmt sein können, dank Reaktionsbildung auf ihr Gegenteil gerichtet, und ähnliches mehr. Gestalttherapeuten sind in der Konzeption des Unbewußten, so scheint mir, besonders stark hin und her gerissen zwischen einem tiefenpsychologischen und einem phänomenologischen Ansatz. Wird an der einen Stelle betont, daß Verdrängung durch absichtliche Unterdrückung und schlichtes Vergessen entsteht, so werden doch die Freudschen Abwehrvorgänge zum Beispiel der Reaktionsbildung oder der Projektion sehr klar (und übrigens nicht besonders abweichend vom psychoanalytischen Gebrauch) beschrieben.

Wo Bewußtsein im Sinne »erhöhten Gewahrseins« beschrieben wird, wird oft davon gesprochen, wie die mit dem menschlichen Bewußtsein einhergehende wachsende Differenzierung und Vielfalt des Wahrnehmens und Denkens es schwierig machen, den Kontaktprozeß aufrechtzuerhalten. Tierisches Bewußtsein oder dasjenige der Kinder ist, verglichen damit, sehr viel unmittelbarer im Kontakt als das des Erwachsenen. Bewußtsein wird also längst nicht nur im Freudschen Sinne als etwas Erstrebenswertes gesehen. Es liegt wohl an der Ambivalenz der Gestalttherapeuten dem Modus des »sekundären Denkens« gegenüber, daß hier immer wieder versucht wird, die primärprozeßhaften Vorgänge etwa des Traumes, des Spieles, der kindlichen Halluzination als die eigentlich erstrebenswerten in den Vordergrund zu rücken. Dies gibt ihrem Begriff des Unbewußten – sofern er gebraucht wird – etwas Schillerndes: im Sinne C. G. Jungs wird Schöpferisches, Kreatives darin gesehen, im Sinne Freuds aber doch auch die Möglichkeit verdrängter Gedanken, das heißt: nicht vollzogener Kontaktprozesse, die daraus entstehen, daß eben bestimmte Gefühle und Gedanken blockiert (nicht bewußt) sind.

In gewisser Weise spiegelt diese Ambivalenz auch die beiden Strömungen der Gestalttherapie wider: einerseits diejenige, die am neurotischen Menschen (dem Patienten im üblichen Sinn) interessiert ist und sich natürlich mit den vielerlei Arten von Widerstand befassen muß; andererseits diejenige Richtung, die an der Entfaltung der kreativen Kräfte relativ gesunder Menschen interessiert ist und zu ihrer Selbstwahrnehmung im Sinn volleren Menschseins beitragen will.

Unbewußtes als Reservoir schöpferischer Kräfte zu sehen oder als Hexenkessel maßlos egoistischer und destruktiver Kräfte: das zeigt die zwei Seiten auch des romantischen Begriffs vom Unbewußten. Auch dort finden wir beide Seiten. Wo Unbewußtes nicht beachtet wird (wie in der frühen Verhaltenstherapie, zum Teil auch bei den Systemischen Therapeuten), wird allzuviel Irrationales unerklärlich, muß irgendwie wegrationalisiert oder mit einer pseudologischen Vernünftelei bekämpft werden. Therapiesysteme, die sich mit denjenigen Seelenteilen, die nicht verfügbar sind, nicht beschäftigen, produzieren allzuleicht ein etwas schales, banales Bild vom Menschen. Eines, in dem Sinn und geheime Vernunft des Unsinnigen nicht mehr aufscheinen. Wenn man dies nur noch den Dichtern und Schriftstellern überläßt, dann gerät Psychologie nur zu einem faden Abklatsch der psychischen Oberfläche, was niemanden befriedigen kann.

Wie entstehen psychische Störungen?

Therapiesysteme lassen sich auch dadurch unterscheiden, ob sie imstande sind, eine differentielle Neurosenlehre zu entwickeln. Das heißt: ob man aufgrund ihrer theoretischen Leitbegriffe imstande ist, unterschiedliche Formen psychischer Störung aus unterschiedlichen Situationen abzuleiten – meist aus vergangenen Ereignissen, oft auch noch (wie in der Psychoanalyse) aus anderen Bestimmungsstücken, die theoretisch fundiert sind, wie zum Beispiel die verschiedenen Abwehrformen oder die unbewußten Phantasien. Die Freudsche Psychoanalyse ist das Paradigma einer Theorie, die eine differentielle Neurosenlehre erlaubt. Freuds Einstellung zur psychischen Störung ist auch die eines Arztes, der bemüht ist, die Ätiologie einer jeden Krankheit aufzuklären. Dies entspricht der naturwissenschaftlichen Auffassung von Medizin bis heute. Der letzte Zweck einer medizinisch gedachten Bemühung um die Ätiologie – eine spezifische Indikation für eine ganz bestimmte Behandlung zu finden – ist jedoch auf den ersten

Blick in der Psychoanalyse nur sehr vage erreicht worden. Trotz vieler Bemühungen sind die Indikationskriterien ungenau und widersprüchlich geblieben und beziehen sich fast mehr auf soziale Eigenschaften (wie Intelligenz, Bildung, stabiler beruflicher und finanzieller Hintergrund) oder auf recht grobe Klassifizierungen der sogenannten »Ichstärke« als auf solche, die mit der Krankheit an sich zusammenhängen. So wird zwar unterschieden zwischen der Indikation zur »großen« Analyse, der zur tiefenpsychologisch fundierten Therapie (einmal wöchentlich meist im Sitzen) und der 20 bis 25 Stunden dauernden Kurztherapie. Wie aber R. S. Wallerstein 1986 nach langjährigen katamnestischen Untersuchungen feststellen konnte (und Praktiker können seine Ergebnisse immer wieder bestätigen), ist weder eine exakte Zuordnung bestimmter Patienten zu bestimmten Therapieformen noch die erwartete unterschiedliche Wirkung eindeutig nachzuweisen.

Es wäre allerdings kurzschlüssig, wollte man die Möglichkeiten einer differentiellen Neurosenlehre nur auf die Indikation beschränken. Zwar ist sie offensichtlich nicht besonders relevant für diese, noch lassen sich Neurosetyp und die determinierenden psychoanalytischen Bestimmungsstücke als allgemeinverbindliches Klassifikationsschema immer sehr gut beweisen; für die Fallbeschreibung des einzelnen Patienten ergibt die Bemühung um Klassifikation aufgrund psychoanalytisch wichtiger Determinanten aber doch noch immer wichtige Hinweise auf das Erleben des Patienten, was erlaubt, komplizierte innerpsychische Zusammenhänge zu konstruieren (Mentzos, 1993). Es zeigt sich bei dieser Problematik, daß die Kategorisierung nach Neurosetyp (also beispielsweise Zwangsneurose, Phobie) doch allzu grob ist, als daß man sie ohne weiteres mit den wichtigen Bestimmungsstücken in allgemeiner Form schon verbinden könnte. Als Heurismen bei der Behandlung sind solche Grundkategorien aber allemal wichtig. In gewisser Weise geben sie sogar Hinweise auf günstige oder ungünstige Interventionsstile – so zum Beispiel bei den als »frühe Störung« klassifizierten Neurosen.

Wie aber wird nun bei der Freudschen Psychoanalyse das »Differentielle« bei der Klassifizierung der Neurosen erreicht? Herkömmlicherweise ergibt sich dies durch die Kombination von Konfliktlage und Abwehrmechanismus. Idealtypisch gesehen heißt das: Diejenige Phase in der psychosexuellen Entwicklung, bei der sich Komplikationen ergeben haben, wird auf die bei der Bewältigung des Konflikts dominierenden Abwehrmechanismen hin untersucht. Bei der »Reaktualisierung« (also beim Auftreten einer an den ursprünglichen Konflikt erinnernden Situation) dieses Konfliktes im Erwachsenenalter treten – natürlich in veränderter Weise – die ehemals vorherrschenden Konfliktverarbeitungsmechanismen wieder auf. Das Symptom – und hier hat Freud ganz neue Wege beschritten – zeigt in symbolischer Form auf, welcher Konflikt hier stattgefunden hat. (Ein bekanntes, klassisches Beispiel: Der »Kleine Hans« hat in seiner Pferdephobie sowohl seine ödipalen Konflikte als auch – durch Verschiebung – den Abwehrmechanismus im Symptom symbolisch repräsentiert; das Pferd mit den großen Genitalien stand dabei für den gefürchtet-geliebten Vater. GW VII)

Es ergeben sich dabei bestimmte Störungs»muster«, die man mit der herkömmlichen Nosologie der Neurosen einigermaßen, wenn auch nicht immer, zur Deckung bringen kann.

Freud hat in einem langen Prozeß der Entwicklung seiner Theorie schließlich der Phantasie vor dem realen Trauma bei der Entstehung der Neurose den Vorrang gegeben. Das heißt: die Konflikte beruhen nicht unbedingt auf einem realen (traumatischen) Ereignis, sondern ebensooft oder noch öfter auf kindlichen Sexualimpulsen, die verdrängt werden. Es ist also dem Phantasieleben die gleiche Bedeutung zuzumessen wie einem (natürlich ebenfalls oft existenten) realen Geschehen. Das heißt: Das Erlebnis ist entscheidend und nicht das Ereignis (Lorenzer, 1984). Dieser

Schritt (er entspricht etwa der bekannten Abkehr Freuds von der Verführungstheorie) gilt in der Psychoanalyse als äußerst bedeutsam, da dabei die Möglichkeit der Ätiologie um vieles erweitert wird, weil der Phantasie natürlich viel weniger enge Grenzen gesetzt sind als der Realität. In manchen Neuformulierungen der Psychoanalyse, allen voran in der Kohutschen Selbst-Psychologie, wird allerdings diese Wende wieder rückgängig gemacht: Die Entstehung der psychischen Störung ist der traumatischen Erfahrung des »Nicht-verstanden-Werdens« geschuldet. Das unreife kindliche Selbst kann dadurch sein »zentrales Lebensprogramm« (Kohut, 1987) nicht verwirklichen, es kommt zu einer »Fragmentierung« des Selbst.

Als Faustregel gilt bei jeder Art von psychoanalytischem Neurosenverständnis: Je früher die Konfliktlage, desto schwerer die Neurose. Das heißt bei Freud: Wenn ein Mensch in sehr früher Kindheit vor unlösbare Konflikte gestellt wird, dann gelingt es ihm unter Umständen gar nicht mehr, die (ubiquitäre) Konfliktlage der ödipalen Phase zu erreichen – seine Störung wird dann als »prägenital« eingestuft und als besonders schwierig zu behandeln angesehen. In neuerer Zeit werden sehr früh entstandene Störungen ätiologisch prinzipiell andersartig eingestuft: Ihre Entstehungsgeschichte beruhe nicht auf der Reaktualisierung eines früheren Konflikts, sondern auf einem Entwicklungsschaden, so wird argumentiert (Defizitmodell, Hoffmann und Hochapfel, 1991). Hat man das Konzept der psychosexuellen Stufen im Kopf, dann wird man auf anderes achten, als wenn man die Entfaltung des Selbst (etwa nach Daniel N. Stern, 1992) favorisiert. Um der Homosexualität einer Patientin auf die Spur zu kommen, fragt man sich im ersten Fall zum Beispiel, auf welcher Stufe Fixierungen vorliegen könnten, also: man versucht die sexuellen Praktiken kennenzulernen. Sind sie eher auf Weichheit und Zärtlichkeit ausgerichtet, eventuell auf die Wichtigkeit der Brust? Dann wäre eine Fixierung in der frühen Zeit, zum Beispiel eine

Oralitätsfixierung, zu erwägen. Oder sind die Praktiken sadistisch/masochistisch, ist also an eine Fixierung im analen Bereich zu denken? Von solchen Fragen ausgehend, werden je spezifische Phänomene ins Licht der Aufmerksamkeit gerückt, nämlich etwa der Zusammenhang zwischen sonstigen trotzigen oder sadistischen Gefühlen und Strebungen, die Entwicklung dieser Motive und ähnliches mehr.

Konzentriert man sich hingegen auf die Entfaltung des Selbst, dann fragt man sich vielleicht eher: ob das geschlechtliche Selbst von den Eltern vielleicht nicht entsprechend hoch bewertet wurde, ob es eine Abwertung des anderen Geschlechts gab und so weiter.

Verhaltenstherapeuten wiederum würden vielleicht ähnlich wie Psychoanalytiker nach den sexuellen Praktiken fragen, die erhaltenen Informationen aber in einen ganz anderen Zusammenhang einbetten: nämlich verknüpft mit der Frage etwa, an welchem Punkt Angst und Spannung auftreten bei heterosexuellem Kontakt. Diese Informationen wiederum könnten verwendet werden, um durch entsprechende Entspannungsübungen, Konfrontationsübungen und dergleichen eine Angstreduktion zu bewirken.

Ein Beispiel aus einer psychoanalytischen Supervision möge diese unterschiedlichen psychoanalytischen Denkstile und damit verbundene Vorgehensweisen verdeutlichen:

Eine ausländische Patientin ist sehr besorgt, daß ihre Therapeutin sie – bei Zuspitzung des Rassenhasses in Deutschland – verlassen könnte. Die Therapeutin, der eine besonders entwertende Bemerkung, der die Patientin ausgesetzt war, die Tränen in die Augen treibt, weist auf ihre Erschütterung hin und beruhigt damit die Patientin. Dieser Vorgang wird in der Supervision von einem Kohutianer und einem triebpsychologisch orientierten Therapeuten kommentiert. Der triebpsychologisch orientierte weist darauf hin, daß sich hinter der Angst der Patientin, von der

Therapeutin geschmäht zu werden wie von einer Skins-Bande, ein negatives Übertragungsgefühl versteckt und daß die Therapeutin ihr mit ihrer beruhigenden Bemerkung die Möglichkeit genommen habe, sich mit dieser negativen Übertragung auseinanderzusetzen. Ein Kohutianer hingegen weist darauf hin, daß die Patientin in ihrem zerbrechlichen Selbstwertgefühl die »beruhigende Mutter« brauche, die sie vor der feindseligen Welt da draußen schützt.

In der Supervision wurden beide Möglichkeiten als gleichrangig einander gegenübergestellt – welche davon die »richtige« sei, so wurde argumentiert, hänge vom psychischen Zustand der Patientin und letztlich von der Intuition der Therapeutin ab. Auch in diesem Beispiel zeigt sich, daß die Konzepte im Kopf des Therapeuten die Auswahl der Intervention bestimmen, da oft nicht ganz eindeutig zu erkennen ist, was man einem Patienten zumuten kann und auf welcher Stufe der Aufnahmefähigkeit er sich befindet.

Otto Fenichel, ein Psychoanalytiker der zweiten Generation, hat in seiner bekannten Neurosenlehre (Fenichel, 1975) die Unterscheidung zwischen dem Defizitmodell und dem Triebmodell allerdings nicht gekannt. Er unterschied zwischen Störungsbildern aufgrund einer differenzierten Kombination von Konflikt und Abwehr: Angsthysterie, Konversionsneurose, Organneurosen (heute: Psychosomatik), Zwangsneurosen, prägenitale Konversionsneurosen (ebenfalls heute: Psychosomatik), Depression und Manie, Perversionen und Impulsneurosen, Charakterstörungen, Schizophrenie. Er befindet sich mit dieser Einteilung in einer Mittelposition zwischen psychiatrischer und psychoanalytischer Nomenklatur. Er hält sich dabei genau an die vorherrschende Konfliktlage und die damit verbundenen Abwehrmanöver. (Ein Beispiel von Fenichel: Der zwanghafte Impuls, dauernd die Bücher im Bücherregal geradezustellen, so daß sie nicht herunterfallen und geliebte Angehörige verletzen können, kann auf den feindseligen Impuls gerade gegenüber diesen Angehörigen deuten. Das wäre der Konflikt, der aber mit dem Mechanismus der Reaktionsbildung und Verdrängung abgewehrt wird; diese Kombination gebiert das Symptom, das im übrigen gerade die Gefahr für die Angehörigen wiederum verstärkt, da durch das dauernde Umräumen Bücher wieder locker werden können – ein Beispiel, wie sich im Symptom selbst Triebabkömmling [Sadismus] und Abwehr [Reaktionsbildung = das Gegenteil des Gewünschten tun] aufzeigen lassen.) Diese Einteilungen werden von modernen psychoanalytischen Neurosenlehren zum großen Teil übernommen, allerdings immer wieder mit vielen Einschränkungen beziehungsweise Erweiterungen versehen. So wird zum Beispiel die Psychosomatik um eine ganze Reihe von Störungsbildern angereichert und auch mit Hilfe objektbeziehungstheoretischer Theorien erklärt (Mentzos, 1982, Hoffmann & Hochapfel, 1991), verschiedenartige Depressionsformen werden differenziert und nicht mehr in unmittelbarem Zusammenhang mit der Manie gesehen. Es gibt noch mehr derartige Neuerungen. Vor allem aber gibt es neue Störungsbilder, die sich um sogenannte »prägenitale« Konfliktstellen herum gruppiert haben. Die bekanntesten sind die »narzißtische Neurose« und die »Borderline-Störungen« im Sinne von Kernberg. Bei beiden Formen wird vor allem auf das gestörte Identitäts- und Selbstwertgefühl sowie auf die gestörte Beziehungsfähigkeit verwiesen.

Mentzos, der Verfasser einer bekannten modernen Neurosenlehre, hat auch die sogenannten »ödipalen« (reifen) Störungen (zum Beispiel die Phobie oder die Hysterie) einer näheren Prüfung unterzogen und ist zu dem Schluß gekommen, daß diese etwas starre Einteilung in ödipale und präödipale Neurosen die Realität oft nicht trifft. Er hat daher zu den zwei Dimensionen »Konflikt« und »Abwehr« (die er Konfliktverarbeitungsmodus nennt) eine dritte eingeführt. Es ist dies die Dimension der »Ichstärke«. Eine Phobie zum Beispiel (früher immer als »reife«, also

»ödipale« Neurose bezeichnet) wird unter diesem Aspekt noch weiter differenziert in Phobien mit starkem Ichkern (das wäre dann die alte »ödipale« Neurose) und in solche mit schwacher Ichstruktur, womit sich dann eine Reihe von häufig vorkommenden Nebenstörungen und schlechter Realitätsanpassung bestimmter Phobiker erklären läßt. (So kann eine Agoraphobie bei starkem Ich dazu führen, daß sehr viele Kompetenzen entwickelt werden, um den Alltag zu bewältigen: geschickter Umgang mit Auto und Telefon etwa oder ein Netz von Freunden, die Verschiedenes erledigen. Es kann aber auch – bei schwacher Ichstruktur – dazu führen, daß ein Agoraphobiker sich ganz und gar abkapselt und es etwa nicht einmal räumlich schafft, sich vom Elternhaus abzunabeln, sondern seine alte Mutter für den Alltag sorgen läßt.)

Die Differenzierungsmöglichkeiten, die sich durch die vielfältigen Kombinationen von Konflikt und Abwehr ergeben, beziehen sich vor allem auf die herkömmlichen, eben doch noch oft als »ödipal« bezeichneten Neurosen. Sie werden auch Übertragungsneurosen genannt, weil festgestellt werden konnte, daß bei diesen Störungen Übertragungsformen gewählt werden, die dem Konfliktfokus entsprechen.

Bei den »frühen Störungen«, zu denen verschiedene Autoren auch die Psychosomatik zählen, wird allerdings diese Differenzierungsfähigkeit wieder zu einem Gutteil aufgegeben: Das Mahlersche Konzept der Pendelbewegung zwischen Angst vor und Sehnsucht nach Nähe wird dort allzu global immer wieder verwendet, um Symptome schlüssig herleiten zu können. (So werden Trennungsängste in ähnlicher Weise bei Asthma, bei Colitis, bei Ulkus oder beim Schmerzsyndrom postuliert, vgl. Hoffmann & Hochapfel, 1991; bei Mentzos, 1982, werden auch verschiedene Süchte ähnlich begründet.)

Auch bei den Ätiologiekonzepten von Kohut (der fast jede Störung auf einen Mangel an Empathie zurückführt) wird oft die

Entdifferenzierung beklagt. Dieses Konzept wird wohl zu Recht von vielen Kritikern als ein eher humanistisches (und kein psychoanalytisches) gekennzeichnet.

Denn bei Carl Rogers ist das Fehlen einer differentiellen Neurosenlehre kein Zufall mehr, nein: es macht das Wesen der Rogersschen Therapie aus. Rogers, der ja sogar die Diagnostik ablehnt (außer für Forschungszwecke), sieht in der Entstehung einer psychischen Störung immer nur eine einzige wichtige Ursache: das Fehlen der unbedingten, also an keine Forderungen geknüpften Zuwendung der Primärpersonen (vorwiegend: der Mutter). Nur diese Zuwendung erlaubt es dem Kind, seine ureigenen Erfahrungen zu machen und danach seine eigenen Wertordnungen aufzubauen. Die daraus entstehende Kongruenz von Selbstbild und Erfahrung verhilft zu einem gesunden Selbstwertgefühl. Inkongruenzen dagegen sind gefährliche Vorläufer der Neurose. Da der Mensch ein ausgeprägtes Bedürfnis nach Beachtung hat, ist er bei ungenügendem Respekt wichtiger Bezugspersonen gegenüber seinen Erfahrungen gezwungen, fortan seine Erfahrungen im Lichte fremder Bewertungen nur selektiv wahrzunehmen und dementsprechend auch ungenügend zu symbolisieren. Die Selbsterfahrungen werden dadurch verzerrt und unkorrekt in die Selbststruktur eingearbeitet. Daraus ergeben sich Verhaltensweisen, die verzerrt wahrgenommen werden müssen, um dem (ebenfalls verzerrten) Selbstkonzept genügen zu können. Dies läßt Angst entstehen; Angst aber wird wo immer möglich vom Organismus vermieden. Damit das Selbstkonzept intakt bleiben kann, müssen Abwehrmechanismen eingesetzt werden. Rogers benennt einige Abwehrformen, die auch aus der Psychoanalyse bekannt sind, wie: Verleugnung von Erfahrungen, Rationalisierung, Projektion; aber auch neurotische Symptome selbst werden unter die Abwehrmechanismen gezählt sowie – möglicherweise (wie er es vorsichtig ausdrückt) – auch psychotische Zustände.

Wenn bei einem Menschen ein hohes Ausmaß an Inkongruenz

von Selbst und Erfahrung vorliegt und der Abwehrprozeß nicht mehr genügend Kraft hat, dann wird die Inkongruenz korrekt wahrgenommen, und die Selbststruktur kann, wie beim Psychotiker, zerbrechen. Neurotische Verhaltensweisen sind dadurch gekennzeichnet, daß (durch noch einigermaßen funktionierende Abwehr) das Selbstsystem mit all seinen Verzerrungen inklusive Symptomen die Herrschaft behält. In der Psychose und/oder in schweren neurotischen Zusammenbrüchen gewinnt die unterdrückte Erfahrung die Oberhand, wird jedoch falsch symbolisiert. Rogers wollte diesen Teil seiner Theorie, der ja gewisse Ansätze einer Differenzierung der psychischen Störung enthält, noch weiter überarbeiten, hat es aber nie getan. Seine Nachfolger haben häufig Anleihen bei der Psychoanalyse gemacht und sprechen oft ganz unbekümmert von Borderline-Störungen und narzißtischen Neurosen, ohne daß aber dahinter irgendein differentielles Ätiologie-Konzept steht.

Da die positive Zuwendung in jeder Phase der Entwicklung vorenthalten werden kann und Rogers kein phasenspezifisches Entwicklungskonzept kennt, kann auch keine Spezifität dieser »Inkongruenzen« konstatiert werden. Inkongruenzen gibt es bei allen Menschen (niemand vermutlich kann erzogen werden, ohne daß wichtige Personen seine Erfahrungen ablehnen), die Unterschiede sind graduell. Dies entspricht zwar auch der Freudschen Vorstellung: daß diejenigen Konflikte, die krank machen, auch bei Gesunden wirksam sind, allerdings in anderer Weise bewältigt werden. Bei Rogers aber ist die Unterscheidung nicht mehr durch so etwas wie »Sublimierung«, »Ichschwäche oder -stärke« oder »angeborene Triebstärke(-schwäche)« gewährleistet. Die Übergänge von gesund zu krank sind unmerklich; Menschen müssen selbst bestimmen, ob sie sich gesund oder krank fühlen – nur ihre eigene Wahrnehmung ist ausschlaggebend. Sie spüren selbst, wenn sie »inkongruent« leben – Symptombildung ist dadurch zwar möglich, aber nicht einziges Kennzeichen der psychischen Störung und nicht Hinweis auf irgendeine besondere Konstellation von Inkongruenzen. Diese Vorstellung von psychischer Krankheit ist geprägt von der modernen Idee der Entfremdung (das Wort wird bei Rogers selbst mehrere Male gebraucht). Entfremdung, ein ursprünglich philosophischer Begriff, der sich auf ein im Kapitalismus zugespitztes gesellschaftliches Verhältnis von Personen und den von ihnen hergestellten Produkten bezieht, wird in der Humanistischen Psychologie psychologisiert und individualisiert. Schon Erich Fromm und Herbert Marcuse haben ihn zwar in ähnlichem Sinn gebraucht, bei Rogers aber bildet er den Hintergrund seiner ganzen Theorie über den Menschen. Entfremdung des Selbst von seinen Erfahrungen (die Übernahme sekundärer Werte) ist konstituierend für eine Welt der »gemachten« Bedürfnisse, wobei die Freizeitangebote eine besonders große Rolle spielen. Auch aus diesem Grund wohl erfreut sich die Humanistische Psychologie großer Beliebtheit: Menschen von heute erkennen sich und ihre Probleme darin oft besser wieder, als sie dies bei den traditionellen Psychoanalytikern tun. Es ist nämlich einfacher, in einer rein phänomenologisch ausgerichteten Psychologie zu Déjà-vu-Erlebnissen zu gelangen: Bekannte Phänomene werden ja nicht hinterfragt, sondern prima facie als sich selbst erläuternd akzeptiert. Demgegenüber ist die tiefenpsychologische Betrachtungsweise in ihrer phänomenfernen entlarvenden Brutalität sehr viel weniger selbstevident. (Es ist ein Unterschied, ob der Zwangsneurotiker, der seine Lieben vor tödlichen Gefahren »beschützen»« will, als übertrieben liebevoll und ängstlich oder als latent feindselig und mörderisch angesehen wird, selbst wenn man herausarbeiten kann, daß seine Beschützerrolle für die Angehörigen unangenehm ist.)

Gestalttherapeuten haben zwei Zugänge zur Erkundung der psychischen Störung. Der eine, allgemeinere, ist den humanistischen Vorstellungen nahe: er entdifferenziert, gibt nur allgemeine Bedingungen an. Der andere aber – ziemlich unausgearbeitet, doch durchaus zukunftsträchtig – kann durch die Kombination von Kontaktprozeß und Blockierung differentielle Bedingungen, wenn auch nicht für die Entstehung, so doch für die aktuelle Ausformung und Beschreibung von Neurosen angeben.

Was aber ist die allgemeinere, von beiden Richtungen geteilte Vorstellung von psychischer Krankheit?

Krankheit ist (nach Krisch, 1992) die Unterbrechung des natürlichen Lebensprozesses, der in der immer neuen und situationsangepaßten Erfahrung besteht; sie ist die Störung des Wachstums infolge Kontaktblockierung. Wenn ein Mensch diesen Prozeß laufend blockiert, belastet er sich mit mehr und mehr unerledigten Situationen, die ihn immer weniger zu seinen eigenen Bedürfnissen kommen lassen. Der Lebensprozeß kann dann nicht befriedigend weitergehen. Der durch befriedigende Kontaktzyklen hervorgerufene homöostatische Zustand wird vom kontaktgestörten Menschen laufend unterbrochen, neue Bedürfnisse können nicht adäquat erspürt werden.

Eine Gruppe von Gestalttherapeuten, die sich in ganz besonderer Weise auf die sogenannte »Ostküstentheorie« beruft, versucht aber, diese Störungslehre noch weiter zu differenzieren (siehe *Gestalttherapie* 2/1988). Die meisten von ihnen gehen recht unbefangen mit psychoanalytischer Begrifflichkeit um, beschreiten aber dann doch auch eigene Wege, um zu einem Verständnis verschiedener Störungen zu gelangen. Vor allem narzißtische Störungen und Borderline-Störungen sind es, die diese Therapeuten interessiert haben. Sie versuchen herauszufinden, an welcher Stelle des Kontaktprozesses der Kontakt bei bestimmten Störungen mit welchen Mitteln und aus welchen Ursachen jeweils unterbrochen wird. So zeigt zum Beispiel Dreitzel (1988) für die narzißtischen Störungen, daß die Angst vor Autonomieverlust sich vor allem beim vollen Kontakt zeigt, wo Blockierungen wie Projektion und Introjektion das Erlebnis des Verschmelzens blockieren. B. Müller (1988) setzt vor allem die Retroflexion als wichtigsten

Kontaktunterbrecher der narzißtischen Neurose ein. Auf dieser Basis könnte offensichtlich noch einiges geleistet werden, merkwürdigerweise sind bisher nur wenige Anregungen von dieser Seite aufgegriffen worden.

Natürlich kann man nicht übersehen, daß dann die oft künstlich aufgebauschten Abgrenzungen zur Psychoanalyse hinfällig werden. Begriffe wie »Narzißmus« sind in der psychoanalytischen Tradition geboren und tragen noch immer den Stempel der Triebtheorie – auch wenn man sich im gestalttherapeutischen Lager eher auf Kohuts Selbst-Psychologie beruft.

Im Prinzip scheint aber – vom gestalttheoretischen Vokabular her betrachtet – eine differenzierende Betrachtung der psychischen Störungen durchaus möglich. Solange es allerdings keine gestalttherapeutische Entwicklungspsychologie gibt, bleibt die Genese der Störungen im dunkeln. Dies scheint für den Gestalttherapeuten weniger wichtig, da ihm die »Einsicht« in die eigene Biographie kein großes Anliegen ist. Es wird aber dafür im aktuellen Geschehen dauernd im Detail diagnostiziert und dementsprechend gearbeitet. Die Gestalttherapie ist in ganz besonderer Weise (mehr als die Psychoanalyse und mindestens ebenso stark wie die Verhaltenstherapie) eingebunden in einen Prozeß dauernder Diagnostik, da der Therapeut ja immer wieder versucht, seine Interventionen den jeweiligen Kontaktzyklen und ihren Unterbrechungen anzupassen. Dies verlangt eine immerfort wache Aufmerksamkeit darauf, was im Kontakt eben gerade »passiert«, so daß die Störungen im Kontakt auch diagnostisch gefaßt und therapeutisch fruchtbar gemacht werden.

Lerntheorien (Verhaltenstherapien) haben zum Problem der psychischen Störung einen ganz anderen Zugang. Die psychische Störung ist gelerntes Verhalten (Erleben) wie jedes andere auch. Die wichtigsten Fragen sind die nach der auslösenden Bedingung sowie nach den aufrechterhaltenden Konsequenzen dieses Verhaltens. In der sogenannten S-O-R-C-K-Formel wird dies klar symbolisiert. Zwar gab es im Laufe der Jahre viele Versuche, diese Formel zu differenzieren, aber zum Zwecke der Anschauung bleibt sie in ihrer ursprünglichen Form nach wie vor sehr wichtig. Der Stimulus (S) steht für die auslösende Situation, das »O« bedeutet »Organismus« und soll nur den Ort bezeichnen, an dem der Stimulus auftritt (in den seltensten Fällen wurde der Organismus als realer Körper allerdings wirklich in Betracht gezogen), das »R« steht für »Reaktion«, ist also die umfassende Formel für alles, was es an psychischen Störungen gibt, »C« bezieht sich auf die Konsequenzen des Verhaltens, und »K« bezeichnet die Verstärkerschemata (Schulte, 1974).

Dies ist ein sehr simplifiziertes Bild der psychischen Störung in ihrem Umfeld, wobei die Einfachheit der Formel einen sehr klaren Umgang mit der Störung ermöglicht – die Differenzierungen sind dann Sache des Therapeuten und seines Geschicks. So sind zum Beispiel die Auslösereize für einen Zwang oder eine Phobie sicher nicht in ein, zwei Sätzen zu erfragen, wenn man als Verhaltenstherapeut wirklich sorgfältig vorgehen will. Jede Nuance der Auslösesituation muß beachtet werden, also: wann, unter welchen spezifischen Bedingungen, bei Anwesenheit welcher Personen, in welchen Räumlichkeiten und so weiter und so fort treten zum Beispiel Ängste oder Zwänge auf, und: Was tun dabei bestimmte andere Menschen? Welche Gedanken treten dabei auf? Welche Strategien werden entwickelt, um der Angst zu entgehen?

Frederick Kanfer (1974) hat ein genaues Manual ausgearbeitet (und letztlich berufen sich alle anderen Diagnostikmanuale darauf, auch wenn sie ein wenig differenzierter vorgehen), um die Störung in ihrem Umfeld mit allen Konsequenzen und mit ihren Schwankungen einzufangen. Auch die Entwicklung einer Störung gehört dazu – obwohl gerade dies relativ wenig beiträgt zur Behandlung. Denn – und das unterscheidet die Verhaltenstherapie von allen anderen Therapieformen – diese sehr genaue Phänomenologie der Störung dient einem klaren Zweck, nämlich dem Aufstellen eines präzisen Therapieplanes. Hier wird Diagnostik im allerengsten und schärfsten Sinn indikationsleitend. Es hängt von der genauen Art der Konsequenzen einer störenden Verhaltensweise ab, mittels welcher Strategien der Therapeut eingreift, um diese Konsequenzen zu verhindern. Jede Nuance der Auslösesituation wird überlegt, um sie – sofern sie in respondent-konditionierender Weise zum Symptom beiträgt – wieder zu dekonditionieren. So wird zum Beispiel bei der bekanntesten Methode der Verhaltenstherapie – der Systematischen Desensibilisierung – beim Aufstellen der sogenannten »Angsthierarchie« (= Auflistung aller Situationen, die Angst auslösen, nach ihrem Schweregrad) jede Kleinigkeit der zuvor in der Diagnostikphase gewonnenen Erkenntnisse über die Auslösesituation verwendet, um die Sammlung der angstauslösenden Situationen wirklich komplett zu machen. Dies bedeutet natürlich eine vollkommen andere Betrachtung der Diagnostik-Informationen als in allen tiefenpsychologischen Diagnostikinterviews (siehe Seite 225). Dort wird vor allem auf die mögliche Symbolik einer Störung geachtet, damit der Therapeut sich darüber ein Urteil bilden kann, welche zentralen Konflikte mit welcher Abwehr hier am Werke sind. Dies bedeutet aber wiederum eine Vernetzung der Informationen im System der Psychoanalyse insgesamt. Verhaltenstherapeuten gehen sehr viel detaillierender, aber auch konkretistisch-isolierend vor. Allerdings – darauf wird immer wieder verwiesen, wenn von Integration oder gemeinsamen unspezifischen Therapievariablen die Rede ist – die sehr sorgfältigen Überlegungen, die ein Verhaltenstherapie-Klient anstellen muß, geben sicher sozusagen unter der Hand therapeutisch nützliche Reflexionsmöglichkeiten und werden von den Patienten nicht nur zu Zwecken der Indikation und Therapieplanung benutzt.

Die psychische Störung, die ja nicht anders betrachtet wird als jedes andere gelernte Verhalten, wird so ihrer Besonderheit, gar ihres symbolischen Charakters enthoben. Lernen kann jederzeit stattfinden – allerdings ist es durchaus möglich, daß in sehr früher Kindheit bestimmte Prägungen schneller geschehen und hartnäckiger weiterbestehen als in späteren Zeiten. Insofern ist auch in der Verhaltenstherapie die Kindheit ein bevorzugter Ort der Entstehung einer Störung – allerdings ist damit nicht unbedingt mitgegeben, daß sie daher auch besonders schwer zu beheben ist. Kognitive Therapeuten zentrieren ihr Krankheitsverständnis auf die »Irrationalität« von Einstellungen und Ideen. Die Irrationalität macht krank. Diese gilt es zu korrigieren. Was jeweils rational oder irrational ist, läßt sich aber bekanntlich nicht absolut festlegen. So begnügen sich die Kognitiven Therapeuten (Beck, Ellis) damit, bestimmte Alltagsweisheiten zur Basis ihrer Therapie zu machen. Wenn einer beispielsweise »zu sehr« und »immerfort« gelobt und geliebt werden will, wirkt sich das auf seine Gefühle negativ aus, weil niemand dauernd geliebt wird. Dies muß der Therapeut dem Patienten klarmachen. In diesem System wird die psychische Störung im Grunde genommen nur beschrieben; eine Begründung, warum bestimmte »Irrationalitäten« immer wieder auftauchen, kann nur unter Hinweis auf das »Gelernte« gegeben werden. Überlegungen, ob an der Oberfläche des Bewußtseins erlebte und festgestellte irrationale Einstellungen unter dem Aspekt der unbewußten Wünsche oder auch nur der Funktion für ein System (und sei es das Persönlichkeitssystem!) als durchaus »rational« betrachtet werden können, werden nicht angestellt.

Es wurde schon oft dargelegt, daß systemisch denkende Therapeuten einen völlig anderen Zugang zur psychischen Störung haben: Nicht das einzelne Individuum, sondern das System, in dem sich einer befindet, ist »gestört«. Ein einzelnes Mitglied ist nur sozusagen »ausersehen«, dieser Störung Ausdruck zu geben, indem es sich selbst gestört verhält. (Warum gerade dieser einzelne es ist? Auf diese Frage können Systemiker meist keine oder nur sehr unbefriedigende Antworten geben.)

Wenn das System, meist ist es das Familiensystem, nicht mehr in der »richtigen« Art im Gleichgewicht ist (indem zwischen den einzelnen ordentliche Grenzen gezogen, falsche Koalitionen vermieden werden und die Subsysteme richtig funktionieren), dann entsteht an einer Stelle im System eine Störung, durch die das Gleichgewicht gewahrt werden soll (Beispiel: Das kranke Kind hält Vater und Mutter in der gemeinsamen Sorge zusammen!). Die Störung wird also entindividualisiert, ihrer Symbolik enthoben und nur noch in ihrer Funktionalität gesehen. Diese Störungen werden aufrechterhalten durch falsche Bedeutungsgebungen (zum Beispiel: »Unser Kind hat die schlechten Eigenschaften der Großmutter geerbt«) und durch ein Interaktionsgefüge, das geeignet ist, die freien Entscheidungen des einzelnen zu beschneiden.

Funktionalität der Störung wird natürlich auch in anderen Systemen thematisiert – am meisten in der Verhaltenstherapie. Dort sind die »Konsequenzen« des Verhaltens im Grunde gleichzusetzen der »Funktion« – nur daß es eben nicht immer nur die Funktion für das System ist, die hier angesprochen wird. Es kann ein störendes Verhalten durchaus aufrechterhaltende Konsequenzen für den einzelnen haben, in seiner Funktion also auf das Individuum beschränkt bleiben. Der systemische Blickwinkel gibt aber hier wesentlich mehr Aspekte frei, als die traditionelle Verhaltenstherapie kennt. Aber auch in verschiedenen tiefenpsychologischen Richtungen wird die Funktion (neben dem Symbol) des Symptoms immer wieder einmal angesprochen: es ist das, was als »sekundärer Krankheitsgewinn« fungiert. Allerdings wird dieser sekundäre Krankheitsgewinn in der Psychoanalyse nicht so konsequent verfolgt – und daher therapeutisch in Betracht gezogen – wie in anderen Therapiesystemen. Welche Bedeutung haben diese Unterschiede?

Psychische Störung als gelerntes Verhalten zu betrachten, das eine bestimmte Funktion hat (unter Auslassung jeder symbolischen Dimension), kann man getrost als eine Erleichterung für den Patienten und den Therapeuten ansehen. Das Auffinden einer Ebene darunter (oder: dahinter) ist nicht nur beschwerlich, sondern auch verunsichernd. Das Konzept des gelernten Verhaltens hingegen gibt Sicherheit. Ihm unterliegt eine geradlinige Sozialisationstheorie, in der Umwelt und Individuum reibungslos ineinandergreifen. Auch wenn die Sozialisation zu schmerzlichen Ergebnissen geführt hat: man kann sie nachvollziehen, und sie ist im Prinzip begreifbar. »Böse Eltern haben böse Kinder«, so könnte die schlichte Formel lauten, die das eigene Unheil klarmacht. Auch wenn in kognitiven Lerntheorien konzediert wird, daß die subjektive Verarbeitung dabei eine Rolle spielt: Gesetzmäßigkeiten dieser Verarbeitung sind nicht bekannt und können (wie dies auch die Kognitivisten tun) nur wiederum auf die Lerngeschichte zurückgeführt werden.

Anders bei den tiefenpsychologischen Theorien. Hier sind einige Kräfte am Werk, die nicht so leicht zu fassen sind. Die Mächtigkeit der Triebe, die subtilen Gefahren, die von den »Bruchstellen« der Entwicklung (in der analen oder der ödipalen Phase zum Beispiel) ausgehen – all dies ist in seiner Verflochtenheit von Realität, Phantasie und Biologie schwer zu durchschauen und daher gefährlich.

Demgegenüber machen es auch die Humanistischen Psychologen in der Rogersschen Tradition den Patienten und ihren Behandlern relativ leicht. Ein einziges Prinzip genügt: »mehr Liebe« würde man in Alltagssprache sagen. Auch hier finden wir nichts mehr von den dunklen Mächten des Triebes und der Phantasie, die sich – oft fast neben der Realität – unabhängig machen können. Die Erforschung dessen, was in der Psychoanalyse die »Latenz« genannt wird, erübrigt sich damit, wenn man Rogers' Prinzipien wirklich folgt. In der Alltagspsychologie scheinen sich vor allem die sozialisationstheoretischen Erklärungen (neben einigen Elementen der Tiefenpsychologien) zu erhalten. Daß ein Mensch neurotisch ist, weil er »verwöhnt«

wurde oder »vernachlässigt« oder nicht die richtige Dosis Liebe empfangen hat, leuchtet sehr schnell ein. Die lerntheoretische Sprache ist zu wenig geläufig, als daß sie in der Alltagspsychologie Verwendung fände – im Prinzip aber sagt sie ähnliches aus und hätte obendrein den Vorteil, daß sie sehr viel spezifischer bestimmte Störungen herleiten könnte.

Das von der humanistischen Psychologie postulierte Prinzip »mehr Liebe« oder auch »Echtheit« in der Beziehung hatte aber durchschlagenden Erfolg – nicht nur in den Erziehungsvorstellungen, sondern auch in den Partnerschaftsphantasien. Es knüpft an literarische und religiöse Traditionen an. »Durch Liebe gerettet werden«: das ist ein literarisches Motiv von fast archetypischem Charakter. Der Topos von der »heilenden Beziehung« ist sehr alt, moderne Psychotherapien können in ihren therapeutischen Systemen auf Altbekanntes, das sich in der Belletristik findet, zurückgreifen. Schon der mittelhochdeutsche Dichter Hartmann von Aue (1160–1210) hat in seinem Epos »Der arme Heinrich« das Thema in einer archaischen Form verwendet: Ein unheilbar kranker Mann kann nur gerettet werden durch das Blut einer Jungfrau, die sich für ihn töten läßt. Als die ihn liebende Pächterstochter dazu bereit ist, überwältigen den »armen Heinrich« seinerseits Liebe und Rührung, und er verzichtet auf diese grausame Art der Rettung. Die nunmehr beiderseitige Liebe erweicht Gott, und er läßt Heinrich gesunden. Im Laufe der Jahrhunderte wird, abgewandelt im jeweils zeitgenössischen Sinne, das Thema immer wieder bemüht. Frauen begleiten in läuternder Art den Lebensweg der Helden von Entwicklungsromanen (»Der grüne Heinrich«, »Wilhelm Meister«), Frauen sind immer wieder bereit, um ihrer Liebe willen zu verzeihen und den geliebten Mann zu retten. So ist es Kittys ruhige und nie versagende Liebe, die (in »Anna Karenina« von Tolstoi) dem dauernd zweifelnden, eifersüchtigen und suchenden Lewin zur inneren Ruhe verhilft; Sonjas Liebe verdankt Raskolnikow (»Verbrechen und Strafe« von

Dostojewski) sein Seelenheil. Die Liste der literarischen Beispiele ist lang.

Auch der Trivialroman verdankt seine Spannung sehr oft der Rettung durch Liebe. Der in den dreißiger Jahren vielgelesene Roman »Die Heilige und ihr Narr« von Agnes Günther zum Beispiel hat unzählige junge Frauen und Mädchen gerührt: Das »Seelchen«, das den etwas ungeselligen und glaubenslosen Junggesellen Harro durch seine reine Liebe zum Glauben bringt, besiegelt dies sogar durch seinen Tod. Harro bekehrt sich an ihrem Sterbelager.

Es ist also nicht verwunderlich, daß die Kohutsche Neurosenlehre, die den Mangel an Empathie als Ursache jeder Störung ansieht, auch unter Psychoanalytikern sehr rasch viele Anhänger gefunden hat. Nicht nur vermeidet sie die vielleicht manchem allzu anstößige Triebtheorie Freuds: Sie bindet sich auch ein in eine einfachere und griffigere Denkform mit alter Tradition, die dazu noch den Vorteil hat, sich mit den modernen Vorstellungen von Identitätsbildung durch Interaktion zu treffen. Davon soll im dritten Teil noch die Rede sein (vgl. Seite 258 f.). Sicher ist es nicht falsch, wenn man davon ausgeht, daß in einer Therapie, egal welcher Schulrichtung, es ganz wesentlich auf die Qualität der Beziehung ankommt, ob ein Mensch Hilfe und Selbsterkenntnis dadurch gewinnen kann. Es ist aber nicht egal, in welcher Form diese Beziehung vom Therapeuten konstelliert wird. Ob eher pädagogisch-übend oder auf unbewußte Strebungen gerichtet: wir müssen davon ausgehen, daß das Ergebnis – unabhängig vom Verschwinden von Symptomen – einen jeweils anderen Zugang zur eigenen Person bedeutet. Von Freud selbst allerdings gibt es eine Warnung vor diesem Rettungsversuch. In seinem Aufsatz über den Narzißmus hat er die »Heilung durch Liebe« beschrieben. Zwar war er immer davon überzeugt, daß die volle Liebesfähigkeit mit psychischer Gesundheit in eins falle. Wo aber das Heil im »Geliebtwerden« gesucht wird, da, so meint er, ist meist eine narzißtische Objektwahl wahrscheinlich. Diese aber bringt wiederum die Gefahr »einer drückenden Abhängigkeit von diesem Nothelfer mit sich« (GW X, S. 169).

Therapiemethoden: kunterbunt oder geordnet?

Wie wirken sich all die vielen, teils ähnlichen, teils sehr unterschiedlichen Konzepte der Beziehung, des Menschenbildes oder der Therapieziele auf die Gestaltung der Therapien aus? Mit welchen Formen der Intervention muß ein Patient rechnen, wenn er sich zum Psychoanalytiker oder zum Verhaltenstherapeuten oder zum Gesprächstherapeuten begibt?

Es gibt viele »Markierungsworte«, um die einzelnen Therapien voneinander zu unterscheiden. Für die Psychoanalyse wären dies zum Beispiel: »Rückkehr in die Kindheit, Deutungen«, für die Verhaltenstherapie: »Übungen, Konfrontation«, für die Gesprächspsychotherapie: »Empathie und Verbalisierung«, für die Gestalttherapie: »Heißer Stuhl und Experiment«, für die Systemische Familientherapie: »Koevolution und Zirkularität«.

Obwohl nicht ganz falsch, sind solche Markierungen doch auch irreführend, weil sie suggerieren, ein Psychotherapeut der entsprechenden Schule täte all dies ausschließlich und immerfort, so als kennte er gar keine anderen Interventionsmethoden.

Dies hat vermutlich nie gestimmt. So haben wir eine Reihe von Berichten über die von Sigmund Freud durchgeführten Analysen, in denen er sich keineswegs an die von ihm selber postulierte Abstinenz hielt, sondern Patienten zum Essen einlud oder ihnen Geld lieh und über seine Bücher diskutierte. Davon aber ganz abgesehen, ist es vor allem in der heutigen Zeit der Therapieschulenvielfalt wohl unmöglich für einen Psychotherapeuten, nicht auch mit ganz anderen Methoden in Berührung zu kommen und sich davon beeinflussen zu lassen. So ist vielen Gestalttherapeuten oder Verhaltenstherapeuten die Befassung mit der Biographie wichtig; Interpretationen sind in jeder Therapieform möglich (wobei vor allem die Deutungen der Abwehrstrategien, die ja viel leichter zugänglich sind als die Deutungen der Motive, im Vordergrund stehen); auch Analytiker verweisen auf die Möglichkeit bestimmter Verhaltensübungen. Die Reihe ließe sich leicht fortsetzen.

Natürlich gibt es in jeder Therapieschule auch Puristen, sie dürften aber in der Minderzahl sein.

Unterscheiden sich also die Therapieschulen in dem, was sie tun, gar nicht so sehr voneinander? Ich denke, daß sie es auf die Dauer doch tun – wenn man auch vielleicht nicht in jeder einzelnen Therapiestunde ganz große Unterschiede bemerkt.

Eine besondere Rolle spielt die große Analyse. Nicht nur die große Zeitmenge, die zur Verfügung steht, sondern auch das besonders vielfältige theoretische Gerüst, das die Interventionen leitet, kommt hier besonders effektiv zum Einsatz und bringt den Patienten zu Einsichten, die in anderen Therapieformen kaum zustande kommen. Am wichtigsten ist dabei wohl das (meist durch Deutungen erfolgende) Gewahrwerden der unbewußten Wünsche (»Triebdeutungen«), die aber zeitlich recht spät liegen. Manche Psychoanalytiker meinen, daß vor dem ersten Analysejahr solche Deutungen meist ungehört verhallen. Daß in der Latenz des Unbewußten das pure Gegenteil von dem, was dem Bewußtsein zugänglich ist, lauern kann, wird nirgends so klar zu erkennen sein wie in der großen Analyse.

Daß beispielsweise eine überbesorgte und ängstliche Mutter in der Tiefe ihres Unbewußten Haß und Neid auf die Tochter empfinden kann, ist eine allzu schmerzliche Erkenntnis, als daß sie so ohne weiteres zugänglich wäre. Sehr sorgfältiges Bloßlegen zum Beispiel von Träumen (»da lag eine völlig zerfetzte Puppe, so ähnlich wie die Puppe, die meine Tochter als Dreijährige hatte, im

Rinnstein«), von merkwürdigen Verhaltensweisen (etwa die Mutter, die ihrer übergewichtigen Tochter immer wieder Schokolade schenkt, »weil das Kind die doch so gerne ißt«), nebenbei hingeworfenen Erzählungen: (»da habe ich ihren Schulfreund zum Tee eingeladen, damit er nicht so lange alleine in ihrem Zimmer warten muß, dabei habe ich gemerkt, daß er gar nicht so unzugänglich ist, wie Katherina immer sagt«): das alles führt langsam und unterbrochen von heftiger Abwehr (plötzlich wird in der Tochter nur noch Positives gesehen) zu der Erkenntnis: »Ja, ich bin auch wütend auf sie, weil sie mich am eigenen Leben hindert, weil sie jünger und begehrenswerter ist, weil sie mich in die Ehe gezwungen hat« und was dergleichen Gründe mehr sein können. Ob eine solche Deutung stimmt (die der Therapeut sicher nicht sehr schnell ausspricht, womöglich mit so viel langsamer Vorbereitung, daß die Patientin sich alles selbst zusammenreimt), läßt sich nur dann mit ziemlicher Sicherheit sagen, wenn die ängstliche Überbesorgtheit verschwindet, wenn die Mutter der übergewichtigen Tochter eventuell auf eine Diät drängt.

Die Rückführung dieser aggressiven Gefühle auf kindlichen Neid (etwa auf eine attraktivere und geliebtere Schwester) ist dann ein weiterer Schritt, der durch genaue Kenntnis der Biographie möglich wird. Sehr, sehr selten geschieht eine derartige Erkenntnis im »Erleuchtungsstil«. Medienwirksame Therapieberichte von plötzlichem Bewußtwerden verdrängter Erlebnisse sind in der Therapierealität ungemein selten. In den meisten Analysen kommen sie nie vor. Das »Bewußtwerden von Unbewußtem« ist sehr viel unspektakulärer: es verlagern sich Schwerpunkte, vieles bekommt sozusagen eine neue Färbung. Um beim obigen Beispiel zu bleiben: Die besorgte Mutter wundert sich über ihren Traum von der Puppe, ihr fällt ein, daß sie sich immer über die sorglose Behandlung des Spielzeugs durch ihre Tochter geärgert hat, dabei kommen ihr noch andere negative Geschichten in den Sinn; dies wird aber wieder fallengelassen; die Schwester als Neidobjekt taucht auf, vielleicht hat sie in der Sicht der Patientin immer die besseren Spielsachen bekommen. Es taucht der Gedanke auf: »So gut, wie meine Tochter es hat, möchte ich es als Kind auch gehabt haben.« All dies und noch viel mehr zusammengenommen ergibt erst langsam das Bild einer Mutter, die solche Angst vor ihren aggressiven Gefühlen der Tochter gegenüber hat, daß sie sich durch dauernde Ängstlichkeit und Besorgtheit davor schützen muß, dies wahrzunehmen.

Ein weiterer Gesichtspunkt spielt ebenfalls eine wichtige Rolle: daß nämlich, sofern dieser Neid in ihrem Leben wirklich eine große Rolle spielt, auch die Therapeutin (der Therapeut) einbezogen wird in das Geschehen. Bemerkungen über einen »sicher sehr teuren« Ledersessel tauchen auf; Vorstellungen davon, daß die Therapeutin wohl sehr viele Männerbekanntschaften hat; Ärger über eine verlegte Sitzung und der Verdacht, die Therapeutin hätte eine interessantere Patientin ihr vorgezogen. Solche irrationalen und peinlichen Gedanken werden – dem Gebot »alles aussprechen« zufolge – langsam frei. Sie summieren sich auf. Die Therapeutin kann irgendwann deutlich spüren, daß sie nun aus einer idealisierten Position herausgedrängt wird: Der Neid zeigt sich in kleinen Vergeßlichkeiten. Die Patientin zahlt ihr Honorar nicht pünktlich, oder sie verschläft eine Stunde. Irgendwann spricht die Therapeutin dies an und gibt möglicherweise wiederum einer kleinen neuen Erkenntnis Raum: daß dieser Neid immer schon da war, daß er eigentlich auf jede Frau gerichtet werden kann. Vielleicht läßt sich dahinter auch der Neid auf die Mutter ausmachen: die ihr die Liebe zum Vater verstellt hat, die sie dauernd in den Schatten stellte.

Arbeiten Psychoanalytiker auf der Basis »eine Sitzung pro Woche« (tiefenpsychologisch fundierte Psychotherapie), dann sind im Prinzip zwar ähnliche Erkenntnisse möglich, aber sie sind weniger wahrscheinlich, weniger deutlich. Die freie Assoziation läßt sich viel schlechter durchhalten, wenn zuerst einmal die

»Wochenneuigkeiten« erzählt werden; die Erkenntnisse, die sich aus der Gegenübertragung ergeben, sind oft nicht ganz so klar. Es ist daher auch mit dem Repertoire der Gesprächspsychotherapie schwieriger, in Gefilde wie die oben beschriebenen vorzustoßen. Viel eher läßt sich beim empathischen Mitgehen und bei der Verbalisierung von Gefühlen durch den Therapeuten (die Therapeutin) entdecken, daß die Patientin im obigen Beispiel durch ihre große Angst immer wieder gelähmt wird, daß diese große Angst etwas zu tun hat mit der ängstlichen Besorgtheit, die auch die Mutter der Patientin hatte, daß sie also ihre Mutter nachahmt, auch daß sie mit ihrer Angst das Kind lähmt und ihm Autonomie nimmt; ebenso: daß die Patientin kein großes Vertrauen hat, ihr Leben und das ihrer Kinder werde schon richtig laufen. Dies und noch sehr viel mehr sind Erkenntnisse, die die Einsicht der Patientin sicher erweitern, die ihr auch neue Handlungsmöglichkeiten eröffnen. Die bewußtseinsfähigen Phänomene können also zergliedert, auf ihre Intentionen hin aufgedeckt und auch im kausalen Modus (siehe Seite 84 f.) erklärt werden. Das wirklich Furchterregende, nämlich die eigene Grausamkeit und Aggression: das kann auf dieser Ebene der Interventionen (und das heißt auch immer: basierend auf den theoretischen Konstrukten) schwer erkannt werden. Ob und wie das einen beabsichtigten »Heilerfolg«, sofern ein solcher intendiert ist, beeinflußt, ist nach wie vor nicht zu klären. Wir wissen mit Sicherheit, daß viele Menschen auch von der Art der bewußtseinsnahen Aufklärung sehr viel profitieren können. Dies zeigen uns Patienten-Aussagen und statistisch angelegte Therapie-Erfolgsstudien immer wieder. Was es letztlich ausmacht, wenn auch unsere tiefsten und verborgenen Wünsche ans Tageslicht gezerrt werden: das ist nach wie vor nicht ganz klar. Klar ist nur, daß es gerade in der Moderne viele Menschen gibt, die das Bedürfnis nach dieser Art Aufklärung ganz offensichtlich haben und sich nicht begnügen mit bewußtseinsnahen Zergliederungen ihres Zustandes.

Können wir uns auch einen Gestalttherapeuten vorstellen, der jene überbesorgte Mutter behandelt? Sicher hätte er viele Möglichkeiten, mit dem Problem umzugehen. Vielleicht gibt er sich gar nicht mit dem ihm von der Mutter dargebrachten Problem explizit ab. Er durchmustert vielmehr seine Beziehung zur Patientin und sieht zum Beispiel, daß sie den Kontakt zu ihm jedesmal an einer ganz bestimmten Stelle abreißen läßt, indem sie einen Anfall von Angst bekommt. Sicherlich macht er sie irgendwann darauf aufmerksam und versucht klarzustellen, an welcher Stelle der Kontaktfolge sie den Bruch herbeiführt. Ist es dort, wo sie eigene Bedürfnisse äußern soll? Oder dort, wo sie drangehen sollte, sich das, was sie will, auch zu holen? Mit großer Wahrscheinlichkeit wird er schon jetzt eingreifen, vielleicht durch eines der »Experimente«: Er könnte also versuchen, sie an diejenige Stelle des Kontaktzyklus zurückgehen zu lassen, an welcher der Angstanfall aufgetreten ist. Dort wird das Bedürfnis, das sich nicht recht formulieren konnte, unter die Lupe genommen. Vielleicht muß die Patientin jetzt dieses Bedürfnis laut herausschreien oder in vielen Variationen wiederholen – jedenfalls muß klarwerden, wozu der Angstanfall gedient hat. Eventuell kann man von daher ohne weiteres die Angst um die Tochter analysieren, unter Umständen aber verlangt dies eine eigene Diagnostik. Jedenfalls soll klarwerden, welchen Intentionen die Angst dient – und diese Intention ist sicher nicht bewußtseinsnah, sondern bietet ebenfalls ein wichtiges Stück Aufklärung des Unbewußten: Es ist die Intention, Kontakte dort, wo sie unangenehm sind, durch Angstanfälle zu unterbrechen. Hier kommt man nahe an die Möglichkeiten der Psychoanalyse heran, denn natürlich könnte man sagen, daß der Kontakt zur Tochter dort durch Ängstlichkeit unterbrochen wird, wo Aggression lauert. Man kann es aber eben nur sehr viel schwerer sagen, weil es dafür kein theoretisches Konzept gibt und weil wohl nur die Methode der freien Assoziation und der Träume so tief dringen kann, daß das Panorama von Aggression, Liebe und Angst aufgedeckt wird.

Verhaltenstherapeuten hätten vermutlich mit dem vorgetragenen Problem am wenigsten Schwierigkeiten. Aufsteigend in einer Angsthierarchie, werden verschiedene angstbesetzte Szenen in Entspannung vorgestellt – Tochter macht sich zurecht, um ins Kino zu gehen; Tochter geht zum Schwimmen; Tochter läßt sich von einem Freund auf dem Motorrad mitnehmen – und so lange durchgespielt, bis die Angst jeweils verschwindet.

Auch Systemische Familientherapeuten würden sich fragen, wozu die Ängste der Mutter dienen, was sie für das gesamte Familiensystem eigentlich ausmachen: also zum Beispiel die Tochter im Kleinkindstadium zu halten, die Aufmerksamkeit des Partners zu erringen, die Familie zusammenzubringen. Wiederum ist es nicht einfach zu sagen, was durch welche Aufklärungsform bewirkt wird. Wie man aus Erfahrung weiß, wirkt Verhaltenstherapie auf Ängste lindernd ein: Bei schweren Angstzuständen ist sie sogar oft rascher wirksam als andere Therapieformen. Aber auch der Vorwurf der »reinen Symptomkurirerei« ist sicher nicht aufrechtzuerhalten, gibt doch die genaue Zergliederung der mütterlichen Ängste ziemlich viel Aufschluß, zeigt neue Nuancen und damit auch neue Möglichkeiten der Veränderung auf. War vorher noch ein unklar-verworrenes und unbezwingbares Knäuel »Angst« dominierend, so kann nach dem Aufstellen der Angsthierarchie schon sehr viel genauer jede Nuance der Angst festgestellt werden. Auch dies trägt bei zur Beherrschung dieser Angst. Bei Psychoanalytikern läuft diese Art des Herangehens an ein zunächst unstrukturiertes Problem unter dem Stichwort »Klärung« – ein wichtiges Hilfsmittel in vielen Therapien, bevor gedeutet wird.

Von der »Heilwirkung« in einem groben Sinn kann also sicher nicht ausgegangen werden, wenn man Therapieschulen vergleicht. Da ist es schon ergiebiger, wenn man von den Erwartungen ausgeht, die man an eine sinnvolle, sozusagen maßgeschneiderte Selbstaufklärung stellt. Das Vordringen in letzte Tiefen, wie die Psychoanalyse es vermag, gefällt nicht jedem, getreu dem witzigen Ausspruch von (angeblich) Karl Kraus: »Was geht mich mein Unbewußtes an!« Mancher will mehr persönlichen Kontakt, wie er zum Beispiel in der Gestalttherapie möglich erscheint. Die Rückmeldung ist ihm wichtig, schnelles Eingreifen, Direktiven. Das alles ist zu bedenken, wenn man sich für eine Therapie entscheidet. Die Langsamkeit des Erkenntnisflusses, die Vertiefung in den breiten Strom der Nebensächlichkeiten wie in der Psychoanalyse ist nicht jedermanns Sache, auch nicht die geforderte Abstinenz und Neutralität. Nicht jeder kann es aushalten, in sich selbst solch unangenehme Kräfte zu entdecken, wie die Psychoanalyse dies ermöglicht. Dies heißt aber noch lange nicht, daß er (sie) deshalb überhaupt nicht fähig und willens ist, sich selbst zu erkennen. Aber die Erkenntnisse liegen in jeder Therapieschule auf einer anderen Ebene, in anderen Bereichen – und natürlich: formuliert in anderen Konzepten. Es ist schwer auszumachen, was nach einer Therapie jeweils »haften« bleibt. Sind die erreichten Erkenntnisse nur an der Oberfläche heruntergeglitten? Haben sie sich eingeprägt und bestimmen fortan das Leben? Wird die von der Psychoanalyse geforderte immer weitergehende Selbstanalyse wirklich erreicht? All dies wissen wir nicht, nur in Einzelfällen können wir solche Fragen mit »ja« oder »nein« beantworten.

Eines aber ist ganz sicher *nicht* der Fall: daß die Therapieschulen danach unterschieden werden können, ob sie – moderner Diktion gemäß – sich eher an den »Kopf« oder eher an den »Bauch« wenden. Eine Therapie, die sich nur an den Kopf wendet, ist vermutlich immer wirkungslos. Die Erschütterung durch das Erkennen der eigenen Häßlichkeit, der Einstellung, die man dem Therapeuten entgegenbringt: all dies ist beladen mit sehr drängenden Gefühlen. Aber auch das Aushalten der Angstvorstellungen in der

Verhaltenstherapie verlangt einen gefühlsmäßigen Einsatz. Aussprüche wie: »Die Psychoanalyse ist ja so verkopft« oder: »In der Gestalt darfst du ja nur aus dem Bauch heraus reden« sind immer als ein strategisch-polemisches Manöver zu betrachten, dazu dienend, den anderen zu diffamieren.

In jeder guten Psychotherapie gehören Kopf und Bauch zusammen – alles andere hätte den Namen Psychotherapie nicht verdient. Das oben angeführte Beispiel zeigt auf, wie in relativ »reinen« Formen eine Psychotherapeutin oder ein Psychotherapeut mit dem Problem der überängstlichen Mutter umginge. Natürlich aber gibt es Variationen.

Eine der in der Psychoanalyse der letzten Jahrzehnte wichtigsten Variationen ist sicherlich die Hinwendung zu einem empathisch-wärmeren Stil. Pate dieser Interventionen sind sowohl einige Objektbeziehungstheoretiker sowie die Auffassung von Kohut über die psychischen Störungen. Allerdings gab es schon in den Anfängen der Psychoanalyse Vorläufer: Vor allem Ferenczi (später Winnicott) pflegte einen Stil, der sich von der Distanziertheit vieler Psychoanalytiker der ersten Generation abhob. Ferenczi geriet darüber mit Freud in Konflikt, als dieser hörte, daß Ferenczi eine Patientin umarmt hatte und daß er sich selbst von Patienten analysieren ließ (»mutuelle Analyse«). Dieser weichere Stil bezieht sich darauf, daß die Auffassung von der psychischen Störung neuerdings sehr viel mehr die Tatsache berücksichtigt, daß viele Menschen schon in der ersten Zeit der Mutter-Kind-Dyade durch schlechte Bemutterung Schäden erleiden, die es ihnen unmöglich machen, die altersadäquaten Konflikte der analen oder phallischen Phase und der ödipalen Krise anzugehen. Diese »Bemutterung« soll der Psychoanalytiker nun nachholen (hier nähern wir uns natürlich dem Interventionsstil von Rogers). Konkret heißt das: Er oder sie wird nicht in Abstinenz und Neutralität verharren, sondern dem Patienten auch die Möglichkeit geben, sich mit ihm zu identifizieren, sich ihm auch als Person anzunähern. Nicht jede Frage wird also mit einer Gegenfrage beantwortet (Patient: »Haben Sie Kinder?« Therapeutin: »Was vermuten Sie?«), nicht jede Bitte abgeschlagen. Fragen und Hilfestellungen, wenn der Fluß der Gedanken abreißt, können oft besser sein als das Stillschweigen oder das unnachsichtige Deuten eines Widerstandes. Sogar die meist verpönten Berührungen sind nicht unbedingt ein Tabu, wenn ein Patient sich besonders schlecht fühlt. Es ist nicht ganz und gar unmöglich, daß auch ein Psychoanalytiker einmal die Hand seines Patienten hält und Trostworte spricht.

Heißt dies, daß nunmehr Psychoanalytiker dieser »weichen« Art sich den Gesprächstherapeuten annähern? Ist es ein großer Unterschied im Prozeß der Therapie, ob man mit solchen Interventionen die Gefühlsseite von Erzählungen herausheben will, damit der Patient seine Erfahrungen besser in Einklang bringt mit seinem Selbstbild, oder ob man davon ausgeht, daß ein fragiles Ich eine liebevolle Berührung braucht, um sich wieder ein Stück mehr »ganz« zu fühlen? Dies ist eine nicht geklärte Frage.

Zu einem typischen Mißverständnis kam es, als Tilmann Moser, ein Psychoanalytiker, der vehement die These vertritt, daß körperliche Berührungen bei vielen Störungen unbedingt zur Therapie gehören, 1987 ein äußerst bissiges Pamphlet gegen die französische Psychoanalytikerin Joyce McDougall verfaßte. Er betitelte es »Der Psychoanalytiker als sprechende Attrappe« und bezog sich dabei auf ein Buch der Französin, in dem sie sehr schwer gestörte Fälle beschrieb und bei der Therapie seiner Meinung nach viel zu kopflastig und ohne Körperkontakt vorgegangen war. Diese Psychoanalytikerin, die deutsche Bücher nicht lesen kann, wurde auf einem Kongreß in München (DPG 1989) darüber aufgeklärt, welchen Aufruhr sie veranlaßt hatte. Sie war fassungslos. »Aber welche Idee!« sagte sie immer wieder. »Manchmal habe ich Patienten schon in meinem Schoß gewiegt wie ein Baby!« (Mündliche Mitteilung von Ingeborg Schneider-Hänisch)

Das Beispiel zeigt gut, wie viele Mißverständnisse es gerade im Bereich der Interventionen gibt. Psychoanalytiker sind ebensowenig »sprechende Attrappen«, wie Gesprächstherapeuten an »Echolalie« (Nachplapperei) leiden (was denen schon öfters nachgesagt wurde) und der Verhaltenstherapeut ein seelenloser Konditionierer ist. Würde ein Therapeut wirklich nur streng schulengerecht vorgehen, wäre Psychotherapie nur Handwerk. Es ist davon auszugehen, daß Psychotherapie im Spannungsfeld zwischen Intuition und Technik als Kunst[handwerk] geschieht; die klischierten Darstellungen beziehen sich eher auf die theoretischen Darstellungen der Methoden, die freilich die intuitiven Ausgestaltungen der Behandlung durch die einzelne Therapeutin (oder Therapeuten) nicht in Betracht ziehen. Diese gehen aber natürlich immer über ihre methodischen Anweisungen auch hinaus und tun etwas Ungewöhnliches, wenn es dem Patienten und der Situation gerade angemessen erscheint. Technische Anweisungen sind Heurismen, mehr nicht.

Es wird immer wieder gesagt, daß nach dem Zweiten Weltkrieg die amerikanischen Psychoanalytiker sehr viel dogmatischer vorgegangen sind als ihre europäischen Vorgänger. Psychoanalyse sollte drüben in den Strom der behavioristischen Wissenschaftsgläubigkeit einbezogen werden, weshalb Regeln offenbar überzogen streng befolgt wurden. Die Rede Freuds vom Psychoanalytiker als Chirurgen oder als reiner Spiegel wurde wörtlich genommen und nicht als eine Hinweismetapher, die man auch wandeln kann. Freud selbst hat sich nie daran gehalten.

Auch den Gestalttherapeuten wird einiges nachgesagt, was die konkreten Therapeutenpersönlichkeiten in ihrem Tun widerlegen. Ihr angeblich allzu schnelles Handeln, das überstürzte Einschalten des »Experiments« ohne vorherige diagnostische Abklärung, nur aus dem Augenblick heraus, sind zwar sicher eine Versuchung für Gestalttherapeuten, aber nicht die Regel. Im »Experiment« (ein etwas irreführender Begriff) versucht der Gestalttherapeut die gerade vorherrschende Blockierung oder ein bestimmtes Stadium der Problembearbeitung überdeutlich sichtbar zu machen. Der leise in sich hineinmurmelnde verbal gehemmte Patient wird zum Beispiel aufgefordert, noch leiser zu sprechen und zu sagen, was er dabei empfindet. Dann wieder könnte der Therapeut ihn auffordern, denselben Satz hinauszuschreien und seinen Kommentar laut und deutlich zu sprechen. Auf diese Weise wird dem Patienten klargemacht, wie er die Qualität seiner Stimme dazu benutzt, bestimmte Gefühlsqualitäten, die ihn vermutlich ängstigen (hier beispielsweise sich klar darzustellen und zu behaupten), zu blockieren. Man kann sich vorstellen, daß auf dieser Basis dem Gestalttherapeuten sehr viele Interventionsmöglichkeiten zur Verfügung stehen. Der »heiße Stuhl« (Auseinandersetzungen mit Abwesenden) oder das »Dialogisieren« von Körperteilen gehören ebenso dazu wie Körperübungen. (Psychoanalytiker würden das Thema des Sich-nicht-darstellen-Könnens ganz anders angehen. Ihnen käme es darauf an, einem Patienten klarzumachen, daß ein vielleicht frühzeitig gebremster übergroßer Drang zu reden sich hinter seiner Scheuheit versteckt.)

Generell läßt sich sagen, daß – unabhängig von der gewählten Methode – das »Wie«-Prinzip vor dem »Warum«-Prinzip rangiert. Das heißt: Vorrangig ist die Frage, wie ein Kontakt blockiert wird (durch geistige oder körperliche Manöver), und nicht, warum dies so ist.

Verhaltenstherapeuten, Kognitive Therapeuten und Systemiker haben eine eher direktive Therapie auf ihre Fahnen geschrieben. Vorschläge zu Rollenspielen, Verschreibungen bestimmter Verhaltensweisen und konstruktive Diskussionen gehören in ihr Repertoire. Die Systematische Desensibilisierung fehlt selten im Arsenal des Verhaltenstherapeuten, da Angst natürlich zum Bestandteil fast jeder Störung gehört (Hautzinger, 1994). Auch Kognitive Therapeuten, die ja sowieso meist auch mit verhaltenstherapeutischen Mitteln arbeiten, benutzen diese älteste und offensichtlich sehr wirksame Methode nicht selten. All dies heißt aber nicht, daß nicht auch ein Verhaltenstherapeut besinnliche Phasen einschiebt, wo vor allem die Reflexion und Sinngebung im Vordergrund stehen. Auch dies gehört zum intuitiven Wissen: wann ein Patient es nötig hat, sich über seine Vergangenheit auszulassen oder gegenwärtige Anomalien seines Verhaltens mit anderen Verhaltensweisen in einen sinnvollen Zusammenhang zu bringen. Daß der Verhaltenstherapeut dabei immer wieder sowohl die auslösenden Faktoren wie die Konsequenzen des Verhaltens im Sinn hat, macht die Eigenart dieser Therapierichtung aus, die ja mit dem Freudschen Unbewußten nichts anfangen kann.

Die Frage nach der spezifischen Wirkung unterschiedlicher Interventionsmethoden ist zwar gestellt, aber nicht einmal in kleinen Ansätzen zu beantworten. Nicht wenige Kenner der Therapieforschung behaupten, daß sie ihrer Komplexität wegen auch unbeantwortet bleiben wird.

Eine Frage von Bedeutung ist heute sicher die nach dem »Opfer«-Status der Patienten. Man kann, spricht man mit Therapeuten oder vielfach therapierten Menschen, nicht umhin zu konstatieren, daß es offenbar sehr viele »Opfer« gibt: Opfer der elterlichen Erziehung, der Umstände in Schule und Universität, Opfer der beruflichen Institutionen, Opfer des Patriarchats und endlos so weiter. Therapiekundige sind sehr findig, die »Schuldigen« herauszufinden und so den Opferstatus der Patienten zu zementieren. Man könnte Therapieschulen auch danach beurteilen, ob ihre theoretischen Konstrukte und ihre Interventionsmethoden geeignet sind, die Opferrolle zu durchbrechen. Am ehesten ist dies dort möglich, wo erstens das innere Geschehen vor dem äußeren als dominant angesehen wird und wo es zweitens aufgrund methodischer Zugänge (und natürlich auch theoretischer Konstrukte) möglich ist, die latenten Motive ausfindig zu machen.

Sind Aggression, Schuldgefühl und dergleichen eher als etwas von innen heraus Entstehendes zu betrachten (wie zum Beispiel sehr pointiert bei Melanie Klein), dann gibt es für die Erziehungspersonen viele Entlastungen. Die Beschreibungen von Kleinschen Fällen gehen daher viel weniger in die Richtung der Schuldzuschreibung an die Eltern und der daraus resultierenden Konstatierung der »Opferrolle« als beispielsweise die Fallbeschreibungen der Humanistischen Psychotherapeuten. Melanie Klein selbst hat bei der Beschreibung ihrer Kinderfälle die Erziehungsfehler der Eltern nie betont; für sie war klar, daß Haßgefühle, destruktive Phantasien und die damit verbundenen Schuld- und Angstgefühle sich auch ohne viel Zutun der Eltern entwickeln können, weil alle diese Affekte von innen heraus konstitutionell determiniert sind und Umweltfaktoren zwar nicht vernachlässigt werden dürfen, aber doch eine viel geringere Rolle spielen, als man in anderen Therapieformen annimmt.

Je stärker das sozialisationstheoretische Element in einer Psychotherapieschule, desto gründlicher muß man nach den Umweltfaktoren suchen, die einen Patienten zu dem gemacht haben, was er ist. Für je wichtiger dabei die frühesten kindlichen Beziehungen gehalten werden, desto eher wird die Opferrolle des Patienten zuungunsten seiner Eltern zementiert.

Eine andere Möglichkeit, der Opferrolle auf den Leib zu rücken, ist die Möglichkeit, Latenzen zu entdecken. Wenn auch die früheste Entwicklung bestimmter destruktiver Tendenzen auf die (versagende, unverständige) Umwelt zurückzuführen ist: in der weiteren Entwicklung bis hin zum Erwachsenenalter ist die Tatsache, daß ein Mensch durch seine latenten Gefühle von Neid und Aggression (davon handelt die Opfer-Täter-Dynamik meist) selbst auch wieder Opfer geschaffen hat, geeignet, ihn seine Opferrolle in einem anderen Lichte sehen zu lassen.

Es ist einer der Fallstricke der Psychotherapie, wenn man bei der Konstatierung der Opferrolle stehenbleibt. Aus vielerlei Gründen nämlich ist es für Patienten und Therapeuten schwierig, aus dieser Konstellation herauszufinden: eine Konstellation, die dazu verführt, passiv zu bleiben und sich sein Unglück immer wieder in neuen Varianten vor Augen zu führen. Die Notwendigkeit, diese Passivität zu durchbrechen, sich seine eigene »Täterschaft« konkret vor Augen zu führen und dadurch Handlungsalternativen zu finden: das ist eine der wichtigsten Aufgaben der Psychotherapie. Interventionen, die es ermöglichen, Latenzen zu entdecken (im obigen Beispiel eben: den eigenen Neid und die eigene Aggression zu sehen), sind aber nicht in jedem System ohne weiteres zu realisieren. Der Königsweg dahin – Träume und Fehlhandlungen sowie die freie Assoziation – steht nicht jeder therapeutischen Richtung in gleichem Maße offen.

Die therapeutische Beziehung: Herzstück der Therapie

Therapeutische Beziehungsvorstellungen sind in besonders hohem Maß determinierend für therapeutische Interventionen. Ob ein Therapeut die haltende und empathische Funktion in den Vordergrund stellt oder die Funktion der Aktivierung von Konflikten: das ergibt sehr unterschiedliche therapeutische Klimata, gefühlsmäßige Atmosphären, die das therapeutische Geschehen in unterschiedlicher Weise bestimmen.

Für die Psychoanalytiker war schon immer das Wichtigste die Konzeptualisierung der Beziehung als Übertragungsbeziehung, auch wenn in späteren Phasen diese Vorstellungen differenziert und oft relativiert wurden.

Wenn man davon ausgeht, daß die Beziehung in der therapeutischen Situation ein »Irrtum in der Zeit« (Greenson, 1973) ist, das heißt also, daß die den Therapeuten betreffenden Gefühle und Einstellungen nichts mit der aktuellen Beziehungsrealität zu tun haben, dann bekommt die Beziehungsgestaltung eine sehr spezifische Note. Der Wunsch des Therapeuten, dieser »Irrtum in der Zeit« möge sich so weit entwickeln, daß er »deutungsreif« wird (also: als Übertragungsneurose sichtbar wird), bewirkt eine ganz besondere Form der Interaktion. Abstinenz und Neutralität bekommen von daher ihren wichtigen Sinn, der zurückhaltende Therapeut ist einer, der darauf wartet, bis die Situation sich sozusagen »zuspitzt«. Dann kann unter Umständen eine Beziehungsklärung auf der Meta-Ebene erfolgen – ein Unterfangen, das die meisten Psychotherapien von alltäglichen Kommunikationsformen unterscheidet.

Immer wieder wurde betont (oft auch kritisiert), daß hier ein »monadisches« Beziehungskonzept verwirklicht wird. Das heißt also: daß die Beziehung zwischen Patient und Therapeut als eine konzipiert wird, in der nur die subjektive seelische Wahrheit eines Partners (nämlich des Patienten) wichtig ist, weil ja auch die Gegenübertragung (im Sinne der Antwort des Therapeuten auf die Übertragung) nicht an der dyadischen Realinteraktion orientiert ist. Ferenczi hat schon in den zwanziger Jahren bemerkt, daß die Gegenübertragung eine außerordentlich wichtige Rolle im therapeutischen Prozeß spielt. Er wollte das monadische Prinzip aufbrechen. Seine berühmt-berüchtigte »mutuelle Analyse« (= der Wechsel zwischen Therapeuten- und Patientenrolle) basiert auf dieser Erkenntnis: auch der Therapeut müsse seine Gefühle dem Patienten »mitteilen«, um ihn (sie) nicht zu verwirren. Dies wurde allerdings unter Psychoanalytikern immer als eine Verirrung angesehen. Die Gegenübertragung, sagen sie, muß vom Therapeuten innerlich bearbeitet und genutzt, aber natürlich nicht »mitgeteilt« werden (Ermann, 1994)

Am monadischen Konzept setzt auch die Kritik der neueren Psychoanalyse an. Sehr viele Psychoanalytiker sind heute der Meinung, daß man die Realsituation nicht vernachlässigen darf; daß also – (wie Thomä und Kachele es in ihrem Lehrbuch von 1985 formulieren) analog dem »Tagesrest« im Traum die reale Interaktion ebenfalls eine Rolle spielt im therapeutischen Geschehen.

Es ist also unter dieser Prämisse durchaus von Belang, ob der Therapeut in freundlicher Weise auf den Patienten eingeht, ob er Mann oder Frau ist, jung oder alt und so weiter. Die »Dort und Damals«-Diskussion darf nicht vollkommen die »Hier und Jetzt«-Beziehung überwuchern. Thomä und Kachele bezeichnen dies sogar als ein »folgenreiches Versäumnis«.

Trotz dieser Korrekturen: Jeder, der sich Psychoanalytiker nennt, wird mit dem Übertragungskonzept an zentraler Stelle arbeiten, und dies gibt eine Suchrichtung, die eben doch immer wieder zurückreicht in die Vergangenheit, auch wenn vielleicht im Moment die Patienten nur mit der gegenwärtigen Beziehungsklärung zum Therapeuten beschäftigt sind.

Die verschiedenen Konzeptionen der Gegenübertragung haben das Interaktionsgeschehen in der Psychoanalyse ebenfalls in immer wieder neuer Art strukturiert. Bei Freud wurde der Begriff nur im Sinne der »Restneurose« gesehen, das hieß: Der Analytiker mußte die Gegenübertragung womöglich »abschaffen«, wenn er ein guter Psychoanalytiker sein wollte. Demgegenüber gilt (Möller, 1978) seit den Arbeiten von Paula Heimann für viele Analytiker eine Art totalistischer Auffassung; alle Gefühle des Analytikers müssen beachtet werden und gelten als wichtige Indikatoren für den therapeutischen Prozeß. In dieser Form übernehmen übrigens viele andere Therapien das Konzept ebenfalls. Es ist allerdings in dieser Fassung ziemlich unspezifisch, weshalb im Anschluß an Paula Heimann Heinrich Racker (1982) wiederum versucht hat, in diese Totalität der Gegenübertragungsauffassung einige Differenzierungen hineinzubringen und zu unterscheiden zwischen komplementärer und konkordanter Gegenübertragung. (In der konkordanten Gegenübertragung identifiziert der Analytiker sich mit den Strukturanteilen des Patienten, in der komplementären mit den verschiedenen Übertragungsobjekten des Patienten.)

Sehr gebräuchlich ist der Begriff der Gegenübertragung zur Zeit im Sinne der »spezifischen, nicht-neurotischen Übertragung des Analytikers auf die Übertragung des Patienten«. Natürlich kann man die Erkenntnis, daß jeder Mensch ein eingeübtes Set von Reaktionsweisen hat, das er immer wieder verwendet, banalisieren und darauf verweisen, daß Alltagsverstand und derjenige der modernen Schriftsteller dies schon immer gewußt haben. Bei Freud allerdings entsteht aus diesem Alltagswissen etwas Neues. Die neue, nichtalltägliche (abstinente) Art des Verhaltens bringt in Form der »Übertragungsneurose« dieses alte Verhalten des Patienten in seiner »reinen« Form hervor; das heißt: Der Patient zentriert sein ganzes pathologisches Verhalten auf den Analytiker getreu dem Modell seiner infantilen Neurose. Durch die Methode der freien Assoziation erst wird es möglich, diese alten Beziehungsformen mit ihren vielerlei unbewußten Implikationen (Wünschen, Sehnsüchten, Gefühlen und Erwartungen) zu erkennen. Die Überprüfung der Gegenübertragung wird erst dann zu einem fruchtbaren Unternehmen, wenn auch der Therapeut imstande ist, die in ihm aufsteigenden Gefühle, Hoffnungen und Befürchtungen adäquat zu erkennen und – dies das Wichtigste – in seine Deutungsarbeit hineinzunehmen.

Dies ist mehr und etwas anderes als das bloße »Zur-Kenntnis-Nehmen« von Patientenreaktionen, auch wenn in einer ganzen Reihe von Büchern (zum Beispiel Wittmann, 1981, Caspar, 1989) darauf hingewiesen wird, daß diese Reaktionen möglichst umfassend (körperlich, gedanklich, gefühlsmäßig) zu beachten seien. Von einer reinen Phänomenologie der Gegenübertragungsphänomene her läßt sich nämlich schwer zu einer therapieadäquaten Einordnung kommen. Was soll ein Therapeut zum Beispiel mit der Tatsache anfangen, daß er jedesmal wütend wird, wenn der Patient seine alten Klagelieder anstimmt? Ohne theoretischen Hintergrund in bezug auf die Gegenübertragung und ohne vertiefte Selbsterfahrung wird er sich verwirren in den vielen Möglichkeiten: Er kann sich Vorwürfe machen, weil er nicht empathisch genug ist; er kann der Meinung sein, daß diese Jammerei den Patienten für seine Umwelt unerträglich macht, und kann ihm daher geradeheraus sagen, daß er sich damit die Chancen bei seinen Freunden verdirbt, und mehr dergleichen. Unter diesen (und noch einigen anderen) Möglichkeiten sinnvoll zu wählen, bedarf es aber einer ausgefeilten Theorie. Damit hat der Therapeut ein Instrumentarium zur Hand, das ihn leitet: Ist – um beim Beispiel zu bleiben – der Ärger ein Teil seiner »Restneurose«, hat er vielleicht in seiner eigenen Vergangenheit allzuviel Gejammere anhören müssen? Oder ist es eine komplementäre Gegenübertragung, das heißt: Reagiert er im Sinne der frühen Umwelt des Patienten? Ist es eine konkordante Gegenübertragung, also: Ist der Patient selbst aggressiv und feindselig gesonnen? All dies ist nicht ohne weiteres zu entscheiden. Es bedarf einer größeren Einsicht in den Gesamtzusammenhang des Patientenlebens und des eigenen, um hier die richtige Auswahl zu treffen und vor allem: um diese Gegenübertragung in adäquater Weise einzuarbeiten in den therapeutischen Prozeß.

Allerdings – und hier besteht wieder die Gefahr der Überspitzung in der Psychoanalyse – hat natürlich jeder Mensch (und jeder Patient) auch die Möglichkeit, realitätsadäquat und flexibel auf die jeweilige Beziehungssituation zu antworten; nicht alles muß daher ein »Irrtum in der Zeit« sein. Manches – die gesunden Anteile, die der therapeutischen Ichspaltung fähig sind – bezieht sich konkret und realistisch auf die Person des Therapeuten.

Daß die Konzepte von Übertragung und vor allem Gegenübertragung in solch herausragender Weise in die psychoanalytische Therapie einbezogen wurden, verdankt sich (neben der epochemachenden Entdeckung Freuds) in wichtiger Position den Objektbeziehungstheoretikern. Ihre Konzentration auf die internalisierten frühen Objektbeziehungen bringt es mit sich, daß sie der Entwicklung von Übertragung und Gegenübertragung in der Therapie große Bedeutung beimessen und mit den Konzepten der frühen Interaktionen angereichert haben. Es sind in diesen Therapien nicht nur die libidinösen und aggressiven Impulse, die Bedeutung haben. Es sind auch die Anstrengungen, Nähe zu vermeiden oder diese in symbiotischer Verflechtung aufrechtzuerhalten, die man beachtet. Wie man als Psychoanalytiker – rein praktisch – mit der Gegenübertragung umgeht, ist Gegenstand unzähliger Artikel und Bücher geworden. Speziell Objektbeziehungstheoretiker versuchen, in jeder Mitteilung des Patienten sofort auch den Übertragungsaspekt zu sehen (wenngleich nicht immer sofort zu deuten). So werden auch Träume sehr rasch als eine Widerspiegelung des momentanen Patient-Therapeut-Verhältnisses angesehen, auch wenn der manifeste Trauminhalt gar nichts mit der Therapeutin zu tun hat.

Ein für Laien verblüffendes, für Analysekundige aber verständliches Beispiel für eine unmittelbare Hereinnahme des Übertragungsaspektes in die therapeutische Deutung wird uns von Körner (1989) berichtet: »Einer seiner Patienten [es handelt sich um den Patienten eines Kollegen] hatte eine Frau kennengelernt und erwog, sie einmal mit ins Wartezimmer seines Analytikers zu bringen, um sie ihm zu zeigen. Dieser interveniert mit folgenden Worten: ›Wenn Sie mir Ihre Freundin bringen, dann nehme ich Sie Ihnen weg, und Sie sind sie los.‹« (S. 213)

Hier wird auf die Konkurrenzdimension der Mann-Mann-Beziehung rekurriert, außerdem auf eine mögliche passive Gefügigkeit des Patienten, dem Psychoanalytiker immer den Vorrang zu lassen – und das alles (vermutlich) im Lichte vergangener Beziehungserfahrungen, die sicher schon oft besprochen wurden.

Ein anderes Beispiel, ebenso direkt, aber »weicher« in der Formulierung, wäre: »Daß Sie mir die Art Ihrer Beziehung zu Ihrem Chef so lange verschwiegen haben – das erinnert doch sehr an die vielen Geheimnisse, die Sie immer vor Ihrer Mutter hatten.« In jedem Fall müssen Analytiker, bevor sie solche »Übertragungsdeutungen« geben, sich ihrer Gefühle gewiß sein. Ist der Ärger über die Geheimnistuerei der Patientin und über das Überspringen der analytischen Grundregel (nämlich: alles zu sagen, was einem in den Sinn kommt) der Ärger, den damals deren Mutter empfand? Ist es ein Reflex der Aggression, die die Patientin der Therapeutin gegenüber empfindet? Ist es vielleicht »nur« das Wiederaufleben vergangener Erfahrungen der Therapeutin, die selbst immer wieder in ihrer Kindheit für dumm verkauft wurde? Alle diese subtilen Reflexionen sind nur möglich auf dem Hintergrund einer sehr langen Schulung im Umgang mit eigenen Gefühlen, aber natürlich auch im theoretischen Wissen um die Feinheiten der verschiedenen Übertragungs- und Gegenübertragungsmodi.

Wenn daher – und dies geschieht in letzter Zeit immer öfter – analysefremde Therapeuten behaupten, auch sie würden mit Übertragung und Gegenübertragung arbeiten, dann ist dies zumindest fragwürdig. Eine wirkliche Kenntnis dieser Vorgänge braucht die Erfahrungen der großen Analyse, damit sie auch im kleineren Setting (zum Beispiel in der tiefenpsychologisch fundierten Therapie) fruchtbar gemacht werden können. Ganz sicher werden die Gegenübertragungsgefühle nicht direkt mitgeteilt, sondern einer genauen Analyse unterzogen und in die Deutungen einbezogen. (Es würde also noch nicht reichen, wenn ein Therapeut oder eine Therapeutin dem Patienten mitteilt, daß sie oder er vom Mitgeteilten »sehr berührt« oder »sehr verärgert« sei. Obwohl auch dies in der Psychoanalyse sicher manchmal vorkommt, würde doch kein Psychoanalytiker dies als eine Gegenübertragungsdeutung bezeichnen.)

Auch in der Rogersschen Theorie steht das Beziehungskonzept an zentraler Stelle – allerdings in völlig anderer Weise. Beziehung ist für Rogers etwas Ideales, eine Möglichkeit der Heilung und des Ganzwerdens – wenn sie nur in der richtigen Form erfahren wird. Wir haben es hier mit einer Beziehungskonzeption zu tun, die sehr viel mit einer »moralisch hochstehenden« Begegnung zu tun hat. Der Therapeut ist derjenige, der diese ideale Beziehungsform aktualisieren muß. Zugrunde liegt die Vorstellung von der Gesundung des Menschen durch die Beziehung. Da der Wunsch nach Kontakt und Wertschätzung das Wesen des Menschen ausmacht, wird er erst durch die Erfahrung eines vollen und echten Kontaktes zu sich selbst geführt. Der Therapeut läßt den Patienten eine neue Kontakterfahrung machen: eine, in der der Patient (vielleicht zum ersten Mal!) erlebt, daß nicht nur ein anderer zu ihm in Kontakt treten kann, sondern daß er das auch selbst tun kann und daß dadurch auch ein neuer Kontakt zur eigenen Person möglich ist. Die Erfahrung des Kontakts ermöglicht Selbstakzeptanz, Gewahrsein des eigenen Selbst. Es braucht keine Korrektur durch den Hinweis auf den »Irrtum in der Zeit«, Menschen werden korrigiert, so die Rogersianer, einzig und allein dadurch, daß sie als Menschen angenommen werden, daß man ihnen den Eigenwert ihrer Erfahrungen anerkennt. Danach läuft alles von selbst. Rogers hat die Möglichkeiten einer solchen heilenden Beziehung auch inhaltlich definiert. Es sind die bekannten drei »Rogers-Variablen« (Akzeptanz, Wärme, Echtheit), deren Realisierung gefordert wird. Zwischen der therapeutischen Beziehung und der allgemein menschlichen, moralisch wertvollen Alltagsbeziehung besteht bei Rogers kein Unterschied.

Wir finden in diesem Beziehungskonzept die Philosophie Martin Bubers wieder (der Rogers beeinflußt hat), eine Philosophie, die in einer Welt der Ungewißheit geeignet ist, festen Boden zu bieten. Wenn auch alle Werte und Gewißheiten wanken, so ist im Inneren des Gesprächs ein fester Punkt zu finden. Die Gewißheit des Gefühls, angenommen zu sein, entschädigt für die Ungewißheiten der modernen Welt. Das Gespräch als Angelpunkt der Selbstvergewisserung ist eine uneinnehmbare Position, solange Menschen noch miteinander kommunizieren. Im Grunde ist es immer wieder diese eine und einzige Position, die Rogers verteidigt: die Geburt des Menschen aus dem Kontakt, und zwar aus dem »echten« Kontakt. Therapie nimmt keine Sonderstellung ein, wenngleich derjenige, der sich »Therapeut« nennt, in ganz besonderer Weise für das Gespräch verantwortlich ist. Verändern aber werden sich nach einer wirklichen Beziehungserfahrung beide.

Es ist klar, daß von diesem Standpunkt aus Rogers der Freudschen Psychoanalyse skeptisch gegenüberstehen mußte. Das dauernde Abwägen der Übertragungs-Gegenübertragungssituation, das Diagnostizieren, die Zurückhaltung des Therapeuten zum Zwecke des Frustrationsanstiegs: das alles ist, Rogers' Theorie nach, wenig geeignet, das gegenseitige Gewahrwerden zu befördern. All dies kann sich als Störfaktor auswirken in dem Prozeß, der dem Menschen zu seinem »eigentlichen« Sosein verhilft. Therapie wird so zu einem ethisch hochstehenden Unterfangen; ein Unterfangen, das Menschlichkeit in die Welt bringen soll, weshalb Rogers' Spätwerk ja auch voll ist von Ideen über die allgemeinen Anwendungen seiner Postulate über die Therapie hinaus.

In jüngster Zeit finden wir auch bei Gesprächstherapeuten immer häufiger das Postulat, man möge mit der Übertragung und Gegenübertragung arbeiten. Ein aufschlußreiches Beispiel für diese Bemühung, die bei nichtspezifischer Vorbildung häufig nicht gelingt, finden wir in einer der wenigen ausführlichen Falldarstellungen eines Gesprächstherapeuten, die von verschiedenen Angehörigen anderer Schulen kommentiert werden. (*Psychotherapieforum*, Wien 2/1994) Es geht um eine depressiv-unterwürfige Patientin, die sich von ihrem Freund und von ihren Eltern in schlimmer Weise drangsalieren läßt. Der psychoanalytisch geschulte Kollege zeigt in seinem Kommentar an vielen Aspekten konkret auf, wie Übertragungsangebote vom Gesprächstherapeuten vermieden oder nicht kommentiert werden und sich damit dasselbe sado-masochistische Beziehungsspiel zwischen ihm und der Patientin wiederherstellt, das ihr altvertraut ist. So zum Beispiel, wenn die Patientin ihr zwanghaft-ängstliches Verhältnis zu Gott und zu ihrem Vater beschreibt und dann darauf zu sprechen kommt, welche Bedeutung in diesem Zusammenhang der

Therapeut als gütiger Vatergott für sie hat. Der Therapeut »erschrickt« und verfällt in Erklärungen über frühere Verlassenheitsängste und ihre Beziehung zu Gott. Ebenso gerät der Therapeut offensichtlich in den Sog der Gegenübertragung ohne Reflexion, wenn er einen aggressiven Ausbruch, den die Patientin hat, gewissermaßen unterbindet, indem er sie dafür lobt und sie anweist, alle diese Gefühle mit Papier und Farbstiften zu bearbeiten. Damit hat er wieder die alte masochistische Konstellation (er weist an, die Patientin befolgt die Anweisungen) hergestellt und sich selbst vor aggressiven Strebungen der Patientin schon im Vorfeld geschützt.

Es ist schwer, sich vorzustellen, daß ein Gesprächstherapeut auf das Ansinnen eines Patienten, er werde ihm die Freundin vorstellen, in derselben Art wie der Psychoanalytiker reagiert. Viel eher würden wir eine freundliche Bemerkung vermuten, etwa: »Sie möchten, daß ich an Ihrem Glück teilhabe«, allenfalls auch: »Sie möchten von mir bestätigt bekommen, daß Sie gut gewählt haben.«

Alle diese Bearbeitungen der Übertragung und Gegenübertragung finden statt, ohne daß die Dimension des Unbewußten in konsequenter Weise tangiert wird. Bestätigt man einfach die Empfindung des Patienten, der sein Glück mit dem Therapeuten teilen möchte, dann wiederholt man eben genau das, was dem Patienten bewußt sein mag. Die darunterliegende Ebene vermag eine solche Bemerkung nicht zu erfassen.

In der Gestalttherapie finden wir in den wichtigen »Urtexten« keinerlei Anweisungen für die Beziehungsgestaltung, auch keine Überlegung in bezug auf die Wichtigkeit der Beziehung ganz allgemein. Hier macht sich das Fehlen des Entwicklungsgedankens bemerkbar. Zwar gibt es zahlreiche Anleihen bei Psychoanalytikern (so zum Beispiel in den Schriften von Hilarion Petzold), speziell bei den Ideen von Rank und Ferenczi, seit neuestem auch bei den modernen psychoanalytischen Säuglingsforschern, aber eine eigenständige therapeutische Interaktionslehre gibt es in der klassischen Gestalttherapie bisher nicht. Manche Berichte über ungewöhnliche gestalttherapeutische Interaktionen (so zum Beispiel, wenn Patienten sehr harsch konfrontiert oder frustriert werden) ergeben sich wohl aus diesem Fehlen klarer Regeln oder Heurismen in bezug auf die therapeutische Interaktion. In Dreitzels Buch (1992), das eine moderne Vervollständigung und Ausdeutung der Goodmanschen Position sein will, wird dem Problem der therapeutischen Begegnung erstmals ein eigenes Kapitel gewidmet. Es zeigt in seiner Allgemeinheit allerdings in besonders deutlicher Weise, daß hier eigenständig Gestalttherapeutisches nicht entwickelt werden kann, wenngleich alle von ihm formulierten allgemeinen Grundsätze unbezweifelbar richtig sind: die Forderung nach Empathie ebenso wie die nach Beachtung der Übertragung; Überlegungen zur zeitweisen Förderlichkeit regressiver Bedürfnisse und ihre schonende Behandlung – das alles ist für jeden Therapeuten wichtiges Erfahrungswissen, aber ein Beziehungskonzept steht nicht dahinter.

Bei den Verhaltenstherapeuten war anfangs das Problem der therapeutischen Beziehung nicht dominant. Man nahm naiverweise an, daß Patienten, wie ordentliche Schüler, ihre Aufgaben erledigen würden, was, angefeuert von den diversen Bekräftigungen des Therapeuten, günstige Verhaltensweisen fördern würde. Der Therapeut wurde denn auch von C. M. Franks (1969) als eine »reinforcement machine« bezeichnet. Später wurde dann auch bemerkt, daß der Therapeut als ein gutes Modell (im Aufstellen der Problemanalyse beziehungsweise der Therapiepläne) fungieren könne.

De Voge und Beck (1978) allerdings bemerkten sehr wohl, daß therapeutische Interaktionen anderen Gesetzmäßigkeiten gehorchen als pädagogische (Beck war einmal Psychoanalytiker gewesen). Sie zogen in Betracht, daß therapeutische Interaktionen auch oft aversive Informationen beinhalten und daß Patienten gegen diese aversiven Informationen Abwehr aufbauen. Von Learys Interaktionsschema (1957) geleitet, hoben sie zwei Dimensionen der Interaktion hervor: die Dimension der Affektivität und die Dimension Submissivität/Dominanz. Um Patienten dazu zu bringen, ihre verleugnenden Abwehrstrategien aufzugeben, so meinten sie, müsse die Affektivität immer in der Region »positiv« gehalten werden. Auf der Dominanzskala hingegen müsse der Therapeut die dominante Position innehaben. Die »günstigste« Therapeutenposition sei demnach »freundliche Dominanz«, die günstigste Patientenposition sei »freundliche Submission«.

Dieses sehr statische Modell, das dem Auf und Ab der Gefühle innerhalb eines therapeutischen Settings nicht gerecht werden kann, wird von einigen therapeutischen »Tricks« gestützt. Verhält sich zum Beispiel ein Patient nichtreziprok (versucht er etwa in die dominante Position zu gehen), dann muß der Therapeut – so De Voge und Beck – zuerst in die submissive Position gehen, um den Patienten sein Scheitern erleben zu lassen. Dadurch kann er – mittels logischer Argumente – das Vertrauen des Patienten in seinen eigenen Verhaltensstil erschüttern.

Alle diese Überlegungen zeigen, daß hier eine genuin therapeutische Vorstellung von Beziehung nicht erarbeitet wurde. Die Bezugnahme auf Leary zeigt deutlich, daß von einem therapiefremden Interaktionsmodell ausgegangen wird, das den vielen Situationen in der Therapie nicht gewachsen ist. Es bleibt letztlich dabei, daß von dieser Schule die therapeutische Situation als eine quasi pädagogische gesehen wird, wo der Patient – vernünftigen Erwägungen zugänglich – Anweisungen befolgt und Einsichten in vernünftige Pläne zeigt (Jaeggi, 1989).

Eine interessante Variante der Therapeut-Patient-Beziehung finden wir bei einigen Familientherapeuten, sofern sie sich vorwiegend als Systemiker verstehen. Sie betonen nämlich, daß nicht Einfühlung und gezeigtes Verständnis therapeutisch hilfreich sind, sondern die für den Patienten überraschende Wendung (zum

Beispiel bei der paradoxen Intervention), die strukturierende und gleichzeitig sinnerzeugende Intervention, die ganz neue Bedeutungen schafft. So ist zum Beispiel das »Umdeuten« von Beschwerden (der Patient wird zum Beispiel seines Status als Opfer entkleidet und als ein Helfer des Systems definiert) eine Intervention, die Ressourcen aktivieren kann, indem sie Positives betont und dem Patienten hilft, sich selbst in einem neuen Licht zu sehen. All dies bedeutet natürlich, daß der Therapeut den besseren Überblick hat und dies auch ausspielt, er ist der Experte, der dem Patienten zeigen kann, »wo es langgeht«.

Diese beiden zuletzt genannten Auffassungen von der therapeutischen Beziehung (Verhaltenstherapie und Systemische Therapie) sind weit entfernt von den Auffassungen der Psychoanalytiker oder der Humanistischen Psychologie, wo die Relevanz der Beziehungsebene über alle anderen Dimensionen hinausreicht. Es dominiert in den lern- und systemtheoretisch orientierten Therapien ein technisches Expertentum und die Vorstellung, der Therapeut sei derjenige, der den Patienten behandelt – also letztlich eine Form der Subjekt-Objekt-Beziehung, die einer technokratischen Helferwelt entlehnt ist. Dies ist eine völlig andere Beziehungsform als die tiefenpsychologische oder humanistische (die in dieser Hinsicht ähnlich sind).

In diesen beiden Systemen nämlich ist der Interaktionsgedanke geprägt von der Vorstellung einer Subjekt-Subjekt-Beziehung, die davon ausgeht, daß jede Begegnung zwischen Menschen ein ganz privates Feld schafft, in dem beide aufeinander bezogen sich in ihrer spezifischen Form ausdrücken und verändern. Der Helfer ist kein »Behandler«, sondern ein mitagierender Mensch, der vor allem durch seine subjektive Befindlichkeit zur Heilung beiträgt. Diese subjektive Befindlichkeit ist sowohl in den verschiedenen Gegenübertragungskonzepten theoretisch gefaßt als auch im »Gewahrwerden des persönlichen Bezugsrahmens« und im Kontakt des Therapeuten zu dieser einzigartigen Erfahrungswelt. Demgegenüber verhalten sich Therapeuten lerntheoretisch-kognitiver Schulen so, wie das übliche Bild des behandelnden Arztes, eventuell des Pädagogen es vorsieht (dies betrifft nicht unbedingt modernere Vorstellungen von diesen beiden Berufen!): kompetent, überlegen, den Menschen als ein (mit allem Respekt natürlich) zu behandelndes Objekt betrachtend. Beziehung wird in diesen Therapieformen dem Alltag angenähert. Fragen bekommen entsprechende Antworten, Frustrationen sind möglichst gering zu halten (um der »guten« Beziehung willen), eine Metaebene der Beziehungsabklärung ist nicht vorgesehen. Damit aber geht die Spezifität der therapeutischen Beziehung und ihre mögliche Nutzung weitgehend verloren.

Die erste Begegnung

Die erste Begegnung zwischen Patient und Therapeut ist nicht nur eine Begegnung zwischen zwei Menschen, von denen der eine Hilfe sucht und der andere als kompetent gilt. Es ist auch eine meist blitzschnelle Generierung eines neuen Verkehrsrahmens, ein Aushandeln der Kommunikationsform, die erste Hypothesen nicht nur beim Therapeuten, sondern auch beim Patienten hervorruft. Dieser Rahmen ist natürlich abhängig von der jeweiligen Therapietheorie, sie setzt Maßstäbe, an denen sich der Patient zu orientieren hat. »Naive« Patienten können schon in dieser allerersten Begegnung herbe Enttäuschungen erleben. Eingestellt auf eine liebevoll freundliche Atmosphäre, in der Trost gespendet wird und Ratschläge erteilt werden, mag zum Beispiel mancher Psychoanalyse-Patient das Gefühl bekommen, sein (zukünftiger) Therapeut sei ein kaltes und herzloses Monster, das ihn nur sezierend betrachtet. Zwar ist sicher die aus Filmen oder Romanen bekannte Klischee-Figur des schweigenden Ölgötzen-Analytikers sehr überzogen – ganz ohne realen Hintergrund allerdings ist dieses Klischee nicht. Mancher Psychoanalytiker kann durchaus in der allerersten Stunde dem Patienten schweigend gegenübersitzen und nicht mehr sagen als »Also?« oder »Worum geht es?«, um sich dann zurückzulehnen und zu warten. Gerade diese Position des Analysanden mit seiner meist großen Frustration kann es dem Analytiker erlauben, erste vorsichtige Schlüsse zu ziehen: Redet der Patient drauflos, um sich Luft zu verschaffen oder um seine Verlegenheit abzuschütteln, wartet er erst auf Signale des Analytikers, die ihm das Sprechen erlauben? – alles ist relevant und kann zu Informationen über die Eignung oder Nichteignung des Patienten für eine Analyse beitragen.

Gestalttherapie-Patienten wiederum können sich überfallen fühlen von den sofort einsetzenden Interventionen des Therapeuten. Bestimmte Fragen scheinen gar nichts mit dem »Problem« zu tun zu haben, und so kann das Vertrauen eines Patienten schnell erschüttert werden. Es gibt einen historisch einmaligen Therapiefilm (»Gloria«), in dem gezeigt wird, wie drei der »Großen« der Psychotherapie: Rogers, Perls und Ellis ein und dieselbe Patientin behandeln. (Es handelt sich nur um ein erstes Gespräch!) Perls' Einstieg in diese Sitzung ist dabei bemerkenswert und hat sicher vielen Gestalttherapeuten schon als Vorbild gedient. Als die Patientin ihm von ihrem Problem erzählt, guckt er sehr interessiert auf ihren wippenden Fuß. Er geht auf die von ihr vorgebrachte Problematik gar nicht ein, sondern fordert sie auf, sich diesen Fuß zu betrachten und zu überlegen, was sie damit eigentlich bezweckt. Trotz wütender Proteste der Patientin gibt er nicht auf, zwingt sie zu weiteren Überlegungen, wie sie jeweils durch bestimmte Körperhaltungen Probleme »entschärft«, und beweist der sehr zahm und angepaßt wirkenden Frau, über wieviel aggressive Tendenzen sie verfügt, die aber schön brav im Zaum gehalten werden müssen. (Bei einer Nachbefragung gab die Patientin übrigens Fritz Perls als Therapeuten den Vorzug; Carl Rogers wollte sie als einen lieben Vater und Freund behalten; Albert Ellis lehnte sie ab.) Es gehört zur Kunst des Therapeuten, den vorgegebenen Rahmen nicht zu verlassen und dem Patienten trotzdem Vertrauen einzuflößen. Schon bei dieser ersten Begegnung sollte ihm klargemacht werden, daß hier andere Kommunikationsregeln gelten als in der Alltagswelt oder auch in der Welt des Arztes.

Psychoanalytiker haben sich besonders subtil mit der ersten Begegnung befaßt und haben eine Reihe von (differierenden) Vorschlägen gemacht, wie diese erste Begegnung zu gestalten und auszuwerten sei.

Ihre Kommunikationsform ist weit entfernt vom Alltagsdiskurs, es wird daher schon in den allerersten Momenten der Begegnung (im Wartezimmer, bei der telefonischen Anmeldung) ein vollkommen anderer Raster an das Verhalten des Patienten angelegt, als man es üblicherweise tut. Höflichkeitsformeln, Verlegenheitsgesten, die Wortwahl bei der Vorstellung: alles wird von einem guten Analytiker registriert und zur ersten Hypothesengenerierung verwendet. Dies ist der allgemeinste Rahmen, in dem psychoanalytische erste Begegnung stattfindet.

Freud selbst hat eine eigene Vorphase der Therapie (Anamnese, Befragung) gar nicht vorgesehen. Für ihn war schon der erste Moment Teil des analytischen Prozesses, wobei er allerdings darauf achtete, ob der Patient überhaupt bereit schien, sich mit den neuartigen Kommunikationsregeln zu arrangieren.

Er empfahl daher einige Sitzungen als »Probe« (es galt dann schon die Regel der freien Assoziation), wobei der Analytiker sehen sollte, ob sein Patient mit den abgegebenen »Probedeutungen« etwas anfangen konnte. War dies ganz und gar nicht der Fall, dann sollte der Patient weiterverwiesen werden, etwa zur Suggestionstherapie, zur Hypnose oder zu den damals allgemein üblichen Kuren im Sanatorium mit Massage, Wasserbädern und derlei Dingen. (Heutzutage empfehlen Psychoanalytiker solchen Patienten oft nicht ganz ohne Häme die Verhaltenstherapie).

Eine solche »Probedeutung« darf und muß nichts besonders »Tiefes« betreffen. »Es muß für Ihre Kinder oft nicht leicht sein, einen solch ordentlichen und genauen Vater zu haben«, meinte Schraml (zitiert von Argelander, 1970), als ihm ein Patient seinen tadellos gehaltenen Aktenordner zeigt, in dem er alle ihm wesentlich erscheinenden Informationen für den Analytiker schon zusammengetragen hatte. Diese Deutung hat die hölzerne Unergiebigkeit des Patienten gelockert und ihn zu vertraulichen Mitteilungen über seine Familie veranlaßt.

In Deutschland, wo Psychoanalyse von der Krankenkasse bezahlt wird, steht die erste Begegnung mit dem Patienten allerdings notgedrungen unter einem anderen Vorzeichen als in anderen Ländern. Es muß eine Anamnese erhoben werden, Indikation und Prognose werden abgeschätzt, und in einem drei bis vier Seiten umfassenden Antrag werden eine Diagnose und psychoanalytische Erklärung für das Krankheitsgeschehen abgegeben. Erst wenn eine neurosenpsychologisch stimmige Erklärung mit günstiger Prognose vorliegt, hat man Aussicht auf Übernahme der Kosten durch die Kasse. Dies bedeutet also, daß Psychoanalytiker eine an das psychiatrische Interview angelehnte Befragung vornehmen müssen, wo objektive Daten (elterliches Milieu, berufliche Entwicklung, Symptomatik und ähnliche Dinge) im Vordergrund stehen. Die Schule von Schultz-Hencke (vor allem: Dührssen, 1981) hat sehr feinmaschige Befragungsschemata entwickelt, die ätiologische Erklärungen, Prognose und Indikation ermöglichen sollen (siehe auch Heigl, 1972). Vom psychiatrischen Interview unterscheidet sich diese Art der Befragung dann doch wieder insofern, als zum Beispiel die auslösende Situation einer Symptomatik sehr genau erfragt und in Beziehung gesetzt wird zu früheren Erlebnissen. Außerdem ist natürlich jeder Psychoanalytiker gehalten, seine Gegenübertragungsgefühle bei der Diagnose und Prognose in Betracht zu ziehen, eventuell auch die sogenannten »objektiven« Daten unter dem Gesichtspunkt der

Übertragung zu interpretieren. So wird sich die Psychoanalytikerin fragen, ob die Mitteilung über brutale Schläge durch den Vater, die der Patient unter Tränen berichtet, die aber in ihr kaum Mitgefühl erzeugen, etwas zu tun hat mit der Tatsache, daß der Patient schon die ganze Zeit seinen Opfer-Status in den Vordergrund rückt. Die Psychoanalytikerin wird sich dabei fragen müssen, ob sie sich dabei eventuell mit dem prügelnden Vater identifiziert. Wenn ja: warum tut sie das? Ist es das hysterische Gehabe des Patienten, das ihr den Zugang zu den wirklichen Problemen des Patienten verstellt? Sie wird überlegen, worin die Probleme des Patienten denn eigentlich bestehen können, und kann zu dem Schluß kommen, daß der Patient hinter einer rührseligen Fassade (wobei die Prügel nicht in Zweifel gezogen werden müssen) ungemein große Schuldgefühle verbirgt und ähnliches mehr.

Argelander (1970) hat die erste Begegnung des Psychoanalytikers als eine vielseitige Aktion beschrieben, in der sowohl die objektiven als auch die subjektiven Daten wichtig sind, wo aber vor allem eine ganz spezielle Kunst geübt werden muß, nämlich das Erkennen der sogenannten »Szene«. Diese »Szene« ist eine ganz und gar psychoanalysetypische Form des Zugangs zum Patienten in der ersten Begegnung. Dies beinhaltet eine Art von Teilhabe an der Situation, die beide schaffen, wobei diese Teilhabe – geleitet von psychoanalytischen Theorien – interpretierbar bleibt. Der Analytiker nimmt sozusagen in einem Mini-Experiment teil an der Lebenspraxis des Patienten und versucht, jedes Detail der »gespielten Szene« im Gedächtnis zu behalten und mittels einer passageren Identifikation mit dem Patienten die Diagnose zu verfeinern, wobei hier ein besonders guter Boden bereitet ist für mögliche Probedeutungen. Argelander hat in seinem Buch einige berühmt gewordene »Szenen« beschrieben. In ihrer konventionellen Unauffälligkeit (die dann durchaus unkonventionell gedeutet wird) sind sie so überraschend, daß an ihnen ganze Generationen von Psychoanalytikern begriffen haben, worum es geht.

Das bekannteste Beispiel ist wohl dasjenige einer Frau, die – als sie eine Zigarette herausholte – das Anerbieten des Analytikers, ihr Feuer zu geben, mit den Worten abwies: »Danke, ich versorge mich selbst«, was Argelander zu sehr interessanten Spekulationen über die Abwehr von Versorgungswünschen und Hilflosigkeit bei dieser Patientin anregte. In passagerer Identifikation mit ihr hatte er bei sich selbst ebenfalls Hilflosigkeit gegenüber ihren Ansprüchen gefühlt – und auch dies gab ihm Anlaß zu weiteren Hypothesen.

Es gibt also eine Reihe von unterschiedlichen Vorschlägen zur Gestaltung der Erstbegegnung in der Psychoanalyse. Zu den bekanntesten gehört das Kernbergsche »Strukturelle Interview«, eine Interviewform, in der zwischen objektiver Datenerhebung und aktueller Beziehungsabklärung zum Zwecke der Strukturdiagnose (das heißt, zur Abklärung von Ichstärke oder Ichschwäche) zirkuliert wird.

In allen psychoanalytisch orientierten Begegnungsformen stehen immer wieder an zentraler Stelle die Verwendung der Gegenübertragung, die verfeinerte Sicht auf das Geschehen zwischen Patient und Therapeut, und Überlegungen zum Zusammenhang von früher Kindheitserfahrung und Ausbruch der Krankheit als einer Wiederholung früher Erfahrungen.

Die erste Begegnung ist also als eine Situation zu sehen, in der der Psychoanalytiker in ganz besonders präziser Form das Instrumentarium seiner Theorien bereit haben muß, um aus der Fülle möglicher Informationen diejenigen herauszufiltern, die ein stimmiges Bild ergeben.

Große Unterschiede allerdings ergeben sich bei einzelnen Analytikern, wenn es darum geht, aus dem Patienten Informationen »herauszufragen«. Mancher nichtdeutsche Analytiker empfindet das Interview im quasi-psychiatrischen Sinn als eine Verballhornung des psychoanalytischen Gedankens. Schon im ersten Moment soll, dieser Meinung nach, die freie Assoziation unbewußte

Regungen zutage treten lassen. Das Frage-und-Antwort-Spiel wird als eine Möglichkeit der Verstärkung von Abwehr (auch beim Therapeuten übrigens) angesehen, und alles in allem wird diese Art des Vorgehens als nicht genuin psychoanalytisch kritisiert. Obwohl dies vielleicht allzu puristisch gedacht ist, muß man doch festhalten, daß durch das Erstinterview im psychiatrischen Sinn der Patient sicher nicht gerade ideal auf eine neue Kommunikationsform vorbereitet wird. Nicht selten sind Patienten dann, wenn die Analyse beginnt, irritiert und wollen den Therapeuten unbedingt dazu bringen, doch nun in dieser angenehm einsichtigen Form weiterzufragen wie bisher. Nicht selten passiert es, daß nach den Anamnesestunden bei Beginn der Analyse ein Patient meint: »Vielleicht sollten Sie mich wieder so ausfragen wie bisher, das hat mir viel gebracht.«

Ganz anders sieht das Szenario der ersten Begegnung bei Rogers aus. Frei von inhaltlichen Überlegungen über die spezielle Verfaßtheit des Patienten richtet sich der rogersianische Therapeut ganz und gar darauf ein, dem Patienten in seinen privaten Bezugsrahmen zu folgen, ohne Hypothesen zu kreieren. Rogers hat sich gerade in diesem Punkt sehr früh distanziert vom psychoanalytischen Vorgehen. In besonders betonter Weise lehnte er die Beurteilung der Patienten durch den Therapeuten ab, vor allem die Art, wie Diagnosen gestellt wurden, in die die Patienten ja letztlich nicht eingeweiht werden.

Demgegenüber favorisierte er ein ganz anderes Modell. Frei von theoretischen Vorurteilen sollte der Therapeut sich einfach einfühlen in der Patienten Art, zu erleben, zu fühlen und zu denken. Und schon bei dieser ersten empathischen Begegnung konnten die Patienten erfahren, daß die unbedingte Akzeptanz durch den Therapeuten lindernd wirkt und ihnen zur erhöhten Selbstakzeptanz verhilft. Die erste Begegnung ist in dieser Schule also schon eine therapeutische Aktion, es gibt da keine Kriterien für Indikation und Prognose – all dies wird sich im Laufe der

Zeit entwickeln. Natürlich stellt sich diese warmherzige Akzeptanz nicht ganz von selbst ein: Der Gesprächstherapeut lernt in besonders ausgefeilter Form, wie man die Aussagen der Patienten verbal begleitet. Die verbalen Interaktionen sind in der Gesprächstherapie schon von der ersten Begegnung an sehr dicht. Der Therapeut gibt zu verstehen, daß er mit dem Mitgeteilten »mitgeht«, ohne es zu deuten oder stark zu verallgemeinern. Eine typische Interaktion der ersten Stunden könnte etwa so aussehen:

PATIENTIN: »Ich finde es schon komisch, daß ich einem ganz Fremden so viel von mir erzählen soll.«
THERAPEUTIN: »Das ist ein merkwürdiges Gefühl: einerseits die Fremdheit, andererseits fast eine Art Pflicht, nun gleich sehr intime Dinge preiszugeben, wie man es sonst nur bei vertrauten Personen tut.«

Psychoanalytiker würden vermutlich gar keinen Kommentar dazu abgeben, würden aber bei sich einige Überlegungen anstellen, weshalb der Patient dem Analytiker als erstes gleich die Schwierigkeit mitteilt, mit Intimität umzugehen, und eventuell Probleme in der Nähe-Distanz-Dimension vermuten.

Rogers geht – vermutlich in therapeutischer Selbstüberschätzung – davon aus, daß jede Form der seelischen Störung mit derselben empathisch-warmherzigen Art zu behandeln ist, weshalb die Frage von Indikation und Prognose eben keine Rolle spielt. (Da in Deutschland die Krankenkassen für Gesprächspsychotherapie nicht zahlen, sind die deutschen Gesprächstherapeuten bisher auch noch nicht in die Lage versetzt worden, entsprechende Gutachten verfassen zu müssen.)

Eine Diskrepanz zu den Rogersschen Vorstellungen von erwünschter Unmittelbarkeit der ersten Begegnung ergibt sich dann, wenn Gesprächstherapeuten (übrigens durchaus in der von Rogers begründeten Tradition) Forschung betreiben. Dann nämlich werden in vielen Forschungsdesigns sehr wohl diagnostische Instrumente verwendet, allerdings – und das widerspricht dem Rogersschen Denken natürlich total – solche vollkommen anderer Provenienz, nämlich geeichte und standardisierte Tests. So gibt es in unzähligen Untersuchungen Vorher-nachher-Designs, die mit dem MMPI, dem Gießen-Test oder dem Freiburger Persönlichkeitsinventar arbeiten. Kwiatowski hat 1980 in einer ausführlichen Studie auf die damit verbundenen Probleme hingewiesen: Die Vorstellung vom sich selbst aktualisierenden Menschen, der seinen ganz persönlichen Bezugsrahmen entwickelt, paßt schlecht zum statistischen Vorher-nachher-Diagnostizieren. Dieses nämlich bedeutet ja schließlich, daß der Therapeut »weiß«, was Fortschritt bedeutet. Mit Hilfe von Operationalisierungen (»die Patientin spricht emotionaler«) und aufgrund einiger verschobener Testwerte bestimmt er jetzt Fortschritt oder Stagnieren der Therapie. Dies entspricht der Therapiephilosophie von Rogers ganz und gar nicht.

Auch bei den Gestalttherapeuten ist die erste Begegnung nichts, was unter einem anderen Vorzeichen stünde als jede andere Stunde. Der Kontakt beginnt ja sofort, und der Therapeut kann – je nach therapeutischem Temperament – auch sofort die Schwierigkeiten des Kontaktes ansprechen. Spezifische theoriegeleitete Anweisungen an den Gestalttherapeuten für die erste Begegnung mit dem Patienten gibt es nicht.

Verhaltenstherapeuten sind in besonderer Weise interessiert an den ersten Therapiesitzungen – ergeben sie doch das wichtige relevante Material für den Therapieplan. Hier wird Diagnostik im üblichen Sinn betrieben – allerdings eine, die den Patienten sehr einsichtig ist, weil ja nur mit den bewußt vorfindlichen Informationen gearbeitet werden kann. Die Patienten erfahren in jeder Phase der ersten Sitzungen, wie wichtig ihre Hilfe ist, jedes Detail trägt bei zu einer maßgeschneiderten Therapie, die ja ein Ergebnis der Verhaltensanalyse ist. Welche auslösenden Reize zu Angsterlebnissen oder zu Zwangshandlungen führen, welche Gedanken sich daran anknüpfen, wie die nähere und weitere Umwelt darauf reagiert: all dies sind wichtige Informationen, die dazu führen, daß der Therapeut oder die Therapeutin einen Plan aufstellt: wie zum Beispiel gewisse Entspannungstechniken die angstauslösende Qualität eines Reizes mildern könnten, welche Form von Bekräftigung verändert werden muß und mehr in diesem Sinne.

Mancher Laie (und sicher auch mancher angehende Patient) fühlt sich in der Gegenwart von Psychoanalytikern leicht verunsichert, vage unruhig. Die erste Begegnung mit ihrer besonders verdichteten Situation des Sich-kundig-Machens scheint diesem Unbehagen viel Nahrung zu geben. Der Suchraster des Therapeuten in den Kategorien des Unbewußten ist in gewisser Weise beleidigend für einen erwachsenen Menschen, der sich als Herr seiner selbst fühlen will. Daß zum Beispiel der Ausspruch eines depressiven Menschen »Ich bin ein sehr friedliebender Mensch« beim Analytiker sofort den Verdacht erregt, hier lauerten noch sehr viele unfriedliche Anteile auf ihre Befreiung, muß irritieren, auch wenn der gute Therapeut natürlich solchen Verdacht sicher nicht äußert – irgend etwas davon bleibt meist doch atmosphärisch spürbar. Diese Suchraster sind zum Teil der Fülle empirisch gewonnenen Wissens und der daraus aufgebauten Theorie von den Latenzen entnommen, zum Teil aber immer auch (und nur solche analytischen Situationen verdienen ihren Namen) den Gegenübertragungsgefühlen des Analytikers, eben dem, was er als Mitakteur der »Szene« erspürt.

Demgegenüber erweist sich die Situation beim Verhaltenstherapeuten als sehr viel eindeutiger, als transparent und beruhigend. Die offensichtliche Kompetenz des Therapeuten, der nicht nur weiß, wie man ein Problem anpackt, sondern dies auch noch entsprechend klar sagen kann, schafft viel Vertrauen. Gerade in der ersten Begegnung entfaltet sich in der Verhaltenstherapie sehr klar der Rahmen, in dem Therapie stattfindet: der Patient als einer, dessen Informationen angenommen und ernst genommen werden, der imstande ist, einen Therapieplan in seiner Zweckrationalität zu begreifen. Wenn angesichts der Beziehung gesagt wurde, daß in der Verhaltenstherapie ein Subjekt-Objekt-Verhältnis anstelle des Subjekt-Subjekt-Verhältnisses vorherrscht, dann scheint dies auf den ersten Blick zu überraschen. Sieht es nicht so aus, als wenn – im Gegenteil – die Verhaltenstherapeuten den Menschen sehr viel eher ernst nehmen als Psychoanalytiker?

Es zeigt sich hier eine Verwirrung, ein Mißverständnis, das aufgeklärt werden muß.

Habermas hat einmal darauf hingewiesen, daß der Psychoanalytiker am Anfang der Therapie von der prinzipiellen Interaktionskompetenz des Analysanden ausgehen muß, der sich doch nicht bewußt ist, welche unbewußten Anteile seine Interaktionen dirigieren, während sein Analytiker kraft Wissen, Benutzung von Übertragung und Gegenübertragung und besserer Übersicht über die Situation einen Vorsprung hat. Dieser Vorsprung, so meine ich, ist kränkend, schafft Unbehagen. Trotzdem bleibt bestehen, daß hier eine Subjekt-Subjekt-Dimension eröffnet wird, nur: daß dies ganz und gar nichts ist, was einem Menschen freundliches Behagen verschaffen muß. Das Mißverständnis kommt daher, daß Subjekt-Subjekt-Beziehung gleichgesetzt wird mit freundlichem Gleichklang, mit dem Gefühl, als gleichrangig betrachtet zu werden. Diese Gleichsetzung geht fehl, sie beruht auf Wunschdenken. Interaktionen konventionellen, zum Beispiel ärztlichen Stils, in der der Hilfesuchende »behandelt« wird, lösen oft sehr viel weniger Unbehagen aus. Der Einbezug des Therapeuten in das Geschehen, das Arbeiten mit den subjektiven Gefühlen des Therapeuten, also seine »Teilhabe« am Prozeß, ist sehr oft (und gerade am Beginn) beängstigend, aber gerade sie ist es, die das Subjekt-Subjekt-Verhältnis konstituiert. Wir rühren hier an eine der tieferen Schichten menschlicher Begegnung. In dem

Maße, in dem die Begegnung ihrer konventionellen Alltäglichkeit entkleidet wird (Alltäglichkeit hieße in diesem Zusammenhang etwa: eine voll kompetente Patientin gibt der Therapeutin glaubhafte Informationen, die nicht hinterfragt werden), geraten wir in das Gefilde ängstigender Unsicherheit. Die Begegnung zweier Menschen, die auf beide verändernd wirkt (ein Postulat, das sowohl in der Psychoanalyse als auch in der Gesprächspsychotherapie gilt), überspringt feste Regeln, kann unerwartet Neues zutage treten lassen und stellt ein Risiko dar. In diesem Sinne ist die vielgepriesene Subjekt-Subjekt-Beziehung zwar etwas »Humanes«, aber beileibe nichts immerfort Beruhigendes. Dies gilt übrigens auch für die Humanistische Psychologie, was aber von Rogers nie thematisiert wird. Das Eindringen solch theoriefremder Elemente wie des Persönlichkeitstests (ganz zu schweigen vom variablenpsychologischen Ansatz der gesamten Rogers-Forschung) ist vielleicht die behavioristische Rache dafür, daß die geradezu harmonistischen Bedürfnisse von Rogers das Bedrückend-Bedrängende der Ich-Du-Begegnung außer acht lassen.

Alles in allem: Therapeuten, die sich auf das »Unwissen« der Patienten konzentrieren und dieses »Unwissen« (also: das Unbewußte) auch aufklären, indem sie ihre eigenen Reaktionen auf die Patienten zu Hilfe nehmen, können auf Patienten beunruhigend wirken, im Extremfall als besserwisserisch-unheimlich. Stark gestörte Patienten brechen manchmal genau aus diesem Grund eine Therapie ab: Der Therapeut bekommt in ihren Augen etwas Magisches, weiß zuviel, sieht ins Innere und könnte dieses Wissen ausbeuten. Dies wäre die Extremform der Beunruhigung, die von einer Subjekt-Subjekt-Beziehung ausgehen kann.

Noch kurz zur Systemischen Familientherapie. Hier wird eine sehr genaue Diagnostik betrieben im Rahmen der Interaktionen zwischen den Familienmitgliedern. Unter Umständen sind mehrere Therapeuten an dieser Diagnostik beteiligt, manchmal sitzen einige hinter dem Einwegspiegel. Die therapeutischen Interventionen werden dann im Sinne der Diagnose geplant, ihr Sinn muß aber der Familie nicht mitgeteilt werden.

Bei dieser ersten Begegnung der Familie mit ihren Systemischen Familientherapeuten steht – ähnlich wie im medizinischen Raum – die Verschränkung von Diagnose und Therapieplanung im Vordergrund. Anders als bei der Verhaltenstherapie werden die Patienten nicht unbedingt eingeweiht in das, was die Therapeuten tun werden. Der Sinn der oft sehr direktiven Interventionen (»Setzen Sie sich bitte neben Ihren Mann, und lassen Sie zwischen sich und Ihren Kindern einen kleinen Zwischenraum«) entfaltet sich zwar wohl im Laufe einer Sitzung – aber eine explizite Mitteilung ist dazu nicht nötig. Manches bleibt lange Zeit unverstanden – vor allem paradoxe Interventionen. Die Therapeutin muß viel Vertrauensvorschuß verlangen, damit diese Art der ersten Begegnung nicht allzu verwirrend auf die Patienten wirkt. Das aber heißt: Eine solche Therapeutin muß von der Notwendigkeit ihrer Interventionen fest überzeugt sein, damit dieses Vertrauen sich einstellt. Gerade paradoxe Interventionen – sofern solche schon in der ersten Begegnung eingesetzt werden – können abstoßen und verwirren. Es kommt also auf das Taktgefühl der Therapeuten an, ob und wann sie den Patienten solche stark dirigistischen Methoden zumuten können.

Unabhängig von der Methode, mit der die erste Begegnung gestaltet wird, ist aber immer das ganz persönliche Fluidum, die wechselseitige Sympathie oder Antipathie, von großer Wichtigkeit. So ungenau man sagen kann, was die »Liebe auf den ersten Blick« ausmacht, genauso ungenau ist vorherzusehen, ob eine solche vertrauensvolle Sympathie in der ersten Begegnung zwischen Patient und Therapeut sich herstellt oder nicht. Längst nicht alles ist zu erlernen – Gott sei Dank! Wäre es möglich, alles zu erlernen, dann ginge der Psychotherapie das Wichtigste verloren: der Reiz, der davon ausgeht, daß jede Situation ganz und gar einmalig ist.

Der therapeutische Prozeß: ein holpriger Weg, eine gemächliche Fahrt oder eine Kette von Erleuchtungen?

In der Beschreibung des therapeutischen Prozesses kommen sowohl Entwicklungsvorstellungen als auch Ziele der einzelnen Schulen besonders deutlich zum Ausdruck. Der Prozeß der therapeutischen Veränderung kann sehr formal und generalisierend beschrieben werden (solche Prozeßmodelle sollen hier nicht zur Sprache kommen) oder bezogen auf die von der jeweiligen Therapieschule als wichtig erachteten Inhalte. (Formale Modelle sind solche, die für alle Therapieschulen gelten, also etwa die Einteilung in: 1. Anwärmphase, 2. Annäherung an zentrale Themen, 3. Durcharbeitung zentraler Themen, 4. veränderte Herangehensweise und so weiter.)

Wozu dienen Prozeßmodelle? Sie sind, neben theoretischen Gründen, wichtig für die Ausbildung von »Suchrastern« im Kopf des Therapeuten. Die notwendige Wahrnehmungsselektion, die der Therapeut vornimmt in bezug auf die Daten des Patienten, erfolgt nicht zufällig und willkürlich, sondern aufgrund bestimmter Ideen, in welchen Abfolgen welche Geschehnisse in der Therapie zu erwarten sind.

Psychoanalytiker haben im Laufe der Geschichte sehr unterschiedliche Prozeßmodelle entwickelt. Sie entstammen der theoretischen Vorliebe der jeweiligen Vertreter dieser Modelle. Paradigmatisch seien hier drei als typisch anzusehende Modelle der Psychoanalytiker aufgezeigt: das Modell von Freud, das Modell von Fürstenau und das Ulmer Prozeßmodell.

Freud selbst hat zwar noch nicht in der Begrifflichkeit des Prozesses gedacht, hat aber gleichwohl Hinweise gegeben darauf, wie Therapie typischerweise verläuft. Seine Kennzeichnung des Prozesses ist berühmt geworden durch die drei Begriffe Erinnern, Wiederholen, Durcharbeiten auf Seiten des Patienten und (dies hat Freud aber nicht explizit gemacht) auf seiten des Therapeuten das Klären, Konfrontieren und Deuten. Freud betrachtete dies allerdings nicht als ein lineares, sondern als ein zyklisches Geschehen, ein Konzept, das sich übrigens im neuesten Modell, dem sogenannten »Ulmer Modell«, annähernd wiederfinden läßt. Diese drei berühmten Begriffe Erinnern, Wiederholen, Durcharbeiten beschreiben (GW X, 1914) natürlich die Kernstücke des psychoanalytischen Geschehens.

Das Erinnern ist zunächst einmal gegeben, wenn der Patient die Regel der freien Assoziation befolgt. Alles, was ihm in den Sinn kommt, hat – dieser Vorstellung nach – etwas zu tun mit den Kernkonflikten seiner Vergangenheit, also mit seiner Krankheit. Diese Erinnerungen blieben aber leer und abstrakt, wenn der Patient sie nicht in der Beziehung zum Therapeuten wiederbeleben (»wiederholen«), also: in der Übertragung wieder inszenieren würde. (Wenn man sich an das Fallbeispiel in der Einleitung erinnern mag: Frau Beckmann hat schon in den ersten Sätzen zu erkennen gegeben, daß sie sich nicht aufdrängen will und um das Wohlergehen des Therapeuten sehr besorgt ist – so wie sie das auch im Alltag macht und wie dies sicher auch in ihrem christlichen Elternhaus gefordert wurde.) Die Erinnerung, die sich beim Wiederholen einstellt, ist daher natürlich als eine sehr viel gewichtigere und emotionalere anzusehen als das, was bloß in den Gedanken des Patienten vorüberzieht. Im Gegensatz zu recht verbreiteten Vorstellungen von der Psychoanalyse hat übrigens Freud nie behauptet, daß durch die Wiederholung alle Erinnerungen wieder auftauchen müssen. Er verweist darauf, daß oft das Urmaterial nie mehr auftaucht, daß man nur aus der Übertragung heraus oder auch über Deckerinnerungen mutmaßen kann, wie die frühere Situation ausgesehen haben mag.

Das Durcharbeiten schließlich bezieht sich bei Freud auf die Integration der Deutung in die gesamte Person; es bleibt bei Freud etwas vage, wie dies geschieht (spätere Analytiker haben sich mit dem Thema wiederholt in differenzierter Weise beschäftigt; dazu Wolfgang Mertens, 1991). Jedenfalls handelt es sich um ein Geschehen, bei dem der Analytiker offensichtlich von immer neuen Perspektiven her die unbewußten Konflikte anspricht und der Patient schließlich – gegen alle Widerstände ankämpfend – ein sozusagen »ganzheitliches« Bild von seinen Problemen gewinnt. Daß dies nicht in einem einmaligen Durchlauf zu erreichen ist, hat Freud sehr bald einsehen müssen und junge Analytiker auch mehrfach darauf hingewiesen, daß der Prozeß des Erinnerns, Wiederholens und Durcharbeitens sich immer wieder neu formiert und rund um immer wieder neue Fokusse abgehandelt wird. Daß dies kein rein kognitiver Prozeß sein kann, versteht sich von selbst und wurde auch von Freud immer wieder betont. Das erfolgreiche Bestehen dieses Prozesses setzt eine spezifische Dialektik voraus: nämlich die Tatsache, daß man, im psychoanalytischen Prozeß in der Gegenwart agierend und die Gegenwart sehr sorgfältig aufnehmend, sich gleichzeitig auf die Vergangenheit bezogen erlebt. Dies bedingt eine Spaltung des Ichs, die von Richard Sterba 1934 als »therapeutische Ichspaltung« bezeichnet wurde. Diese Spaltung ist eine wichtige Leistung eines reifen Ichs und Voraussetzung für eine lege artis ausgeführte Analyse. Der psychoanalytische Prozeß, so wie Freud ihn konzipierte, ist alles andere als harmonisch. Die immer wieder durchbrechenden, vom Wiederholungszwang »getriebenen« unbewußten Kräfte (als Widerstand zu bemerken) führen zu immer neuen Krisen innerhalb des therapeutischen Prozesses, da ja die dosierte Frustration, die Verweigerung der Wunscherfüllung immer wieder Anlaß zu neuen Ärgernissen gibt. Ohne diese Krisen ist der psychoanalytische Prozeß nicht zu denken, erst die Überwindung der Krisen führt ja zum endgültigen Akzeptieren von Einsichten. Dies ist ein Punkt, in dem sich das Prozeßmodell der Psychoanalytiker ganz wesentlich von anderen Therapieauffassungen, speziell solchen der humanistischen Prägung, unterscheidet. Der Analytiker müsse sich auf einen »beständigen Kampf« einlassen, meint Freud (GW X, S.133).

Sowohl im Alltagsverständnis vieler Psychoanalytiker als auch in der Prozeßtheorie von Fürstenau (1977) findet sich noch ein anderer Gesichtspunkt, den es ebenfalls nur in der Psychoanalyse gibt. Es ist dies die Vorstellung vom Prozeß der Wiederholung der psychosexuellen Entwicklung. Man nimmt also an, daß im Laufe der Therapiezeit in Zeitrafferform die Entwicklung mit ihren Konfliktetappen nochmals durchgemacht und in der Übertragung nachinszeniert wird. Voraussetzung für diese Annahme ist das Konzept der Regression, das für die psychoanalytische Therapiesituation in besonderer Weise gilt. Die Übergabe der eigenen Problematik an den Analytiker, das Liegen auf der Couch und ähnliche Charakteristika schaffen Bedingungen, die für das Regredieren günstig sind. Das Wiederaufleben alter Konflikte vollzieht sich also an der Person des Therapeuten in besonders auffälliger Weise, der Prozeßtheorie nach geschieht es auch in der ursprünglichen Reihenfolge. Ob dies wirklich zutrifft, ist empirisch noch nicht überprüft worden. Jedenfalls wird von Kritikern wie Thomä und Kachele darauf hingewiesen, das Modell berücksichtige nicht, daß man es auch mit einer erwachsenen Person zu tun hat (therapeutische Ichspaltung), daher sind die alten Konflikte und ihre spezifischen Lösungen sicher nicht sozusagen maßstabsgetreu zu sehen, es können eine ganze Menge Modifikatoren dazwischentreten. Hier wird besonders deutlich, daß Prozeßkonzepte als Wahrnehmungsselektoren der Therapeuten unter Umständen zu sehr spezifischen und untereinander andersartigen Auffassungen vom therapeutischen Geschehen führen können, was wiederum die Interventionen beeinflussen mag. Ob ich den Patienten als einen sehe, der völlig unter dem Einfluß des Wiederholungszwanges steht und nur noch die Wiederbelebung seiner frühkindlichen Entwicklung agiert oder ob ich die erwachsenen Ich-Kompetenzen im Auge habe, macht einen großen Unterschied in meiner Einstellung zum Patienten und muß dazu führen, daß ich mich jeweils unterschiedlich verhalte, ihm also etwa im letzteren Fall wesentlich mehr Frustrationen zumute als im ersteren.

Mario Erdheim (1993) kritisiert am Modell vom Wiederholen der psychosexuellen Entwicklung während des therapeutischen Vorgehens, daß man – sofern man das Modell überhaupt verwendet – auch die Konflikte der Adoleszenz einbeziehen müßte; dies beruht auf der in der herkömmlichen Psychoanalyse eher vernachlässigten Hervorhebung der Adoleszenz als einer wichtigen Entwicklungsphase, in der Korrekturen und Vertiefungen frühkindlicher Konflikte möglich sind. Es gibt übrigens nur eine (Einzelfall-)Studie (Fischer, 1989), in der die teilweise Gültigkeit eines Prozeßmodells als Wiederholung der psychosexuellen Entwicklung bestätigt wurde; aber dies genügt natürlich nicht zur Validierung des Modells als eines allgemeingültigen.

Das Ulmer Prozeßmodell nimmt einige Elemente früherer Konzepte auf. Zentral ist die schon von Autoren wie Strupp (1991) und Malan (1986) vorgelegte Überlegung, daß der psychoanalytische Prozeß als ein fokussierter betrachtet werden kann. Die Ulmer Gruppe um Thomä und Kachele übernimmt dieses ursprünglich meist für Kurztherapien verwendete Modell zur Kennzeichnung aller psychoanalytischen Therapien. Wesentlich ist dabei ihre Auffassung, daß die Fokusfindung eine Gemeinschaftsaufgabe von Analytiker und Patient ist, daß sich also ganz sicher keine »Naturwüchsigkeit« einstellt. Es ist also von entscheidender Bedeutung, welche Informationen mit welchen Strategien bearbeitet werden, damit ein bestimmter Fokus deutlich wird. Der Fokus kann sich im Laufe der Therapie verändern oder auch – was sehr häufig geschieht – bei zentraler qualitativer Konstanz jeweils ein neues Niveau der Bearbeitung erleben.

So kann die (orale) Abhängigkeitsproblematik einer Patientin sich zuerst darin zeigen, daß sie dauernd um Rat fragt, sich Bücher ausleihen will, die Analytikerin zwischen den Analysestunden anruft, um Alltagsprobleme zu besprechen, und in Ferienzeiten einfach krank wird. Später, wenn dieses Niveau durchgearbeitet ist (und das heißt nicht: daß die Analytikerin dies einfach verbietet!), wird die Abhängigkeit subtiler spürbar: die Patientin versucht zu erspüren, welche politische Partei die Analytikerin bevorzugt, und befaßt sich mit deren Parteiprogramm. Die Patientin ist nun zwar sehr traurig, wenn ihe Analytikerin krank wird oder Ferien macht, wird aber nicht mehr selbst krank.

Bestätigung findet dieses Prozeßmodell durch die empirischen Arbeiten von Luborsky (1988), der Therapien daraufhin untersuchte, welche zentralen Konflikte sich im Laufe der Zeit zeigten. Dabei wurde klar, daß immer wiederkehrende therapieleitende Konfliktdynamiken auftauchten, die aber untereinander verbunden sind.

Therapien, die sich an der Abfolge der psychosexuellen Entwicklungsphasen orientieren, und solche, die ein Fokussierungsmodell favorisieren, heben vermutlich jeweils andere Schwerpunkte im Ablauf des Geschehens hervor. So mag eine am psychosexuellen Phasenmodell festhaltende Psychoanalytikerin den Ärger eines Patienten über einen Patienten-»Nebenbuhler«, den er in einer der ersten Stunden äußert, als ein Wiederbeleben der Angst sehen, die der Patient hatte, als in seinem zweiten Lebensjahr ein Bruder geboren wurde und er das Gefühl hatte, aus der wunderbaren Zweisamkeit mit seiner Mutter verdrängt zu werden. Diese Analytikerin geht davon aus, daß in einer frühen Phase der Therapie frühkindliche Konflikte im Vordergrund stehen. Ist aber dieses Modell nicht leitend, sondern eher das Fokussierungsmodell, dann kann sie auch an die ödipale Eifersucht des Patienten in seinem fünften Lebensjahr denken. In beiden Fällen werden ihre Interventionen verschieden aussehen. Im Falle der ödipalen Überlegung wird sie eher auf Konkurrenz, Kampf und Wut gegenüber einem Nebenbuhler anspielen und Vermutungen anstellen, die in die Phase der ödipalen Eifersucht reichen. Im ersten Fall aber wird sie auf Trauer und Sehnsucht des Kindes, das sich allein gelassen fühlt, verweisen.

Bei Rogers finden wir, getreu seinen übrigen Vorstellungen, ein völlig anderes Konzept des therapeutischen Prozesses. Dieser wird zwar auch als ein intrapsychischer gesehen, aber nur in ganz engem Zusammenhang mit dem aktuellen interpersonellen Geschehen, das den beschriebenen Idealforderungen an menschliche Kommunikation gehorcht. Im Zentrum steht also die neue Beziehungserfahrung, die der Klient macht. Der Prozeß selbst ist einer, der nur durch eine Veränderung der gefühlsmäßigen Erfahrung des Erlebens gekennzeichnet ist; neue Erkenntnisse sind in der Form der neu erlebten Kongruenz zwischen Erfahrung und Selbstkonzept und nicht durch irgendwelche mehr oder weniger intellektuellen »Einsichten« darstellbar. Es gibt dabei eine Art inneren Leitfaden im Klienten, der den Weg weist. Dementsprechend gibt es sieben voneinander unterscheidbare Phasen (Rogers, 1957):

1. Der Klient wagt sich nur an externale Gehalte heran, spricht in der gewohnten »starren Ordnung der Konstrukte« (»Es geht um meine Beziehungskisten«).

2. Er wird – immer begleitet von der Person des Therapeuten – fähig, Probleme zu thematisieren, allerdings als externale, von außen her gesehene (»Immer wieder in meinem Leben tauchen diese Verstimmungen auf«).

3. Der Klient spricht Gefühle an, meist solche aus der Vergangenheit und fast immer negativ getönt (»Ich war immer das fünfte Rad am Wagen«).

4. Gefühle werden als gegenwärtige thematisiert, werden aber noch immer als Objekte betrachtet (»Meine Traurigkeit wird immer größer«).

5. Gefühle werden als etwas in der Gegenwart Existierendes geäußert, das unmittelbare Erleben wird zum Bezugspunkt, wo-

bei die Diskrepanz zwischen dem bisherigen Konzept des Selbst und dem neuen Erleben gesehen wird (»Ich glaube, daß ich meinen Mann jetzt ganz anders liebe als früher; da war es nur Abhängigkeit«).

6. Gefühle werden in ihrer vollen Stärke erlebt und akzeptiert, das Selbst ist der Bezugspunkt. Diese Stufe ist verbal schlecht darstellbar, weil sie vor allem im averbalen Bereich erfahrbar und spürbar ist.

7. Es nähert sich der Patient der »fully functioning person« – ein Ziel, dem man sich aber nur asymptotisch annähern kann. Dies bedeutet einen dauernden Kontakt zu den eigenen Gefühlen, man weiß nun, wer man ist und was man will.

Bedingung für das In-Gang-Kommen dieses Prozesses sind die kongruente Präsenz des Therapeuten, seine bedingungslose Akzeptanz und seine innere Kongruenz mit dem Kontaktprozeß in der Therapie. Dies gilt für alle Klienten in gleicher Weise, wobei natürlich Variationen des Modells denkbar sind; so steigen manche Klienten natürlich auf einer »höheren« Stufe ein.

Dieses Modell ist sehr unspezifisch, allerdings ist es doch ein klares Abbild der Rogersschen Ideenwelt mit ihrer Dominanz des Wachstumsgedankens, der einem Menschen im Idealfall eine immer bessere Identifizierung der eigenen Gefühle gestattet, die ihm zum Ausbau eines immer reicheren Innenlebens verhilft. Auch hierin sehen wir den Gedanken des »natürlichen« Wachstums, das dann in ruhiger und selbstverständlicher Weise abläuft, wenn nur die Präsenz des Therapeuten als einer guten und gewährenden Mutter spürbar bleibt. Dieser Prozeß ist die »korrigierende emotionale Erfahrung« par excellence. Irgendwelche starren »Regeln« für den Therapeuten (wie zum Beispiel diejenige der Abstinenz und Neutralität) verbieten sich. Jede Situation ist so einzigartig, daß sie auch ein einzigartiges, nicht vorhersehbares Reagieren des Therapeuten verlangt. Die allgemeinen Bedingungen für das Prozeßgeschehen sind daher nur sehr allgemein zu formulieren.

Rogers-Therapeuten werden daher sehr genau immer wieder nur auf den Ausdruck von Gefühlen lauschen und neue Differenzierungen des Innenlebens mit Akzeptanz begrüßen. Natürlich wird auch ein guter Psychoanalytiker dies nicht versäumen, aber sein Hauptaugenmerk ist doch auf die inhaltliche Bedeutung dessen gerichtet, was ihm sein Patient erzählt. Nicht nur das »Mitgehen« des Analytikers ist wichtig; für ihn ist auch das »Mitdenken« nötig, wenn er sich die zu den Gefühlen passenden Szenen der frühen Kindheit vor Augen halten will.

Auch in der Gestalttherapie ist die Einzigartigkeit des Prozeßgeschehens wichtig. Das Medium des therapeutischen Prozesses ist die aktuelle Situation im Kontakt. Diese aktuelle Kontaktsituation wird benutzt, um immer wieder Blockierungen sichtbar zu machen. Manche Gestalttherapeuten versuchen, im *gesamten* therapeutischen Prozeß eine Kontaktabfolge zu sehen – ein Gedanke, der noch der Ausarbeitung und Überprüfung bedarf (persönliche Mitteilung von H. P. Dreitzel). Es wäre dann der Beginn der Therapie gekennzeichnet von den Problemen des Vorkontakts (»Was will ich eigentlich in der Therapie? Ist dies wirklich für mich wichtig?«), am Ende der ganzen Gestalttherapie würden sich die Nachkontaktprobleme stellen (»Noch immer kann ich meine Erfahrungen aus der Therapie gerade bei meinem Freund nicht richtig anwenden«). Der Therapeut ist bei den Gestalttherapeuten der immer wieder neu und aufmerksam agierende Aktualisierer der Kontaktblockierungen; seine Präsenz ist die eines sehr aufmerksamen Beobachters, der auch kleinste Störungen des Kontakts wahrnimmt und mittels experimenteller oder einfach aufzeigender Techniken verstärkt und damit in das Gewahrsein bringt. Die Situationen sind in jeder Psychotherapie so einzigartig und privat, daß es schwerfällt, spezifische Regeln für das Therapeutenverhalten anzugeben. Der Prozeß ist – in seinem Ablauf mit den immer wieder neu auftretenden Kontaktstörungen – als ein dauernd krisenhafter strukturiert.

Verhaltenstherapeuten haben eine ganz besonders klare Konzeption vom therapeutischen Prozeß – entsprechend der klaren Vorstrukturierung, in der das Problemgeschehen eingeteilt wird. Zentrales strukturierendes Element ist die sogenannte Verhaltensanalyse. Getrennt nach Problemzonen werden die Bedingungen, unter denen gestörtes Verhalten (und Erleben) auftritt und aufrechterhalten wird, registriert. Das Ergebnis dieser ersten diagnostischen Phase ist ein genauer Plan, nach dem nun Therapie verläuft. Jedes gestörte Verhalten hat seinen eigenen Therapieplan und wird gesondert behandelt. Natürlich kann der Plan auch geändert werden – dann muß, sofern sich das Verhalten nicht erwartungsgemäß verwandelt, eben neu analysiert und neu geplant werden. Schulte (1974) und nach ihm andere haben den Prozeß als Flußdiagramm aufgezeichnet. Ein sauber arbeitender Verhaltenstherapeut hat ein solches Flußdiagramm immer im Kopf und versucht, sein therapeutisches Verhalten danach auszurichten. Diese Art und Weise, den Therapieprozeß durchsichtig zu machen, verleiht dem therapeutischen Vorgehen ein sehr spezielles Ambiente; der Patient ist stets im Bilde über die Prozeßphase, in der er sich gerade befindet. Verhaltenstherapeuten besprechen mit ihren Patienten das Vorgehen und verhelfen ihnen damit zur Einsicht in das Rationale des Vorgehens.

So wird ein Therapeut, der ein stufenweises Herangehen an sozial ängstigende Situationen mit seinem Patienten besprochen hat (zum Beispiel: jemanden auf der Straße ansprechen, um die Uhrzeit zu erfragen, als leichteste Stufe, einen Freund um Geld anpumpen als schwerste), dann, wenn der Patient das Geld leihen absolut nicht schafft, einige »leichtere« Stufen dazwischenschieben. Er sieht seinen Patienten immer auf einer Treppe der Schwierigkeiten in bezug auf ein bestimmtes, vorher festgelegtes Therapieziel. Die bei einem Psychoanalytiker eventuell auftauchenden Überlegungen zur oralen Hemmung des Patienten, die vielleicht sogar mit analen Konflikten verknüpft ist (»bitten«

und »Geld als Kotäquivalent«, das er »behalten« will), können bei ihm, solange er theorieadäquat vorgeht, keine Rolle spielen. Sein Prozeßmodell sieht nur die Abfolge der vorher festgelegten Schritte nach quantitativer Schwierigkeitsstufe vor. Es sieht so aus (und wird von einigen Therapievergleichsstudien auch gestützt), als ob gerade sehr ängstliche Patienten durch die Klarheit des Vorgehens bei der Verhaltenstherapie mehr Sicherheit erlangen und ihre Ängste besser unter Kontrolle bekommen können als durch andere Verfahren (Garfield, 1982). Die Verhaltensanalyse hat außerdem noch eine nicht unbedingt explizit angepeilte, gerade für differenziertere Patienten jedoch sicher sehr wichtige Funktion: Sie vermittelt ihm oder ihr durch die Herausarbeitung der Beziehung von auslösender Bedingung, Verhalten (Erleben) und Konsequenzen einen ersten Einblick in die Regelhaftigkeit bestimmter Vorgänge. Sicherlich ist dies nicht gleichzusetzen mit den Einsichten in unbewußte Motive, aber vorbewußte Manöver der Abwehr oder der Bezugnahme können auf diese Weise durchaus erkannt werden. Ein Beispiel dafür wäre die Einsicht in die Aufrechterhaltung einer sozialen Phobie durch die dauernden »hilfreichen« Eingriffe des Partners, der dadurch einer Patientin verschleiert, welche Phasen sozialer Kontakte ihr besonders aversiv sind und welche Vermeidungstaktiken sie anwendet, um sich vor bestimmten sozialen Situationen zu drücken.

Systemtherapeutisch arbeitende Therapeuten sind nicht unbedingt vom Gedanken an ein Prozeßgeschehen bestimmt; die Systemische Therapie erfolgt (schon infolge der langen Intervalle zwischen den Therapiesitzungen: gewöhnlich sechs Wochen) eher in der Art von Kriseninterventionen, wo einzelne Aktionen mit Überraschungscharakter für die Familie gesetzt werden. Man geht davon aus, daß die in der Therapie gegebenen Anstöße in den Intervallen dazwischen Auswirkungen haben und das ganze Gefüge verändern. Natürlich gibt es auch dort implizit einen Prozeß (vor allem, wenn Therapien dann doch länger dauern als geplant), aber er wird weder innersystemisch konzipiert, noch kann man irgendeine Gesetzmäßigkeit von außen her erkennen.

Therapieziele: der glückliche Mensch?

In jedem therapeutischen System sind natürlich die Therapieziele und Entwicklungsziele eng miteinander verknüpft. Wo der psychoanalytisch gedachte »Idealmensch« einer ist, der eine gute Balance zwischen der Bewußtmachung von Konflikten und einer gesunden Abwehr als Anpassungsstrategie entwickelt hat, steht bei der Rogersschen »fully functioning person« die Abkehr von Fassaden, beim gestalttherapeutisch gedachten der kreative, neugierige, spontane Mensch, der auch aggressiv im positiven Sinne auf seine Ziele zugehen kann. Traditionell psychoanalytische Entwürfe vom gesunden Menschen sind bestimmt von der Vorstellung einer einigermaßen »normalen« Umwelt, an die man sich gefahrlos anpassen kann. Die von Freud formulierten Ideen von einem Menschen, der liebesfähig und arbeitsfähig sein müsse, verraten noch keinen Zweifel daran, daß der Gesunde sich einpassen muß in die Gesellschaft. Das bürgerliche Ideal des arbeitsamen Menschen, der für die »ödipale Ursünde« büßen muß (Riesman, 1965) und dem daher Muße und zweckfreies Spiel nicht unbedingt förderlich sind, steht hier Pate. Allerdings handelt es sich hier um Freuds Meinung als Privatmann, um die Meinung eines Menschen, dem prinzipielle Zweifel an der bürgerlichen Gesellschaft (bei aller Kritik, die er an einzelnen Institutionen und Werten hat) noch nicht gekommen sind. Nicht die bürgerliche Gesellschaft wird in Frage gestellt, sondern die Problematik der Gesellschaftlichkeit überhaupt gerät ins Visier. Erst in den dreißiger und vierziger Jahren wurde in der »Kritischen Theorie« von Adorno und Horkheimer klargemacht, daß das theoretische

Inventar der Freudianer sich sehr gut auch zu einer Kritik der bürgerlichen Gesellschaft verwenden läßt.

Wie übertragen sich diese allgemeinen Vorstellungen vom gesunden Menschen auf die Therapieziele?

In der psychoanalytischen Therapie (Mertens, 1991) werden vier Therapieziele voneinander unterschieden: 1. die Auflösung der Übertragungsneurose; 2. die Fortführung eines unterbrochenen Entwicklungsprozesses; 3. das Erreichen intrapsychischer Autonomie; 4. die Entwicklung selbstanalytischer Fähigkeiten.

Diese vier Therapieziele sind eng verzahnt mit einigen spezifischen Vorstellungen von psychischer Gesundheit in der Psychoanalyse. Sie implizieren außerdem die Weiterentwicklung der Psychoanalyse in den verschiedenen Ausprägungen von Ich-Psychologie und Objektbeziehungspsychologie.

Die Auflösung der Übertragungsneurose bedeutet nämlich letztlich: die Hinwendung zum Realitätsprinzip. Alte Beziehungserfahrungen werden nun nicht mehr unbesehen fortgeführt und wahllos auf andere Menschen verschoben; Beziehungen können neu und persongerecht konstituiert werden, sind also dem jeweiligen Partner angemessen. Die Fortführung des unterbrochenen Entwicklungsprozesses bezieht sich etwas spezifischer auf die verschiedenen ichstrukturellen Schwächen, die durch schlechte Beziehungserfahrungen entstanden sind. Therapeutische Interventionen haben an dieser Stelle auch kompensatorische Funktion (die »korrigierende emotionale Erfahrung« wird heute nicht mehr so verteufelt wie in den Anfängen; siehe auch Thomä und Kachele, 1985), das schwache Ich wird funktionsfähiger. Letztlich dient natürlich auch dies dazu, dem Realitätsprinzip die dauernde Vorherrschaft zu sichern.

Das Erreichen intrapsychischer Autonomie als Therapieziel teilt die moderne Psychoanalyse allerdings mit vielen anderen Therapierichtungen. Margaret S. Mahler hat mit ihrer Betonung des Autonomiestrebens im Laufe der menschlichen Entwicklung dieses Therapieziel stark geprägt. Es ist aber eines, das auch über die Psychoanalyse hinaus dem gesamten Menschenbild der Moderne weitgehend entspricht und daher auch für die meisten therapeutischen Systeme Geltung hat. Erst in jüngster Zeit hat die feministische Psychoanalytikerin Jessica Benjamin (1990) an diesem allgemein akzeptierten Wert gerüttelt. Ihrer Meinung nach berücksichtigt die auf Mahler beruhende Psychoanalyse allzu wenig das lebenslange Bedürfnis des Menschen nach Bindung.

Das Erreichen selbstanalytischer Fähigkeiten wird wiederum in keiner Therapieschule so klar betont wie in der Analyse. Natürlich besteht auch hier ein Zusammenhang zum Therapieziel der Autonomie: Der Weg dahin über die dauernde Selbstanalyse allerdings verdankt sich letztlich wohl der Vorstellung Freuds (GW XVI, S. 59 ff.), daß das mühsam errungene Gleichgewicht zwischen konfligierenden Kräften der Triebe und der Abwehr sehr fragil ist und ein Mensch jederzeit wieder aus der Bahn geworfen werden kann. Es ist also sozusagen dauernde Wachsamkeit notwendig – ein Pessimismus, der von den meisten Therapieschulen nicht geteilt wird. Zu diesen selbstanalytischen Fähigkeiten gehört die Kompetenz, Anzeichen eines unbewußten Konflikts wahrzunehmen, Phantasien und Vorstellungen aufsteigen zu lassen, warten zu können, bis die Bedeutung des Konflikts klar wird, und ähnliches mehr (nach Mertens, 1991). Rogers und ein Großteil der Humanistischen Therapieschulen bringen andere Konzepte ins Spiel, wenn es um die Formulierung des Therapieziels geht. Es geht um das Abwerfen der störenden sekundären Werte, die die Kongruenz von Erfahrung und Selbst behindert haben. Der Mensch muß also durch die Therapie wieder in die Lage versetzt werden, denjenigen inneren Zielen, die durch die je eigene organismische Bewertungsinstanz gegeben sind, nachzuleben. Der Mensch als einer, der eigentlich »gut« ist, muß wachsen und sich entfalten können, es geht um die Wiederherstellung eines Prozesses, der »natürlich« ist und nur durch widrige Umstände unterbrochen wurde. Inhaltliche Zielsetzungen kann es bei diesem Konzept nicht geben. Jeder Mensch muß die ihm eigene, ganz persönliche Form von Selbstkongruenz finden. Sie garantiert inneren Frieden, Glück und Harmonie. Der Therapeut fungiert als eine Art Geburtshelfer. Was er zutage fördert am »neuen und echten« Menschen, hängt nicht von ihm ab.

Sehr viel konkretere Angaben werden bei den Gestalttherapeuten gemacht. Durch die Aufhebung der Kontaktblockierungen wird der Mensch kreativer, spontaner und entwickelt eine gesunde Aggressivität. Die Wichtigkeit der schöpferischen Aggression, die gegen institutionelle Zwänge und das erfahrungshinderliche Introjekt antritt, wird bei Perls und Goodman immer wieder betont. Bei Zinker (1977) oder Polster (1975), Gestalttherapeuten, die sehr stark von der Humanistischen Therapie beeinflußt sind und weniger von der psychoanalytischen, geht es um etwas Harmonischeres: um Eintracht und inneren Frieden. Goodman hingegen betont die Wichtigkeit aggressiver Auseinandersetzung, damit Aggression nicht »aufgestaut« wird und zu destruktiven Ausbrüchen (wie etwa zu einem Krieg) führt. Der prinzipielle Zweifel an allen Institutionen, am Staat und der bürgerlichen Gesellschaft scheint bei ihm immer wieder durch. Der einzelne ist aufgerufen, sich dagegen zu wehren, wider den Stachel zu löcken. Das schöpferische Ich wird es ermöglichen, eine neue und »gesündere« Welt zu gestalten.

Es versteht sich von selbst, daß in den lerntheoretisch orientierten Therapien kein allgemeines Therapieziel vorgegeben werden kann: Diese Schule orientiert sich ja doch ganz und gar an der vom Patienten vorgebrachten Klage, also sehr häufig am Symptom. Das Therapieziel ist erreicht, wenn der Patient seine Zielvorgabe erreicht hat. Übergeordnete Ziele werden nicht formuliert. Dies könnte, oberflächlich betrachtet, so aussehen, als bestünde zwischen Humanistischer Therapie und Verhaltenstherapie gar kein so grosser Unterschied; er ist aber doch sehr wesentlich. Die Vorstellung, dass jeder »sein ganz privates«, ihm sozusagen »angeborenes« Entwicklungsziel verfolgen muss, ist der Verhaltenstherapie natürlich fremd. Welche Quellen die persönliche Therapiezielbestimmung hat – gesellschaftliche Vorurteile, elterliche Gebote und dergleichen –, das lässt sich nicht hinterfragen. Wichtig ist einfach die persönliche Bestimmung des Zieles. Was dahintersteckt, ist nicht Sache des Therapeuten.

Ganz anders hingegen wird in der Systemischen Familientherapie das Therapieziel expliziert: Systemiker wissen genau, wie ein gut funktionierendes Familiensystem auszusehen hat. Die »richtigen« Grenzziehungen, die »richtigen« Koalitionen sind wichtig, damit das System funktioniert, ohne dass ein einzelner sich durch sein Symptom »opfert«. Es werden daher Veränderungen der Grundannahmen und konstruktivere Interaktionsregeln angeboten. Therapeuten intervenieren immer innerhalb des Systems, auch wenn die Familie das gar nicht merkt und – wie sehr oft der Fall – einfach davon ausgeht, dass allein der »Problemfall« geheilt wurde. Die Interventionen sind oft mit Täuschungen verbunden, die Therapeuten mit humanistischen Idealen sicher nicht gefallen. So wird in dem Buch von Gunthard Weber und Helm Stierlin (1989) der Fall einer Magersuchtpatientin geschildert, die sozusagen steckengeblieben ist zwischen ihrem Autonomiebestreben und der machtvollen Vermittlerrolle, die sie durch ihre Krankheit im Konflikt der Eltern hat. Obwohl beide Therapeuten die gleiche Meinung zu dem Fall haben, behaupten sie der Familie gegenüber, sie hätten eine geteilte Meinung: der eine sei der Auffassung, die Patientin werde in ihrer Rolle verharren, der andere meine, sie werde sich neu orientieren. Durch diesen kleinen Trick sollte der Patientin ihre Position noch klarer werden, und sie sollte damit besser in die Lage versetzt werden, sich für die Veränderung zu entscheiden.

Wie schon im Kapitel über die Triebkräfte der Entwicklung gezeigt, sind alle Therapieziele nicht nur von der Therapietheorie abhängig, sondern auch vom jeweils herrschenden Zeitgeist.

Sie explizit zu machen ist aber keine rein theoretische Angelegenheit. Auch für den Praktiker ist es wichtig zu wissen, welche Ziele seine Therapieschule ihm »gestattet« und welche er als Zeitgenosse favorisiert. Natürlich sind alle obengenannten Ziele jedem Therapeuten und Patienten geläufig und akzeptabel: Abkehr von Fassaden, Freisetzung von Kreativität, Fähigkeit zur Selbstexploration, Erringung von Autonomie: all dies entstammt dem Arsenal moderner Vorstellungen vom gut funktionierenden Menschen, zu dessen Kompetenzen sowohl Anpassung als auch Empathie als auch Kreativität gehören müssen, wenn er sich in einer komplexen Massengesellschaft zurechtfinden will. Insofern sind die Ziele der einzelnen Therapieschulen in ihrer Unterschiedlichkeit nichts anderes als unterschiedliche Facetten allgemein akzeptierter Werte, die gesellschaftliche Kräfte ohne weiteres für sich »verwerten« können. Man denke nur an das interessante und vielgelesene Buch von Christopher Lasch (1975) über »Das Zeitalter des Narzißmus«. Keines der hier vertretenen Therapieziele läßt er außer acht, wenn er die totale Vereinnahmung des einzelnen im Rahmen einer »narzißtisch« genannten Gesellschaft expliziert: Empathie wird nötig, um eine geeignete Verkaufsmentalität zu entwickeln; Kreativität muß den ständig wechselnden Anforderungen der Produktion und der Reklame dienen, und so die ganze Skala herunter. Und gar die als »postmodern« deklarierten Werte einer gewissen Beliebigkeit der nur mehr als Simulacren erlebten Realitäten innerer und äußerer Art: auch hier steuern manche Therapieformen bei zum gesellschaftlich brauchbaren, möglichst flexiblen Zeitgenossen, der sich immer wieder neu anpassen kann und nicht ewig lange seine alten Konstrukte mit sich weiterschleppt. Denn auch so lassen sich manche Zielbestimmungen der Therapieschulen lesen, wenn es heißt: Man möge sich selbst immer wieder neu definieren, der Situation anpassen und nicht in alten und überholten Konstrukten verbleiben – dies entspricht einem modernen Menschentyp, der wendig genug ist, unbrauchbar geworden Altes abzustreifen. Haben dies die großen Meister der Therapieschulen gewollt? Ist es dies, was Psychotherapie überhaupt anstrebt? Gewiß nicht! Abgesehen von einigen Scharlatanerien in der Therapieszene, geht das ehrliche Bestreben fast aller Schulengründer dahin, dem einzelnen mehr Freiheit zu verschaffen, ihn gegenüber der Gesellschaft mit ihren oft zerstörerischen Anforderungen resistent zu machen.

Es gehört zu den Paradoxien unserer Gesellschaft (vermutlich jeder Gesellschaft), daß jede Wertorientierung unterlaufen werden kann dadurch, daß man sie zweckentfremdet anwendet. So gibt es schon in früheren Zeiten unzählige Beispiele für die zweckentfremdete Ausbeutung der Religiosität oder der bürgerlichen Tugenden. Aber auch die modernen »Tugenden« Echtheit und Selbsterkenntnis können diesem Schicksal offensichtlich nicht entgehen. Schon seit längerem sind karikaturistische Darstellungen des »durchtherapierten Menschen« im Schwange. Derjenige, der alles »aus dem Bauch« zu betrachten gelernt hat, ist dabei nicht weniger komisch als derjenige, der sich immer fragt, ob er noch »im Kontakt« ist, oder der Psychoanalysekundige, der sich und seine Mitwelt durch die Brille psychoanalytischer Kategorien »durchschaut«. Die Karikatur zeigt in übertriebener Form, wie unser Denken über den Menschen durch die Therapieschulen mitgeprägt wird.

Die Vorstellung gutgläubiger Humanisten, es wäre möglich, auf dem Wege subjektiver Evidenz den eigenen »innersten Kern« zu erreichen, scheint demgegenüber naiv. Weder die Umwelt noch – was betrüblicher ist – der einzelne kann je mit Sicherheit behaupten, er sei nun »bei sich selbst«. Jede Einsicht kann zweckentfremdet wieder zur Fassade werden. Die Gesellschaft mit ihren vielerlei Fallen der Vereinnahmung unseres Innersten sitzt unauflöslich in uns drin. Genau dies hat Freud gesehen – daher sein Pessimismus in bezug auf die Rettung des Menschengeschlechts durch Psychotherapie.

Therapie und Gesellschaft: ein prekäres Verhältnis

Freuds Theorie war fast von Beginn an auch als eine Kultur- und Gesellschaftstheorie konzipiert. Wir finden daher schon in den Zeiten der traditionellen Psychoanalyse besonders viele Ideen zum Verhältnis Individuum-Gesellschaft sowie zur psychoanalytischen Interpretation kultureller Gehalte. Berühmt geworden sind in diesem Zusammenhang Freuds Studie zum Moses des Michelangelo oder seine Deutung eines Kindheitstraumes von Leonardo da Vinci. Auch seine Schüler haben frühzeitig versucht, sich der psychoanalytischen Methode zu bedienen, wenn sie den tieferen Gehalt von Kunstwerken erfassen wollten. Dies ist nicht ein zufälliges Spezialinteresse der frühen Psychoanalytiker, die meist sehr gebildet waren und weitreichende Interessen hatten. Es liegt vielmehr im theoretischen Ansatz der Psychoanalyse selbst, daß auch gesellschaftliche und künstlerische Phänomene ins Blickfeld der ersten Psychoanalytiker traten. In seinen psychoanalytischen Vorlesungen betont Freud sogar (GW XV), man möge die Psychoanalyse nicht nur und vielleicht nicht einmal in erster Linie ihres therapeutischen Wertes wegen schätzen. Sie sei mehr als dies: nämlich die Möglichkeit, mit Hilfe des in ihr verborgenen »Wahrheitsgehalts« Aufschlüsse über Menschen zu gewinnen. Es wird nämlich davon ausgegangen, daß auch in der Produktion objektivierbarer Gehalte (Institutionen, Rituale, Kunstwerke) dieselben Mechanismen aufspürbar sind wie in den individuellen Lebensentwürfen. Damit wird klargestellt, daß es sich um sozusagen »gefrorene« Gehalte subjektiver Entwicklungsprozesse handelt, die rückführbar sind an den Ort ihrer Entstehung im

Subjekt. Damit aber wird auch analysierbar ihre Funktion für den einzelnen und für die Gesellschaft, was in der Psychoanalyse allemal heißt, daß ihr Sinn nicht auf der Hand liegt, sondern sich als einer darstellt, der immer auch (neben seinen bewußtseinsfähigen Anteilen) verborgenen, unbewußten Wünschen dient und Versagungen birgt.

In seinem Aufsatz über Massenpsychologie und Ich-Analyse hat Freud (GW XIII) paradigmatisch aufgezeigt, wie über das Bedürfnis nach Regression, über die Introjektion von Massenurteilen oder gar einer Führerpersönlichkeit der einzelne in Masseninstitutionen sich seiner mühsam errungenen Individualität entledigt und nur noch primärprozeßhaft-irrational funktioniert – wobei die Illusion der Teilhabe an einem mächtigen Über-Ich ihm die Tatsache seiner Regression verbirgt und ihn daher zum Spielball von Machtinteressen machen kann.

Freud sieht einen prinzipiellen Antagonismus zwischen dem Menschen als einem bedürfnisbefriedigenden, egoistischen und dem Menschen als einem sozialen, altruistischen Subjekt. Dieser Antagonismus ist unaufhebbar, anthropologisch bedingt, eine Grundkonstante des Menschseins überhaupt. Kultur und Neurose werden von diesem Antagonismus gespeist. Das Über-Ich ist die introjizierte gesellschaftliche Verbotsinstanz (auch: idealbildende Instanz), die dem einzelnen immer wieder den dornenvollen Weg zum Altruismus weist. »Jede innere Verdrängungsschranke ist der historische Erfolg eines äußeren Hindernisses« (Freud, GW VII, S. 338). Triebversagungen pflastern seinen Weg als Kulturmensch (könnte er ungehemmt seinem Triebleben nachgehen, gäbe es keine Kulturleistung) und im weniger günstigen Fall seinen Weg als Neurotiker. Dieser hat die sehr wacklige Balance zwischen Wunsch und Versagung nicht halten können, während die Kulturleistung als eine Art Ersatzbefriedigung dient. Das alles bedeutet: Das Subjekt wird als ein gesellschaftliches gesehen, die Konflikte sind notwendig und unaufhebbar. Das freie Individuum, der

»autonome« Mensch hat hier nur einen sehr geringen Spielraum zwischen den biologischen und den gesellschaftlichen Zwängen.

Dies ist ein vollkommen anderes Verhältnis von Individuum und Gesellschaft, als es von der Humanistischen Psychologie konzipiert wird. Es gibt allerdings Vorläufer im psychoanalytischen Lager. Erich Fromm, Karen Horney, Ida Fromm-Reichmann stehen für diese Richtung. Bei ihnen sowie bei Rogers wird die Gesellschaft als ein dem Menschen Äußerliches gesehen. Natürlich sind gesellschaftliche Normen und Rituale für den einzelnen wichtig. Aber er kann sich im günstigen Fall davon befreien, weil er als prinzipiell freies und autonomiefähiges Individuum auf seinen »innersten Kern« horchen kann, und der ist frei von gesellschaftlichen Zwängen, wenn der Mensch sich frei machen will. Die Gesellschaft ist so zwar auch »schuld« an psychischen Störungen, aber eben doch in prinzipiell anderer Weise als bei Freud. Sie kann erstens verbessert werden (vor allem beim Marxisten Fromm finden wir sehr detaillierte Vorstellungen von einer besseren Welt) und damit dem einzelnen sehr viel bessere Chancen geben, und zweitens kann auch der einzelne sich von der Gesellschaft distanzieren und auf sein eigenes Inneres hören.

Freud jedoch kennt keine prinzipiellen Weltverbesserungsideen. Die gesellschaftliche Verfaßtheit des Menschen überhaupt ist es ja, die Leiden schafft. Allerdings ist auch hier – wie in der individuellen Therapie – nicht von der Hand zu weisen, daß die Aufklärung über bestimmte Mechanismen der Entstehung gesellschaftlicher Phänomene Veränderungen hervorbringt.

Die Rogerssche Variante des Verhältnisses Individuum-Gesellschaft ist vor allem in ihren Anfängen trotz aller herben Kritik an bestehenden gesellschaftlichen Einrichtungen letztlich eine recht optimistische. Rogers überlegt sogar, ob nicht durch eine encountergruppenähnliche Zusammenführung kontrahierender Staatsmänner gesellschaftliche Spannungen zu verbessern wären. Alles in allem ist er getragen vom Optimismus der fünfziger und frühen sechziger Jahre: »Wenn die materiellen Bedürfnisse weitgehend befriedigt sind, was in unserer Überflußgesellschaft für viele Leute bereits zutrifft, dann wenden sich die Menschen der psychologischen Welt zu und suchen nach mehr Glaubwürdigkeit und Erfüllung ...« (zitiert nach Jacoby, 1978), sagt er und zeigt damit überdeutlich, für wen seine Therapie und Anthropologie Gültigkeit beanspruchten: für den gut verdienenden (weißen) Mittelschichtler der USA.

Wie Angela Köhler-Weisker und ihre Mitautoren (1993) in ihrer scharfen Polemik gegen Rogers immer wieder hervorheben, unterliegt diesem Gesellschaftsbild eine »binäre Schematisierung von Individuum und Gesellschaft«, die ohne jede dialektische Entfaltung dieses Verhältnisses nie imstande sein kann, die wechselseitige Steuerung und Konstitution von Individuum und Gesellschaft zu verstehen. Ein »einfach gestricktes Denkmuster« attestieren sie dieser Theorie, die den Einfluß der sozialen Welt auf das Individuum als eine »oberflächliche« und »zufällig-situative« sieht.

Dies ist im Grunde ein Gesellschaftsbild, das dem der (von Rogers so sehr bekämpften) Behavioristen ähnlich ist. Auch dort finden wir ja den naiven Glauben (zum Beispiel in B. F. Skinners Roman »Waiden Two«) von der Verbesserungsfähigkeit der Gesellschaft und des einzelnen in unbegrenztem Maß. Die richtigen Verstärkungen ergeben die richtigen »guten« Verhaltensweisen auch der Gesellschaftsmitglieder untereinander. Die komplizierte Dynamik von industriellen Großgesellschaften, ihr immer wieder auftauchendes Ausbeutungsverhältnis, auf dem ja die Überflußgesellschaft der »happy few« beruht, wird nicht in Betracht gezogen. So bleiben im Grunde Rogers wie auch die Behavioristen dabei, die Gesellschaft als eine Ansammlung von Reizbedingungen zu sehen, die man in jede beliebige Richtung verändern kann. Gesellschaft wird bei den Behavioristen reduziert auf das »Milieu« und dieses wiederum auf Reizkonstellationen, die man nur verändern muß, damit eine bessere Welt entsteht. Rogers baut auf die verständnisvolle Einfühlung der Machthaber untereinander, auf die private Erfahrung auch einzelner minder wichtiger Exponenten der Gesellschaft, die in der Summierung zu einer Veränderung gesellschaftlicher Vorurteile führen. Workshops, in denen schwarze und weiße Amerikaner einander »begegnen« sollten, wurden zeitweise sehr häufig angeboten, um das Rassenproblem anzugehen, ebenso gab es Bemühungen, umweltbewußtes Handeln durch empathisches Verständnis zu erzeugen (Rogers, 1980).

Gestalttherapie steht wiederum in jenem schon öfter deklarierten Zwiespalt zwischen dem Pessimismus Goodmanscher Prägung und dem humanistischen Optimismus von Zinker, Polster und anderen, die die kreativen Potentiale des Menschen in den Vordergrund stellen und nicht die prinzipielle Verfaßtheit des Menschen als eine neurotische. Wenngleich Goodman die Neurose als »zur Menschennatur gehörig« (S. 95) apostrophiert, so findet sich doch in der weiteren Ausformung der Theorie, vor allem aber in den Schriften, die Perls selbst verfaßt hat, wenig, das die Dialektik von Individuum und Gesellschaft wirklich produktiv aufgreift. Im Gegenteil: Der häufige Verweis auf die Selbstverantwortung, auf die Regulationsmechanismen und den freien Willen (»sag nicht, ich kann nicht, sag, ich will nicht«) zeigt an, daß wir es letztlich doch mit einer dem Humanismus entlehnten Vorstellung von Gesellschaft, der ein prinzipiell freies Individuum gegenübersteht, zu tun haben (Nogala, 1987). Wir finden daher auch bei Perls oder den Polsters, wie bei Rogers, gesellschaftspolitisch recht naive Vorstellungen wie zum Beispiel die Aufforderung, die UNO-Mitglieder müßten mehr Toleranz üben und ihre Konflikte ausräumen, die militanten Schwarzen Amerikas müßten ihre »unerledigten Geschäfte« aufarbeiten und mehr von der Sorte (Perls, 1980; Polster und Polster, 1983).

In neuester Zeit wird die gesellschaftliche Problematik bei dem Soziologen und Gestalttherapeuten Dreitzel sehr prononciert aufgewiesen. Von hohen ethischen Prinzipien getragen, bemüht er sich, Gestalttherapie als eine Möglichkeit darzustellen, auch die vielfältigen Probleme einer hochtechnisierten Welt zu begreifen und zu verändern. Die Theorie der Gestalttherapie erlaubt aber eben nur ein eingeschränktes Modell von Gesellschaftlichkeit. Im Zentrum steht das Organismus-Umwelt-Verhältnis, von Dreitzel darin gekennzeichnet, daß es »in besonderer Weise geeignet (ist), das Verhältnis von Mensch und Umwelt durchsichtig zu machen« (S. 12). Nun wird das Verhältnis Organismus-Umwelt von der Gestalttherapie tatsächlich als ein sehr lebendiges beschrieben: Nicht nur wirkt der Organismus auf die Umwelt gemäß seiner Bedürfnislage ein, sondern auch die Umwelt wirkt auf die Bedürfnislage ein und produziert neue Wünsche und Bedürfnisse. Insofern ist natürlich der einzelne auch als ein Produkt der Gesellschaft gekennzeichnet. Es ist allerdings schwierig, von diesem Modell her gesellschaftliche Phänomene zu analysieren. Zwar wird der Dialektik des Prozesses zwischen Individuum und Gesellschaft – anders als in der Rogers-Therapie oder bei den Behavioristen – durchaus Rechnung getragen. Das Modell wird aber begrifflich nicht weitergeführt. Es macht sich außerdem als ein Manko bemerkbar, daß hier nur formal und nicht inhaltlich gedacht wird. Anders als die Psychoanalyse, die das Zentrum der (verhinderten und gleichzeitig ermöglichten) Gesellschaftlichkeit in der Maßlosigkeit der libidinösen und aggressiven Triebe und ihrer Eindämmung (Abwehr) durch die gesellschaftliche Verfaßtheit des Menschen konzipiert, hat die Gestalttherapie Mühe, zu einzelnen Phänomenen Aussagen zu machen. Wo das Über-Ich nur als störendes Introjekt besteht, läßt sich die Gesellschaftlichkeit schwer begründen. Dreitzel, der die Theorie, von der er »begeistert« ist, auch als Soziologe retten will, greift daher in ganz andere Theoriewerkstätten. So wird für ihn die Verantwortlichkeit und das Aufeinander-bezogen-Sein, die in der Gestalttheorie zugunsten des starken einzelnen eindeutig ins Abseits geraten, durch den Hinweis auf Varelas und Maturanas Systemtheorie gestützt. Dort nämlich gibt es eine besondere Betonung der Systemzusammenhänge, die auch zwischen den Individuen innerhalb ihrer Umwelt bestehen. Auch die Prägnanz der oft zitierten Eliasschen Position paßt nicht wirklich zur Gestalttherapie, wenngleich das Postulat von der (neuroseerzeugenden?) Affektkontrolle gut einzubauen ist in eine Theorie, die so sehr die Spontaneität und die Freiheit der Emotionen hervorhebt. So bleibt Dreitzels Versuch, die Gestalttherapie für wichtige Probleme der Gesellschaft zu mobilisieren, vage. Der Aufruf zu mehr Sinnlichkeit, mehr Wahrnehmungsverfeinerung und Bedacht im Umgang mit der Natur führt nicht weiter als alle bloß moralischen Appelle. Offenbar bleibt die Analyse, die uns sagen sollte, was hinter der Unachtsamkeit steckt, was in diesem Zusammenhang politische Macht bedeutet und ähnliches mehr, auf einer rein phänomenologischen Ebene ohne Kraft. Ohne den Vorstoß zu den unbewußten Motiven gelingt es nicht, Irrationales, wie es sich in der gesellschaftlichen Verfaßtheit des Menschen ganz besonders kraß zeigt, zu decouvrieren.

Es verwundert daher nicht, wenn wir in den fast vierzig Jahren, die seit dem Erscheinen von Perls' Buch vergangen sind, so gut wie keine Gesellschaftsanalyse vorfinden. Weder die formalen Konzepte noch die inhaltlichen Bestimmungen des Verhältnisses Mensch-Gesellschaft scheinen in der Gestalttheorie viel analytische Kraft zu haben.

Es wurde schon oft gesagt, daß in der Verhaltenstheorie mit ihrem klassischen Reiz-Reaktions-Modell die Gesellschaftlichkeit des Menschen nur als eine Summe von Reizbedingungen begriffen werden kann. Die Eigenarten des Einwirkens bestimmter gesellschaftlicher Formationen auf den einzelnen, die spezifischen Wirkmechanismen, die sich als Introjekte oder als Abwehrvorgänge ausfindig machen lassen, sind damit nicht faßbar.

Es ist vielleicht nicht jedem Therapeuten klar bewußt, in welchem Diskurs über die Gesellschaft er sich befindet. Darf man deshalb davon ausgehen, daß gerade diese Komponenten für seine Heurismen im therapeutischen Prozeß nicht so wichtig sind? Ich möchte dies bei vielen Therapeuten bezweifeln. Die lebensgeschichtlichen Erzählungen der Patienten sind voll von Berichten über Institutionen, über ihre Arbeit, den Umgang mit Behörden, ihre politischen Meinungen; die Rolle ihrer Vorfahren in der Nazizeit oder in der Zeit des deutschen Wirtschaftswunders wird herausgearbeitet. Ob einer sich voll Begeisterung der grünen Partei oder einer sehr konservativen Strömung anschließt: das läßt sich auch auf dem Hintergrund einer psychoanalytischen Institutionenanalyse sehen oder aber als Beispiel eines »unverdauten Introjekts«, wie dies in der Gestalttherapie üblich ist.

Wir finden in der Literatur immer wieder psychoanalytische Falldarstellungen, in denen die Verwobenheit persönlicher und gesellschaftlicher Umstände herausgearbeitet werden kann, weil das theoretische Instrumentarium der Psychoanalyse dies erlaubt. Wir finden außerdem sehr viel Analysen gesellschaftlicher Bewegungen und Institutionen.

Buchholz demonstriert dies ganz konkret an Fallbeispielen, in denen die Nazizeit und die Ost-West-Problematik eine Rolle spielen. So berichtet er (Buchholz, 1990, S. 338) detailliert von einer Dreiecksgeschichte zwischen einem deutschen Mann, seiner polnischen Ehefrau und einer deutschen Kollegin des Mannes. Der Vater des Mannes war SS-Offizier in einem Vernichtungslager gewesen, was aber in der Familie nie erwähnt worden war. Zur Zeit der Therapie war der Vater schon tot. Die Übernahme der Schuld durch den Sohn, seine Wiedergutmachungsphantasien, die die Heirat einer polnischen Frau zur Folge hatten, die unbewußte Identifikation mit dem Vater, indem er seine deutsche Geliebte zur Idealfrau stilisierte, mit der er Volkslieder sang: das alles sind Bestandteile einer Biographie, die nicht nur als Abwehr ödipaler Wunschphantasien zu verstehen ist, sondern auch als Übernahme wichtiger Identifikationen mit einem mörderischen

Vater und einer in der Ehe und im Verleugnen der NS-Zeit gefangenen Mutter. Auch wenn man nicht von solch krassen Fällen ausgeht: vermutlich ist die allgemeine Stimmung, die eine Therapierichtung ausstrahlt, ist die Literatur, die ein Therapeut gelesen hat, nicht ohne Einfluß auf sein spezifisches therapeutisches Handeln.

Natürlich könnte man behaupten, auch ein Gestalttherapeut oder ein Rogersianer hätte die unbewußten Identifikationen oder die Wiedergutmachungsphantasien des oben erwähnten Patienten mit der polnischen Ehefrau und der deutschen Geliebten entdecken können. Dies mag vielleicht stimmen. Allerdings bliebe dann noch immer die Tatsache bestehen, daß ein nichtpsychoanalytischer Therapeut in diesem Falle auf die theoretischen Konstrukte der Psychoanalyse zurückgreifen muß; seine eigene Theorie bietet ihm diese Handhabe nicht. Wo der theoretische Verzicht auf die Dynamik des Unbewußten vorherrscht (in diesem Fall zum Beispiel: unbewußte Identifikation mit dem mörderischen Vater und die daraus entspringenden inneren Konflikte), sind Konzepte wie »Abwehr« und »unbewußte Identifikation« Fremdkörper. Es ist daher sehr viel wahrscheinlicher, daß beispielsweise ein Rogersianer den Fall auf einer rein individuellen Ebene – Kampf zwischen Moral und Trieb – gesehen hätte.

Wenn ein Gestalttherapeut die verderbliche Rolle der Institutionen mit ihrer Erzeugung starrer Einstellungen immer wieder betont, so ergibt dies eine Stimmung der Rebellion gegen das Alte, ein Aufbegehren gegen »unverdaute Introjekte«, die der Gestalttherapie ihren eigenen »Geruch« verleiht.

Demgegenüber ist die Psychoanalye mit ihrem prinzipiellen Pessimismus in bezug auf allgemeines Glück und Wohlbefinden, mit ihrer Vorstellung von der Wichtigkeit des Über-Ichs erheblich bescheidener in ihren Glücksversprechungen. Wenn der Humanist Rollo May einmal äußert: »Wir brauchen die Besessenheit der europäischen Existentialisten von Grauen, Qual und

Verzweiflung und dergleichen nicht ernst zu nehmen ... der amerikanische Existentialismus ist optimistischer ...« (zitiert nach Jacoby, S. 76), dann wird klar, daß Therapeuten dieser Provenienz wohl eine andersartige therapeutische Atmosphäre schaffen als solche, denen das Freudsche Diktum im Ohr klingt: »Dieses Prinzip [gemeint: das Lustprinzip] beherrscht die Leistung des seelischen Apparates von Anfang an; an seiner Zweckdienlichkeit kann kein Zweifel sein, und doch ist sein Programm im Hader mit der ganzen Welt, und man möchte sagen, die Absicht, daß der Mensch glücklich sei, ist im Plan der ›Schöpfung‹ nicht enthalten« (GW XIV, S. 434).

Dritter Teil

Neue Themen in der Psychotherapie

Die folgenden Kapitel befassen sich mit einigen Themen, die in sehr vielen modernen Psychotherapien und Psycho-Workshops präsent sind. Es sind Themen, die noch nicht alt sind – jedenfalls finden wir keines davon explizit in Fallberichten oder Beispielen etwa der zwanziger oder dreißiger Jahre, sehr oft aber in denen der siebziger Jahre bis heute. Ob es sich dabei wirklich um neue Probleme handelt oder nur um neue Worte? Das läßt sich schwer beurteilen. Ich gehe aber davon aus, daß neue Begriffe auch imstande sind, neue Realitäten zu schaffen oder zumindest alte Realitäten anders zu akzentuieren. Oft kommen Patienten schon mit »vorformulierten« Problemlagen in die Therapie (etwa: »Ich kann mich nicht durchsetzen« oder: »Ich habe Probleme mit der Balance von Nähe und Distanz« oder: »Ich habe Beziehungsprobleme« oder: »Ich habe Identitätsprobleme«), oder diese werden relativ schnell innerhalb der Therapie formuliert. Therapeuten und Patienten können sich rasch darauf verständigen, jeder weiß, was gemeint ist. In Büchern von Wolfgang Schmidbauer oder Alice Miller etwa (»Hilflose Helfer«, »Angst vor Nähe«, »Du sollst nicht merken«, »Das Drama des begabten Kindes«, »Du verstehst mich nicht«) sind diese Themen für ein weites Publikum anregend publiziert. Offensichtlich wird dabei typischen Zeitgeist-Phänomenen Rechnung getragen. Im folgenden sollen etliche solcher Basis-Themen analysiert und in bezug auf ihren inneren Zusammenhang und ihre Aussageträchtigkeit für allgemeine gesellschaftliche Bedingungen durchleuchtet werden.

Den Rahmen einer solchen Analyse sollen diejenigen soziologischen und philosophischen Überlegungen darstellen, die sich mit dem Thema des »postmodernen Subjekts« befassen (Keupp, 1994, Polkinghorne, 1992, Rorty, 1994, und andere). Bei aller Verschiedenheit der Begriffe spielt doch in allen diesen Überlegungen eine zentrale Rolle die Verunsicherung der Menschen in einer Gesellschaft, die keine fundamentalen Wahrheiten mehr zu verkünden hat und für die die Identität des Individuums nur mehr als »Patchwork« zu konzipieren ist. Das heißt: Identität ist nicht mehr als eine stabile Entität faßbar, die sich im Laufe eines verallgemeinerbaren Entwicklungsprozesses herstellt und immer klarer herauskristallisiert, wie noch zum Beispiel Erikson es beschrieben hat. Identität ist auch nicht mehr denkbar als ein stabiles Set von Eigenschaften, die von einem gewissen Zeitpunkt an feststehen und feststellbar sind. Identität wird vielmehr hergestellt in vielfältigen Interaktionen, die das Individuum zu jeweils wechselnden und changierenden Identitätsfacetten zwingen. Dabei geht natürlich auch ein stabiles Gefühl für das, »was ich eigentlich bin«, verloren.

Holland (1983) nennt dies eine »Dezentrierung« des Subjekts. Wichtig auch im Zusammenhang mit Psychotherapie ist dabei vor allem die enge Verflochtenheit des Subjekts mit den jeweilig wechselnden Interaktionen. Nicht die Primärgruppe alleine scheint nun für die Identitätsbildung wichtig, sondern die jeweilige soziale Bezugsgruppe, in der der moderne Mensch sich befindet. Eng im Zusammenhang damit steht das Konzept der »Individualisierung« (Beck, 1983, Beck-Gernsheim, 1994). Es zeigt auf, daß die in früheren Zeiten engen und normativ begrenzten Lebensentwürfe nunmehr »frei« geworden sind. Dies bedeutet Verlust und Chance. Der Verlust betrifft die Sicherheit der normengebundenen Existenz, die mit einer entsprechenden Identitätsbildung einhergegangen ist. Die Chance liegt in der Freiheit und Wahlmöglichkeit. Diese neuen Freiheiten, die aber (Beck-Gernsheim, 1994) gleichzeitig wieder eingebunden werden in neue, diesmal aber indirekte Zwänge (Sozialversicherungssysteme, Berufsbildungsinstitutionen und andere), müssen vom modernen Menschen selbstreflexiv begleitet werden, damit die Unsicherheit wenigstens einigermaßen gebannt werden kann. Dieses Bedürfnis nach Selbstreflexion findet seinen Ausdruck auch in den modernen Psychotherapien, die unser Denken über das Psychische in hohem Maße prägen. In dem Maße, in dem die akademische Psychologie den Auftrag der Moderne zur Selbstreflexivität versäumt hat, wurde sie von den Praktikern der Psychotherapie (und natürlich von den damit verknüpften Theorien) aufgenommen. Die Vielfalt der modernen Psychotherapien ist nichts anderes als die Widerspiegelung der Konzepte über das moderne Subjekt. Wie Polkinghorne (1992) darlegt, wird von diesem Standpunkt aus sehr deutlich, welche eminent wichtigen Bezugspunkte die Postmoderne zum Konstruktivismus hat: sind doch die unterschiedlichen Konzepte über das Individuum nichts anderes als theoretische Realisierungen einer Philosophie, die das »Wahre« und das »Reale« nicht mehr kennt.

Die Hauptprobleme moderner Psychotherapien sind Ausdruck dieser unsicheren Stellung des Subjekts, das sich nur in Interaktionen wiederfinden kann und keinen »inneren Kern« mehr hat. Daß diese Interaktionen daher in den Brennpunkt des Interesses geraten, ist selbstverständlich. Daß sie aufgeladen sind mit Angst und diversen Problemen, zeigt ihre dominierende Stellung bei der Suche nach der »wahren« Identität. Die »wahre« Identität bezieht ihre Bedeutung aus ihrer Fragilität und aus der Hoffnung, man könne diese fragile Identität doch noch retten.

Authentizität

Die geforderte Selbstreflexivität ist Antrieb für viele Menschen, sich überhaupt in Psychotherapie zu begeben, speziell dann, wenn sie nicht im symptomatischen Sinne krank sind. In der

Suche nach Authentizität wird diese Selbstreflexivität faßbar. Es gibt kaum eine moderne Psychotherapie, wo das Thema der Authentizität nicht im Mittelpunkt steht, auch wenn das Wort noch nicht existiert, wie zum Beispiel bei Freud. Die eigene Seele in voller Ehrlichkeit zu erforschen und sich über die Untiefen und Abgründe klarzuwerden ist Gebot fast aller modernen Heilungsversuche – ein Gebot, das erst im 20. Jahrhundert die Psychotherapien erreicht hat, das aber schon im 19. Jahrhundert als Thema auftaucht.

Der Literatursoziologe Lionel Trilling (1979) hat für die Zeit des aufstrebenden Bürgertums im 17. und 18. Jahrhundert festgestellt, daß damals das literarische Thema der »Aufrichtigkeit« ins Bewußtsein drängt. Er grenzt dies ab vom Thema der »Authentizität«, einem literarischen Motiv, das erst im 19. Jahrhundert voll entfaltet wird. Was versteht er darunter?

Aufrichtigkeit bezieht sich auf das Rollenverhalten. Der Bürger, der nun nicht mehr ein für allemal festgelegt ist in seiner gottgewollten Rolle wie im Mittelalter und in der frühen Neuzeit, entdeckt für sich mehr als je zuvor die Möglichkeiten der Camouflage. Er kann sich als ein anderer ausgeben, als er wirklich ist: Der arme Wanderbursche kann das schöne Mädchen düpieren, indem er ihm eine gehobene Position vorgaukelt, Verwechslungskomödien, in denen Zofe und Herrin ihre Kleider tauschen und dadurch komplizierte Täuschungsmanöver inszenieren, sind en vogue. Die soziale Postion ist nicht mehr ganz starr, erstaunliche Aufstiegsmöglichkeiten auch für den nicht Hochwohlgeborenen erlauben das Spielen mit Rollen und Positionen. Der ehrliche Mann aber gibt nicht vor, etwas anderes zu sein als das, was er ist.

Aufrichtigkeit ist also eine moralische Forderung, der im Prinzip jeder folgen sollte. Man täuscht nicht über seine Position in der Gesellschaft, man sollte es natürlich auch nicht tun in bezug auf den Wohlstand. Natürlich wird dieses Gebot immer wieder übertreten. (So ist Shakespeares Portia in »Der Kaufmann von

Venedig« [1596] natürlich kein gelehrter Rechtsdoktor, Hermione im »Wintermärchen« [1611] täuscht ihren Gatten über ihren vermeintlichen Tod, Molières Tartuffe [1669] weiß sehr genau, wann und warum er heuchelt.)

Authentizität aber ist eine andere Kategorie, die erst mit dem Themenwechsel der Romantik überhaupt durchsetzungsfähig ist. Authentizität bezieht sich nämlich nicht mehr auf die Rollenperson, sondern auf das, was den Menschen im Innersten betrifft, es ist dies die Forderung nach Aufhebung der Selbsttäuschung. Voraussetzung dafür aber ist ein erhöhtes Bewußtsein dafür, daß diese »Innenperson« etwas ganz anderes ist als die Rollenperson. Es ist außerdem dazu nötig eine neue Art von Kategorienbildung für das, was »innen« passiert. Es bedarf dazu, mit einem Wort, einer expliziten Psychologie, so wie wir sie zum Beispiel in der Zeitschrift für Erfahrungsseelenkunde von Karl Phillip Moritz im Jahre 1793 erstmals vorfinden. Diese Forderung ist nicht mehr eine eindeutig moralische, sie ist, wie Nietzsche es formuliert hat, eine künstlerische. Später wird es – dies zeigt die Entwicklung nach der Jahrhundertwende – eine eminent therapeutische.

Was soll damit erreicht werden?

Daß Nietzsche Authentizität als eine künstlerische Dimension definierte, hat seine Wurzel in einem neuen Verhältnis des 19. Jahrhunderts zur Kunst. Nicht mehr Schönheit und Erhabenheit muß Kunst liefern, sondern: Sie muß mit der Substanz geistigen Lebens vertraut machen. Das Kunstwerk ist, seiner Definition nach, authentisch, wenn es wirklich Kunst ist. Es lebt »gänzlich aus den Gesetzen seines eigenen Seins und [hat] deswegen das Recht, schmerzliche, gemeine oder gesellschaftlich nicht gebilligte Themen darzustellen« (Trilling, S. 96). Das Nicht-Authentische in der Kunst: das ist der Gemeinplatz, der Kitsch.

Warum aber dieser Themenwechsel?

Die Welt im 19. Jahrhundert wird geschüttelt von rasanten Entwicklungen; der bürgerlich-feudale Mensch muß atemlos hinterherkeuchen; Städte werden anonymer, Traditionen fangen an zu wanken, mit einem Wort: Die Welt wird undurchdringlich. Das Inauthentische: das ist die Welt da draußen. »Alle anderen, die ganze Gesellschaft auf allen Stufen des Gefühls und der kulturellen Entwicklung – das ist die Hölle einer erkannten und erlittenen Inauthentizität, es ist das bewohnte Nichts der modernen Welt« (Trilling, S. 98).

Hier setzt die moderne Psychologie ein. Denn: Wo kann es noch das Echte, das Authentische geben? Die einzige Möglichkeit scheint das Innere des Menschen zu sein. Zuerst aber muß überhaupt eine begriffliche Basis geschaffen werden, um verstehen zu können, wieviel »Authentisches« sich dort »im Inneren« befinden kann und unter welchen Bedingungen es sich zeigt – sofern das überhaupt möglich ist.

Bei Freud finden wir das Wort »Authentizität« noch nicht; trotzdem war er es, der die Basis geschaffen hat sowohl für den expliziten Gebrauch des Wortes in späterer Zeit, vorwiegend bei den Humanistischen Psychologen, als auch für die Atmosphäre, die das Wort im therapeutischen Klima umgibt. Erste Voraussetzung bei ihm ist die Erforschung des Unbewußten in bezug auf seine Sinnhaftigkeit – ein Unternehmen, das erst Freud in ausgefeilter Form in Angriff genommen hat. Hier wird erstmals in der Wissenschaft klargelegt, daß wir immer in zwei Versionen vorhanden sind: in der Form der unbewußten Motive und Wünsche und in der Form des bewußten Umgangs mit uns selbst und der Welt. Diese zwei Versionen der Menschlichkeit beschäftigen Freud in jeder Phase seines Schaffens: sowohl in der topographischen als auch in der späteren Version seiner Theorie, die man die strukturelle nennt. Immer ist es die merkwürdige Verbindung von bewußt-unbewußt (gleichgültig, ob es sich um die Gleichsetzung des Es mit dem Unbewußten handelt oder ob Freud Unbewußtes auch im Ich und Über-Ich sieht), die Freud fasziniert; das Hereinragen infantiler und mächtiger unbewußter Wünsche noch in unser sublimstes Handeln, in unsere intelligentesten Handlungsbegründungen und Überlegungen: das ist der Stachel im Fleisch, der Freuds Denken vorwärtstreibt und der ihn in seiner Selbstanalyse überrascht hatte.

Hier nun, meint Freud, könne die Psychoanalyse einen kleinen Keil dazwischenschieben: Unbewußtes könne (zu einem kleinen Teil) bewußtgemacht werden, also verfügbar sein. Wir können (manchmal) erkennen, was uns »unter« den bewußten und rationalen Handlungsbegründungen treibt, womit wir immer wieder zu kämpfen haben. Seine Sprache ist voll von Metaphern der Arbeit und des Krieges. »Trockenlegung der Zuydersee«, »Bataillone abziehen von den Konfliktstellen« und noch vieles mehr dergleichen: das bedeutet es, wenn man sich ein Stück Unabhängigkeit von den inneren Mächten erringen will. Wenn man das »Sichselbst-Erkennen« betreibt, bedeutet dies oft Kampf, Verzweiflung, auch unter Umständen Niederlage und immer harte Arbeit. Immer wieder – und dieses Wort gibt es durchaus an vielen Stellen in Freuds Schriften – fragt man sich bange (oder: der Analytiker fragt es), ob das Mitgeteilte »glaubwürdig« sei oder: wie sehr es »vermischt« daherkommt, voll von Rationalisierungen, sozusagen Schmuckgebinden des bewußten Ichs.

Glaubwürdig – mittels der freien Assoziation und mittels der Träume – etwas auszudrücken ist der erste Schritt zur Befreiung, modern ausgedrückt: zur Authentizität. Denn Freud sieht sehr klar, wie viele Vorurteile es gibt, die uns den Weg nach innen versperren. »Die Unverläßlichkeit der Aussagen Erwachsener [rührt her] von der Übermacht ihrer Vorurteile« (GW VII, S. 338), sagt er einmal in der Analyse des Kleinen Hans. Lorenzer (1970) hat in seinen frühen Schriften ein merkwürdiges, dem Literarischen entlehntes Wort gebraucht, um Reiz-Reaktions-Verbindungen im Psychischen zu kennzeichnen: nämlich das Wort »Cliche«. Es besagt, daß Verbindungen bestehen, die nicht dem Reflexionsprozeß unterliegen, die gleichsam »instinktiv« immer wieder

»greifen«. Solche Klischees können – und das ist das Angebot der Psychoanalyse – zum begreifbaren Symbol werden, aufgelöst zugunsten einer Sinnhaftigkeit, die erkannt und damit verändert werden kann. Hier treffen sich neue Literaturtheorien und wissenschaftliche Begrifflichkeit, vermutlich ohne Absicht, aber doch nicht zufällig. Das nur allzu Selbstverständliche soll entlarvt werden, aufgehoben zugunsten einer inneren Wahrheit, die uns den Täuschungen der modernen Welt entreißt und selbstevident glauben läßt, daß es einen Ruhepol gibt. Dies ist das Muster, das Freud uns aufstellt. Wenn er sagt, daß in gewissem Sinne jeder krank ist, dann meint er eben auch dies: daß in gewissem Sinn jeder inauthentisch lebt.

Freud hat zwar ein sehr differenziertes begriffliches Instrumentarium geliefert, um diese Prozesse dingfest zu machen. Das heißt aber noch lange nicht, daß er optimistisch war in bezug auf die Möglichkeiten, der Krankheit, die durch Inauthentizität begründet war, zu entfliehen. Mit ein wenig Glück könne man dem »hysterischen Elend« entkommen (GW I, S. 312), so meint er 1895, das »gemeine Unglück« bleibe uns immer noch erhalten. Später, in der Schrift aus dem Jahre 1937 »Die endliche und die unendliche Analyse«, geht er sehr viel weiter: Keiner ist gefeit gegen das regressive Zurückfallen in seine alte Krankheit, das Leben selbst verbaut immer wieder von neuem die Möglichkeit der Erkenntnis; wer Psychoanalytiker bleiben will, so denkt er, müsse sich schon der Mühe unterziehen, alle fünf Jahre etwa »nachzufüllen«, indem er sich wieder analysieren läßt (Freud, GW XVI).

Die Forderung nach Authentizität gewinnt dadurch eine therapeutische Relevanz, die sie vorher nicht haben konnte. Zwar gab es hie und da Anklänge daran, daß das Erkennen von »Lebenslügen« auch heilsam sein könne, aber als ein explizites Therapeutikum wurde es erst seit den psychoanalytischen Anfängen betrachtet – vor allem deshalb, weil es von neurotischen Leiden heilen konnte. Als ein Wert an sich und schließlich als eine moralische Forderung wurde es im therapeutischen Milieu erst einmal noch nicht gehandelt.

Die ungeschriebene Geschichte der therapeutischen Authentizität ist wechselvoll. Von Freuds klarer Forderung, sie könne nur im Lichte des hellen Tagbewußtseins erreicht werden (»Wo Es war, soll Ich werden«), ging schon Ferenczi in gewisser Weise ab. Nicht mehr das Erkennen als Grundlage der Authentizität stand bei ihm im Zentrum, sondern die genuine Erfahrung der »liebevollen Mutter«. Diese Erfahrung – ungeachtet ihrer bewußten Durchdringung – alleine kann nicht nur heilen; sie bewirkt auch ein Stück Authentizität des Erlebens. Von nun an zieht sich diese Vorstellung durch sehr viele Therapieschulen. Ferenczi wird daher immer öfter auch von nichtpsychoanalytischen Schulen als Ahnherr genannt: Gestalttherapeuten sehen in ihm einen Vorfahren, die Humanistischen Psychologen zitieren ihn bemerkenswert häufig, und innerhalb des psychoanalytischen Kreises (in der Nachfolgelinie Balint-Winnicott) gibt es sowieso eine Renaissance Sandor Ferenczis.

Es verändert sich also die Verbindung von Authentizität und Demaskierung. Das bewußte und eher rationale Sich-selbst-Demaskieren scheint nicht mehr als einziger und notwendiger Bestandteil nötig, um Authentizität zu erreichen. Man kann ganz »man selbst« werden oder – mit Winnicott – das »wahre Selbst« erreichen, wenn nur die beschützende und haltende Umgebung gewährleistet ist. Fast seit Beginn der Psychoanalyse also hat es Versuche gegeben, eine vermutete allzu intellektuelle Sichtweise dieses Prozesses der Selbsterkenntnis zu korrigieren. In der Humanistischen Psychologie ist dieser Prozeß abgeschlossen. Es ist nicht mehr die Einsicht in Verdrängtes, die Authentizität verschafft; es ist das Vertrauen, das durch die helfende und akzeptierende Beziehung des Therapeuten neu hergestellt wird, das den Menschen dazu bringt, sich nunmehr »ganz authentisch« auf seine Erfahrungen einlassen und verlassen zu können. Der Therapeut wird zum Mitmenschen, nicht nur zu dem, der mittels Einsicht und technischer Regeln den Prozeß erleichtert. Er ist als ganzer Mensch gefordert – und das ist die einzige und wichtigste Position, die offenbar bleibt: die private Beziehung. Wenn auch die ganze Welt unklar und trügerisch erscheint: in der echten und persönlichsten Beziehung zum anderen als einem Du gibt es Heil und Wahrheit. Humanistische Psychotherapie hat daher immer ein wenig den Geruch des Religiösen; ihre häufige Berufung auf den Religionsphilosophen Martin Buber ist kein Zufall.

Authentizität ist in dieser Gestalt ein ganzheitliches Gefühl des Gewahrwerdens der Welt durch das ungebrochene Spiegeln in der eigenen Person. Die Welt wird zu einer »ganz privaten«, sie findet im Innenraum statt und wird vom Innenraum her mit Bedeutung ausgestattet. Ein authentisch empfindender Mensch »weiß« in selbstevidenter Weise, welche Bedeutungen er gerade im Hier und Jetzt empfindet. (In der von Rogers' Theorie abgeleiteten Technik des »focusing« durch Gendlin wird immer wieder vom »felt sense« gesprochen, das ist die Ineinssetzung von Erfahrung und Bedeutung im körperlichen und geistigen Gewahrwerden.) Handlungsmotive und deren Symbolisierung sind eins, der Mensch täuscht sich nicht mehr über sich selbst, weil seine Wahrnehmung nicht mehr getrübt ist. Das Inauthentische ist von außen an ihn herangetragen worden, und er hat – im verzweifelten Wunsch, seinen wichtigsten Bezugspersonen zu gefallen – alles so zu empfinden versucht, wie diese es von ihm wollten.

Dieses Thema ist schon in der Literatur des 19. Jahrhunderts, etwa bei Ibsen und Strindberg, präsent. Es trägt dort das Etikett »bürgerliche Heuchelei«.

So ist Konsul Bernick in den »Stützen der Gesellschaft« (Ibsen, 1877) am Ende des Stückes zum Geist der »wahren Menschlichkeit und Freiheit« im Gegensatz zur bürgerlichen Gesellschaft bekehrt. Nachdem er eine Läuterung erfahren hat und sich einem selbst begangenen Unrecht stellt, sagt er: »Die alte Zeit mit ihrer Schminke und Hohlheit, mit ihrer Tugendheuchelei und ihren jämmerlichen Rücksichten soll vor uns dastehen als ein Museum – zugänglich denen, die sich belehren lassen wollen.«

Die In-Frage-Stellung der bürgerlichen Rollenperson, der Doppelmoral und der Fassadenhaftigkeit verbindet sich natürlich auch mit dem Thema der Emanzipation der Frau.

Der Prototyp dafür ist bekanntlich das Stück »Nora oder Ein Puppenheim« (1879). Der Ehemann kann Nora ein längst gesühntes Unrecht nicht verzeihen und schlägt ihr eine Scheinverbindung, nur um der Gesellschaft willen, vor. Nora, zuerst eine typische Frau der bürgerlichen Gesellschaft des 19. Jahrhunderts gibt sich so lieb, naiv und fröhlich, wie ihr scheinbar liebender Ehemann dies will. Dieser trieft vor Selbstzufriedenheit und zeigt erst im Unglück sein wahres Gesicht. »Von heut an handelt es sich nicht mehr ums Glück; es gilt nur noch die Trümmer zu retten, den Schein«, sagt er in der letzten Aussprache. Nora erkennt die menschliche Brüchigkeit ihres Mannes und ihrer Ehe und verläßt das Haus, um ein neues Leben zu beginnen. Die Beschreibung ihres Zustandes mutet sehr modern an und erinnert an die Beschreibungen des »sekundären Wertsystems« von Rogers. »Als ich zu Hause bei Papa war, teilte er mir alle seine Ansichten mit, und so bekam ich dieselben Ansichten. War ich aber einmal anderer Meinung, so verheimlichte ich das; denn es wäre ihm nicht recht gewesen. Er nannte mich sein Puppenkind und spielte mit mir, wie ich mit meinen Puppen spielte. Dann kam ich zu dir ins Haus ... Ich meine, dann ging ich aus meines Vaters Händen in deine über: Du richtetest alles nach deinem Geschmack ein, und so bekam ich denselben Geschmack wie du; oder ich tat nur so, ich weiß es nicht mehr genau – vielleicht war es auch beides, bald so und bald so.« Der Ehemann versucht, sie an ihre Pflichten als Gattin und Mutter zu erinnern, worauf sie die berühmten Worte sagt: »Ich glaube, daß ich vor allen Dingen Mensch bin, so gut wie du – oder vielmehr ich will versuchen es zu werden ... Was die Welt sagt und was in den Büchern steht, das kann nicht mehr maßgebend für mich sein. Ich muß selbst nachdenken, um in den Dingen Klarheit zu erringen.« Dies gilt zwar als das Fanfarenstück für die beginnende Emanzipation der Frau, die Art der Aufbereitung aber zeigt, daß es sich um ein Menschheitsproblem handelt. Nicht nur Nora, so könnte man mutmaßen, sondern auch ihr Ehemann muß seine eigenen Wertmaßstäbe entdecken, damit das »Wunderbare«, das Nora ersehnt, nämlich die Gleichberechtigung zwischen zwei Menschen, eintritt. Auch im Rogersschen System – im Lichte einer neuen Beziehungserfahrung – kann ein Mensch solche neuen Wege gehen. Es erschließen sich ihm neue Erfahrungsmöglichkeiten: diesmal seine ganz eigenen; damit gewinnt er das »wahre Selbst«, ein Selbst, das nunmehr nur mehr aus eigener Kraft lebt und aus eigener Empfindungsfähigkeit heraus die Welt und sich selbst bewertet.

Das Inauthentische bei Freud liegt in der Natur des Menschen, aber nicht im Modus seiner allzu großen Anpassungsfähigkeit, sondern in seinem Wesen als ein asozialer Egoist, der sich seine asozialen Wünsche nicht eingestehen kann. Anpassungsfähigkeit, so sieht es Freud, ist nicht der entscheidende Grund für seine Inauthentizität, im Gegenteil: Anpassung ist absolut notwendig. Authentizität aber kann nur erreicht werden, wenn der Mensch sich immer wieder von neuem selbst demaskiert – er wird aber nie ganz zum Urgrund seiner selbst gelangen.

Die Forderung nach Authentizität und der Glaube, daß nur damit Heilung von psychischen Problemen gewonnen wird, durchziehen die gesamte Psychologie – therapeutische Systeme wie auch populäre Darstellungen, pädagogische Ratgeber, wie die vor einigen Jahren äußerst beliebten Bücher von Thomas Gordon »Familienkonferenz« und »Lehrer-Schüler-Konferenz« sind durchzogen von diesem Anspruch an ein authentisches Leben. Richard Sennett hat sich darüber mokiert (für ihn ist es gegenüber dem höfischen Rollenspiel ein Rückfall in die Barbarei!), aber es hat sich im Psychotherapeutenmilieu bis heute daran nicht viel geändert. Auch die Verhaltenstherapeuten, die am allgemeinen Leben der Psychotherapie natürlich auch teilhaben, sind diesem Dogma gegenüber aufgeschlossen – wenn es auch gewisse Theoriebrüche nach sich zieht beziehungsweise von der Theorie nicht mehr gedeckt ist.

Der Ruf nach einem authentischen Leben reicht inzwischen schon weit über den engen Bereich der Psychotherapie hinaus. Alternative Gruppen, die gesamte Workshop-Kultur, ja überhaupt die Betrachtung anderer Menschen und ihrer Lebensformen sind durchzogen von diesen Anforderungen, man möge doch authentisch sprechen, denken, leben.

Authentizität als Antidot in einer Welt der Identitätsdiffusion: das ist die Hoffnung fast aller Therapieschulen und der ihnen immanenten Kulturkritik.

Wie schon Sartre bemerkt hat, ergibt aber ein allgemeines Gerede von der Authentizität, das Aufspüren inauthentischer Redewendungen (man denke nur an das verpönte »man«), von Rollenklischees und ähnlichen Strukturen genausoviel Inauthentizität wie das, was man bekämpft. Offenbar kann man diesem Drang nach dem »Echten« und »Wahren« in unserer verstellten Welt ebensowenig entkommen wie der Versuchung, es sich durch ein »Zerreden« wiederum zu zerstören. Schon Schiller hat diese Merkwürdigkeit des Seelischen entdeckt, als er dichtete: »Spricht die Seele, so spricht, ach! schon die Seele nicht mehr«.

Die Balance von Nähe und Distanz

In psychologischen Zeitschriften, populären Büchern und Talk-Shows, überall wird neuerdings das Thema der Schwierigkeit, Nähe zu ertragen, der richtigen Balance von Nähe und Distanz in Partnerschaften, im Büro oder in WGs diskutiert. Aber auch die fachpsychologische Literatur beschäftigt sich ausgiebig damit. Sehr viele neurotische Störungen – speziell die als »frühe Störung« bezeichneten – werden darauf zurückgeführt, daß in der sogenannten »Wiederannäherungskrise« (im Sinne von Margaret S. Mahler) mit anderthalb bis zweieinhalb Jahren ein Kind entweder von der Mutter daran gehindert wurde, sich die Welt zu erobern, oder daß die Mutter ihm allzuviel Freiheit gegeben und ihm damit die Vertrauensbasis, daß es jederzeit geschützt werde, entzogen hat. Was daraus resultiert, ist, neben diversen neurotischen oder psychosomatischen Symptomen, eine lebenslange Problematik mit allzu engen Bindungen. Ob das klaustrophobische Moment überwiegt oder die Flucht in die Symbiose: das ist fast beliebig und kann sich übrigens im Laufe eines Lebens und je nach Beziehungssituation verändern. Manche Autoren siedeln die entscheidenden Konflikte in noch früherer Zeit an: Schon der Säugling, dessen Mutter Körperkontakt scheut, kann mit Hautausschlägen reagieren, wenn ihm jemand zu nahe kommt. »Die Angst vor Nähe« heißt das lebensecht geschriebene, gleichwohl im Trend der Wissenschaft argumentierende Buch des Psychoanalytikers Wolfgang Schmidbauer, der damit die Probleme sehr vieler Menschen anspricht.

»Die Hölle, das sind die andern«, hat schon Sartre in seinem berühmten Stück »Huis clos« (»Bei geschlossenen Türen«) in den vierziger Jahren formuliert. Woher diese Problematik? Diese Angst, man könne sich nicht ungestraft in allzu intime Nähe anderer begeben?

Schmidbauer behandelt das Thema sehr umfassend. Seine Argumentation umfaßt die meisten der immer wieder auftauchenden Diskussionsfiguren in diesem Bereich. Nähe-Angst ist für ihn ein der technischen Welt geschuldetes Phänomen. In einer kontrollierbaren, technisierten und computerisierten Welt werden Gefühle eingeklagt wie Steuerschulden. Das natürliche Wechselspiel der Gefühle wird abgelöst von einem Austausch- und Bilanzmodell sowie von der Vorstellung, man könne die Gefühlswelt des anderen jeweils nach den eigenen Bedürfnissen entwickeln und modellieren. Die Enttäuschungen und Frustrationen, die dadurch notwendigerweise entstehen, lassen Scheu und Bindungsangst entstehen. Schmidbauer legt Wert darauf, die individuellen Lebensgeschichten und Entwicklungsverläufe auf diesem Hintergrund zu analysieren. Die Kleinfamilie, der abwesende Vater, die narzißtische Erhöhung des Kindes: das alles ist immer wieder zu sehen im Rahmen einer Gesellschaft, deren größtes Problem die Angst vor Kontrolle und die Gier, alles kontrollieren zu müssen, darstellen.

Diese »Schuldzuweisung« braucht ein Gegenbild. Wenngleich nicht explizit formuliert, scheint es aber doch das einer »natürlichen« Welt zu sein, einer Gesellschaft, in der das Verlangen nach sinnlicher Wärme und Nähe gegen die Angst vor dem jederzeit möglichen Tod eine wichtige Barriere darstellte. Wir finden eine gängige Hintergrundvorstellung wieder: die Idee von der »Natürlichkeit« des Menschen gegen eine »widernatürliche« Gesellschaft. Dementsprechend finden sich bei ihm – allerdings mit dem halben Eingeständnis versehen, daß auch eine altertümlich-traditionelle Welt von den Menschen ihren Preis forderte – sehnsuchtsvolle, romantische Passagen über die Welt der »wirklichen« Gefühle. Daß nicht nur jede gesellschaftliche Form ihren psychischen Preis fordert, sondern daß darüber hinaus die von Schmidbauer unterstellte Dichotomie von menschlicher Natur und Gesellschaft sehr fragwürdig ist, wird in der modernen Anthropologie immer wieder dargelegt (Böhme, 1985).

Sinnvoller erscheint es, die Frage, ob früher die Menschen »natürlicher« mit ihren Gefühlen umgegangen sind, offenzulassen. Sicher ist nämlich nur, daß sie früher ihre emotionalen Probleme nicht in der Form der Nähe-Angst konzeptualisiert haben. Dies ist eine moderne Form der Problematisierung – unabhängig davon, ob in traditionellen, nichttechnischen Kulturen vielleicht ebensoviel Angst vor Intimität geherrscht hat wie heutzutage. (Sicher könnte man für viele Epochen der europäischen Geschichte einen Mangel an Gefühlen in ganz bestimmten Belangen – zum Beispiel in der Beziehung zu den Kindern – darstellen. Vgl. Badinter, 1981)

Wie auch immer es mit den »wahren« Gefühlen bestellt sein mag: Jedenfalls beschäftigen sich viele moderne Therapien mit dieser Art der Themenaufbereitung. Das »Sich-nicht-einlassen-Können«, das Klammerverhalten, die Eskalation dieser Problematik in der Paarbeziehung (wo oft die Rollen geteilt sind), das immer wieder neue Anfangen von Beziehungen mit demselben Ende, die (meist mütterliche) Sorge auch um das fünfzigjährige »Kind«, die endlosen Vorwürfe der Eltern, weil dieses »Kind« sich zuwenig um sie kümmert – alle diese Probleme werden in unzähligen Variationen besprochen und mit verschiedenen Therapiestrategien bearbeitet.

Woher kommt die Brisanz des Themas?

Je weniger man vom Rollenverhalten auf die »wahren« Absichten eines Menschen schließen kann, desto unsicherer wird man. Menschen werden, infolge der Psychologisierung unserer Beurteilung des Mitmenschen, immer schwerer zu verstehen. Was man nicht versteht, ist jedoch gefährlich. Menschen werden zu gefährlichen, weil unverständlichen Wesen. Die moderne Psychologie verwirrt mehr, als daß sie klärt: Allzu viele Konzepte schwirren durch den geistigen Raum.

Was aber können andere Menschen einem antun in einer Welt, die (zumindest in ihren zivilisierten Teilen) die unmittelbare körperliche Bedrohung durch einen anderen Menschen mehr oder weniger ausschließt? Offenbar haben andere Menschen mehr denn je Macht über ihre jeweiligen Partner, nämlich die Macht, Identität zu verweigern oder zu festigen: eine wirklich bedrohliche Macht! Es gehört zu dieser Angst vor dem unverständlichen anderen nämlich ein Pendant: die Angst vor dem unverständlichen und verletzlichen eigenen Ich. Die Erschütterung, von der Freud spricht, wenn er meint, er habe der Menschheit die »dritte Kränkung« zugefügt (nach Kopernikus und Darwin), indem er dem einzelnen die Hausherrenrechte in seiner eigenen Person beschnitt, diese Erschütterung findet in jedem modernen Menschen ihren Niederschlag: als Angst vor Nähe. In dem Maße, in dem psychisches Leben differenzierter betrachtbar wurde, hat sich auch die Irrtumswahrscheinlichkeit erhöht, vor allem dann, als das Unbewußte als eigene sinnvoll konzipierte Quelle von Impulsen ruchbar wurde. Nun werden persönliche Kontakte völlig unsicher. (»Meint er auch wirklich mich, wenn er sich mir anvertraut? Oder verwechselt er mich mit seiner Schwester?« »Sitze ich wieder einmal meinem Vaterkomplex auf, wenn ich diesen Mann für mich möchte?«) Einerseits werden sie sehr nötig gebraucht, um sich der eigenen Ungewißheit zu entledigen – deshalb die ganz große »Modernität« aller Psychologien, die die persönliche Begegnung als ein heilendes Agens ansehen. Andrerseits aber bergen sie die große Gefahr in sich, man könnte durch diese persönliche Begegnung verurteilt werden. Denn das ist aus der Nähe der persönlichen Begegnung nunmehr geworden: diejenige Instanz, die über mich entscheiden kann, die mir Daseinsberechtigung an- oder aberkennt. Sie entscheidet auch darüber, ob ich authentisch lebe und spreche, ob meine individuelle Eigenart Gnade findet. »Ich werde nicht um meiner selbst willen akzeptiert«, heißt die dazugehörige Klage. Nichts wird in Therapien häufiger konstatiert als die beklagenswerte Tatsache, daß die Eltern dem Kind nur dann Lob gespendet haben, wenn es Leistungen erbracht hat, angepaßt und brav war. In älteren Falldarstellungen der Psychoanalytiker werden wir solche Probleme nicht vorfinden. Damals galt es noch als selbstverständlich, daß man in der Welt (und die Eltern waren selbstverständlich legitime Repräsentanten der Welt in diesem Sinne) nur dann etwas gilt, wenn man etwas leistet und gewisse Rollenerwartungen erfüllt. Dies ist das Vorherrschen des Realitätsprinzips. Authentizität (als Ergebnis von mehr Bewußtheit) sollte man zwar erlangen, wenn man gesund bleiben wollte. Daß man aber dafür auch noch mit besonderem Lob bedacht werden solle und außerhalb des Krankenstandes damit Glück und Bestätigung erringen könne: dieses Denken war den ersten Psychoanalytikern noch fremd. Authentizität war ein Weg, um gesund zu werden, nicht eine moralische Forderung.

Nun aber kann jede menschliche Begegnung zur Abstimmung über die eigene Person werden. Die distanzierteren Treffen werden meist ohne Schwierigkeit gemeistert; aber schon das Treffen mit Freunden, der Wochenendbesuch von auswärts, kann tiefe Krisen auslösen, Krisen, die in der Therapie wie unter dem Mikroskop in aller Schärfe sichtbar werden. Und es sind immer wieder dieselben Klagelieder: Man wurde vom anderen nicht akzeptiert, man hat sich nicht behaupten können, man ist sich klein und mickrig vorgekommen, man kann die Reaktionen des anderen nicht einschätzen. Mit großer Sicherheit kann man schlußfolgern, daß auf der jeweilig anderen Seite die Klagen ganz ähnlich gelautet haben könnten. Wenn der intime andere schwer einzuschätzen ist und gleichzeitig über Wohl und Wehe der eigenen Person bestimmen kann (indem er mich »so nimmt, wie ich bin«), wird die Begegnung ein waghalsiges Abenteuer, das zu vielfachen Projektionen Anlaß gibt. Angst ist die Folge. Da man aber auch über die eigene Person nicht so ganz Bescheid weiß (wer weiß, ob ich wirklich so bin, wie ich mir erscheine?), ist das Selbstwertgefühl in jeder Hinsicht leicht verletzlich. Der andere kann jederzeit in mir Gefühle und Strebungen wachrufen, die ich in dieser Weise noch nicht erkannt habe, die mich mir selbst wieder fremd werden lassen.

Die Besonderheit des bürgerlich-städtischen Lebens spielt hier vermutlich eine verstärkende Rolle. In einer dicht besiedelten Welt, die gleichwohl die meisten wichtigen Kontakte auf die eigenen vier Wände beschränkt, steigt die Wichtigkeit der – kleinen – Familien- und Freundeseinheit, in der man sich befindet. Die geringe Vielfalt der Beziehungsformen innerhalb dieser eigenen vier (ungemein wichtigen) Wände bringt es mit sich, daß jede einzelne Beziehung ungemein prägnant auf Kinder und Eltern einwirkt. Es ist vorstellbar, daß sich dies in ländlichen Gegenden und unter der Schirmherrschaft größerer Familienverbände traditionelleren Stils nicht ganz so kraß darstellt. Dort gibt es Beziehungskompensationen. Die nachlässige Mutter kann durch Tanten oder Großmütter besser ersetzt werden, wenn sie sich in unmittelbarer Nähe befinden oder im gleichen Haushalt wohnen; das Bild des prügelnden Vaters kann eine Korrektur erfahren, wenn eine positive Erfahrung mit einem freundlichen Großvater möglich ist. Das »Festgezurrt-Sein« in den Beziehungen von Vater und Mutter (und die daraus erwachsenden neurotischen Strukturen) ist auch das Ergebnis der veränderten Beziehungsform innerhalb der gefühlsbetonten Kleinfamilie, aus der weder Kinder noch Heranwachsende einen Ausweg finden. Der erbitterte Pubertätskampf vieler Jugendlicher ist auch auf diesem Hintergrund zu sehen: Innerlich und äußerlich gehalten und ohne die Möglichkeit, sich Ersatzeltern zu suchen, hat der Jugendliche oft nur noch die Möglichkeit, sich heftig kämpfend zu befreien. Meist erweist der Kampfstil sich als nichts anderes denn als eine Neuauflage desjenigen, der auch im elterlichen Milieu vorherrscht, was zu einer Wiederholung solcher Schwierigkeiten später in eigenen Partnerschaften schon prädisponiert.

Die unheimliche Macht der Beziehungsform innerhalb der Kleinfamilie bringt also das Thema der Identitätskonstituierung durch Beziehungen noch in besonderer Weise zum Kochen. Genug Gründe, andere Menschen nicht allzu nahe heranzulassen, obwohl man ihre Nähe immer wieder suchen muß! Genug Gründe, sich bei jeder Begegnung immer wieder zu fragen, ob man eigentlich genügt hat. Die immer wieder von Zeitkritikern konstatierte »narzißtische Bedürftigkeit« ist Ausdruck und Ursache dieser komplizierten sozialen und psychischen Situation. Man will Unabhängigkeit von den anderen, weil das moderne Gebot der Autonomie zwingend ist, und ist doch auf diese anderen angewiesen: Dies ist beängstigend.

Die Schuldgefühle zwischen Eltern und Kindern

Die Kindheit und damit die Personen der Eltern spielen eine große Rolle in jeder Therapie. Selten werden diese Elternpersonen als unauffällig, freundlich, positiv gewährend beschrieben. Wenn Patienten selbst Eltern sind, fragen sie sich allerdings ab und zu voll Sorge, ob sie selbst nicht doch auch die gleichen Fehler machen wie ihre eigenen Eltern.

Schuldgefühle zwischen den Generationen in jeder Richtung gehören zum täglichen Brot des Therapeuten. Sie sind die innerpsychische Seite des oben erwähnten städtisch-bürgerlichen Familienlebens. Wo die Beziehungen eng und ausschließlich sind, geraten sie ins Kreuzfeuer der Fragen ihrer positiven oder negativen Wirkungen wegen, an die Echtheit ihrer Träger oder an sublime Brüche und Veränderungen. Auch dort, wo anscheinend alles in Ordnung war, finden sich immer wieder Unverträglichkeiten und geheime Konflikte. Der Unmut der Kinder über ihre Eltern (nicht selten wird er in Therapien dahingehend thematisiert, daß man die Eltern »töten« müsse) scheint ubiquitär und nicht besonders tabuisiert. Natürlich aber melden sich auch dabei immer wieder ungemein große Schuldgefühle, weil ja auch die Liebe der Kinder zu ihren Eltern nicht verschwindet. In den meisten Psychotherapien spielt sich ein imaginärer Kampf mit den Eltern ab.

Sehr viel mehr tabuisiert sind Abneigung und Ärger über die eigenen Kinder, und dementsprechend sind die Schuldgefühle in dieser Richtung auch besonders groß. Sie kleiden sich in Sorge,

Fürsorge und produzieren das ewige »Nicht-loslassen-Können«. Als sei man mit dem Opfer der eigenen Schandtaten unlösbar verbunden, so klammern sich manche Eltern an ihre Kinder. Aber auch das Umgekehrte gilt: Die Peiniger können nicht verlassen werden.

Sich nicht durchsetzen können

Der Mangel an Durchsetzungsfähigkeit ist eng verbunden mit dem der Nähe-Distanz-Problematik. Er verschärft sozusagen noch die Sicht. Jeder Therapeut kennt diesen Mangel, in sicher achtzig bis neunzig Prozent der Therapien spielt er eine herausragende Rolle. Man hat Angst davor, andere könnten einem Rechte, auf denen man besteht, verwehren. Man fürchtet aggressive Auseinandersetzungen, Abweisungen. Man könnte natürlich etwas höhnisch mutmaßen, daß es in unserer angeblich so egoistischen Ellenbogengesellschaft wohl sanfter zuginge, wenn wirklich so viele Menschen sich gerade nicht durchsetzen könnten. Oder sind nur diejenigen, die in Therapie gehen, von diesem Übel befallen?

Natürlich gibt es darauf keine befriedigende Antwort. Man muß einfach zur Kenntnis nehmen, daß viele Menschen einen Teil ihrer Problematik dem Gefühl, sich nicht richtig durchsetzen zu können zuschreiben. (Wenn der Besuch von VHS-Kursen zur Erhöhung von Selbstsicherheit und Durchsetzungsvermögen etwas aussagt, dann sind übrigens auch sehr viele Menschen, die nicht in Therapie sind, vom Übel des Sich-nicht-durchsetzen-Könnens befallen.)

Wie kommt es zu diesen Konzepten und Problemlagen?

Offensichtlich gibt es – unabhängig von der äußeren Realität – sehr viele Menschen, die das Gefühl haben, nicht wirklich zu ihrem Recht zu kommen. Dieses Recht wird meist nicht (nur) von außen beschnitten, sondern vor allem von den inneren Konstellationen her nicht wahrgenommen. Therapieberichte sind voll von Erfahrungen, daß Patienten dann, wenn sie sich nur erst einmal getraut haben, auf ihre Rechte zu pochen, gar nicht soviel Widerstand finden, wie sie gefürchtet haben.

Es sind also innere Hemmungen, die hier eine Rolle spielen. Projizierte Ablehnungen, das Gefühl, man sei nicht mehr liebenswert, wenn man allzuviel verlange: das sind die berichteten Gefühle. Sieht man ein wenig hinter diese Berichte, dann fällt dem geübten Therapeuten sehr oft auf, welch riesige Erwartungen sich damit verbinden. Eigentlich, so drücken es viele nach einiger Zeit der Selbstreflexion aus, möchte man »alles geschenkt« haben, alles soll so leicht zu bekommen sein, als sei man ein Kind, das sich nicht alles erst auf kompliziertem Weg erringen muß. Woher diese unrealistischen Erwartungen? Sofern eine Störung so ubiquitär ist wie die beschriebene, hat es wenig Sinn, nur nach den individuellen Wurzeln zu fragen.

Die Wurzeln könnten wiederum liegen in der Erwartungsspannung, die andere Personen – als Hüter der eigenen Identität – auslösen. In diesem speziellen Falle also geht es um die Frage, ob eigene Ansprüche vom anderen als so aversiv eingeschätzt werden, daß er mir aus diesem Grunde die nötige Anerkennung versagt, ja: mich für alle Zeiten verdammt und zur Bedeutungslosigkeit verurteilt. Die Phantasien, die mit nicht geäußerten Wünschen verbunden sind, weisen durchaus sehr oft in die Richtung übertriebener Ängstlichkeit. Derjenige, an den ich Wünsche richten möchte, kann mich durch seine Ablehnung verdammen, übersehen, mich für alle Zeiten mundtot machen. Die Scham der Ablehnung droht, mich für alle Zeiten zu zerstören.

Die Wurzeln der Durchsetzungsproblematik können aber auch darin liegen, daß die eigene Bemühung als etwas Schändliches erlebt wird. Sowenig wie Könige sich nicht extra um Devotheit und gute Dienste bemühen müssen, sowenig will letztlich der moderne Mensch sich extra um das bemühen müssen, was er sich wünscht. In der äußeren Welt muß vieles mühsam erkämpft werden; in der inneren Ökonomie aber soll es anders sein. Erstaunt nimmt man als Therapeut immer wieder zur Kenntnis, daß auch äußerst erfolgreiche Menschen, an deren Durchsetzung in der äußeren Welt kein Zweifel besteht, das Gefühl haben, sich nicht durchsetzen zu können. Es handelt sich dann um die inneren Möglichkeiten, um das gute Gewissen bei diesem Sich-Durchsetzen. Die Erringung der individuellen Lebensform ist ein Kampf über viele Runden. Dies ist eine davon: Wenn man sich immer erst ganz individuell klarwerden muß, was einem zusteht beziehungsweise was man eigentlich wollen kann, dann wird es besonders schwer mit der Durchsetzungsdynamik. Nicht nur möchte man alles geschenkt haben: Man möchte damit auch bestätigt haben, daß alle Ansprüche Rechtens sind, daß man wirklich und wahrhaftig ein Recht hat zu verlangen. Die Ablehnung dieser Wünsche kommt dann wiederum einem Identitätszusammenbruch gleich: Man hatte also kein Recht, diesen Wunsch zu haben. Man ist nun nicht nur vom anderen verdammt, man muß sich auch selbst wiederum mit bitterer Schärfe fragen, wer man denn sei, daß man solche Wünsche gehegt hat? Hatte man ein Recht auf jenes Verlangen nach körperlicher Zärtlichkeit? Nach einem verständnisvollen Zuhören? Oder bedeutet all dies, daß man unersättlich ist, narzißtisch und wenig einfühlsam? Bei so vielen Bedenken ist es für viele Menschen einfacher, wenn sie erst gar nichts durchzusetzen suchen, sondern sich darum grämen, daß nichts »von selbst« kommt.

Die sogenannten »frühen Störungen«

Nicht nur Psychoanalytiker konstatieren immer wieder, die »frühen Störungen« hätten zugenommen. Das Wort ist zwar dem

Vokabular und ätiologischen Denken der Psychoanalyse entnommen, die damit verbundenen Problempatienten aber werden (meist mit denselben Worten gekennzeichnet wie in der Psychoanalyse) überall angetroffen. Was aber sind die wichtigsten Kennzeichen dieser Patienten? Und: Hat ihr Anteil an der Patientenpopulation wirklich zugenommen?

Letzteres ist sehr schwer festzustellen, da neue Begrifflichkeiten die Tendenz haben, auch bestimmte Phänomene sichtbar zu machen. Jedenfalls aber hat man bei Durchsicht der Fälle der ersten Psychoanalytiker nicht das Gefühl, es habe sich gerade um »leichte« Fälle gehandelt; bei einigen scheint die Symptomatik doch so gravierend und mit so vielen Einbußen der Handlungsmöglichkeiten verbunden gewesen zu sein, daß man heutzutage vermutlich von »frühen Störungen« sprechen würde.

»Frühe Störungen« (psychoanalytisch gedacht: solche, die in sehr früher Zeit entstanden, daher besonders schwer zu behandeln und mit vielen Defiziten der Ichstruktur verbunden sind) zeigen neben Symptomen, die den bekannten Neurosen ähnlich erscheinen, ganz bestimmte Kennzeichen der Persönlichkeitsstruktur. Es ist nun recht aufschlußreich, zu sehen, wie sich diese Kennzeichen einfügen in eine allgemeine gesellschaftliche Problematik sowohl mit der eigenen Identität als auch mit den prekären und »gefährlichen« Beziehungen.

Als besonders kennzeichnend für die »frühen Störungen« werden vor allem bezeichnet: die schwankende Identität, die schwere Selbstwertproblematik, unstete und wechselnde Beziehungen zu anderen Menschen. Genau dies aber paßt in die Landschaft der modernen Leiden ganz allgemein. Daß man sie bei einer bestimmten Gruppe von Patienten in besonders hohem Maß findet, ist vermutlich auch unserer erhöhten Aufmerksamkeit gegenüber diesen Defiziten geschuldet. Es fällt auf, daß in alten Fallschilderungen der Psychoanalytiker die Schilderung solcher Defizite (zumindest in diesen Worten ausgedrückt) nicht vorkommt. Auch dort, wo bestimmte Symptome in unserer psychologischen Sprache vermutlich als Ergebnis ichstruktureller Störungen infolge früher Versagungen gekennzeichnet würden, wird bei den frühen Analytikern eine andere Sprache verwendet und damit auch ein anderes Denkmuster gewoben.

Freud zum Beispiel berichtet in seinen Falldarstellungen nur selten etwas über die verschiedenen Beziehungen seiner Patienten zur Umwelt; werden sie berührt, dann nur als Hinweis auf die Ätiologie eines Symptoms, nicht als ein Hinweis auf eine entsprechende Beziehungspathologie. Er gibt meist Darstellungen recht schwerer Symptombündel, so beispielsweise im Fall »Frau Emmy v. N ...«, die neben verschiedenen Ticks (etwa ein merkwürdiges Schnalzen mit der Zunge) ihre Rede offenbar alle paar Minuten unterbricht und dabei mit »veränderter, angsterfüllter Stimme die Worte ruft: Seien Sie still – reden Sie nichts – rühren Sie mich nicht an« (GW I, S. 100).

Dieses und vielfältig wechselnde Phobien, bizarre Körperempfindungen und kurze Absencen (ohne Hinweise auf eine Psychose) würden heutzutage ganz sicher zu der Diagnose »schwere Borderline-Persönlichkeit« führen und eine detailliertere Diagnostik der Objektbeziehungen sowie der Selbstrepräsentanzen nach sich ziehen. Solche Überlegungen wurden erst mit der Einführung der sogenannten »Strukturtheorie« möglich. Die Eigenschaften von Ich und Über-Ich, die ja zur Kennzeichnung von Beziehungen sehr wichtig sind, gewannen damit erhöhte Aufmerksamkeit, so daß schon gegen Ende der zwanziger Jahre Freuds Schüler sehr viel mehr Überlegungen anstellten über die Objektbeziehungen ihrer Patienten (siehe zum Beispiel Otto Fenichels Aufsätze). In der ersten vollständigen psychoanalytischen Neurosenlehre von Fenichel, die in den vierziger Jahren in den USA herauskam, wird dem Kapitel »Charakterstörungen« dann schon sehr viel Raum gegeben. Dabei werden viele Charaktereigentümlichkeiten beschrieben, die man ohne weiteres den »frühen Störungen« zurechnen könnte, gerade auch wenn sie keine besonderen Symptome zeigen. Hier wird erstmals auch konstatiert, die Neurosen hätten sich »geändert«. Möglicherweise wird auch hier die verfeinerte Sicht auf den Menschen verwechselt mit einer Veränderung der Störung? »Bei den klassischen Neurosen wurde eine integrierte Persönlichkeit plötzlich durch unangemessene Handlungen oder Triebregungen gestört. Modernen Neurosen liegt jedoch nicht eine bisher gleichmäßige Persönlichkeit zugrunde, die nur durch irgendein Ereignis unmittelbar gestört ist, sondern eine, die augenscheinlich zerborsten oder mißgestaltet, in jedem Fall aber von einer Krankheit so durchformt ist, daß sich bei ihr keine Trennung von ›Symptom‹ und ›Persönlichkeit‹ vornehmen läßt« (Fenichel, 1975, S. 22). Und er fährt fort, man müsse hier wohl Überlegungen außeranalytischer Art hinzuziehen, die Ursache dieses Wandels zu erklären. Ohne dies im einzelnen leisten zu wollen, versucht er dennoch eine vorläufige Erklärung: »Unsere gegenwärtige instabile Gesellschaft scheint durch Konflikte gekennzeichnet zu sein, die zwischen dem Ideal individueller Unabhängigkeit und einem regressiven Verlangen nach passiver Abhängigkeit ausgetragen werden« (S. 23). Er sieht diesen Widerspruch in der Funktionsweise kapitalistischer Gesellschaften begründet.

Hier wird also in expliziter Weise Bezug genommen auf die »zerborstene« Persönlichkeit, die später in allen Schriften zur Borderline-Problematik so große Wichtigkeit bekommt. Die dazugehörigen Vokabeln sind bekannt: fragmentiertes Selbst, schwarze Löcher im Selbst und ähnliches mehr (siehe auch: Streeck und Bell, 1994). Durch die Entwicklung der Objektbeziehungstheorie gerät dann die damit verbundene Problematik der Beziehungen ins Rampenlicht und damit die erst später konstatierten verschiedenen Ängste vor dem »Sich-Einlassen«, dem »Verschmelzen« und all den komplizierten damit verbundenen Abwehrmanövern. In diesem Zusammenhang wird dann auch die genaue Analyse der Gegenübertragung wichtig, die ja erst die Interaktionsvarianten der Patienten in voller Differenzierung sichtbar macht.

Ob die Identitätsstörungen (und damit die Beziehungsstörungen) wirklich real zugenommen haben, ist also nicht ohne weiteres zu klären. Sicher jedoch läßt sich aufzeigen, daß – modernen gesellschaftlichen Problemen zeitgleich – sich ein Vokabular zur Darstellung dieser Phänomene herausgebildet hat, das übrigens weit über die engeren Kreise der Psychotherapie hinausreicht, von der Psychoanalyse aber erstmals aufbereitet wurde. Damit werden diese Phänomene sehr deutlich sichtbar, offenbar in vielfacher Weise konstatierbar und vielleicht auch oft allzusehr ausgedehnt. Die Abwehr von »Verschmelzungsangst« eines Paranoiden, der sich von allen Menschen angestarrt fühlt, ist vermutlich doch etwas sehr Verschiedenes von der »Verschmelzungsangst« eines jungen Mannes, dem beim Geschlechtsverkehr mit seiner Freundin häufig abweichende Gedanken kommen. Die Denkfigur »Angst vor Verschmelzung« aber weist auf ähnliches hin und führt Patienten und Therapeuten dazu, auch eine Sexualstörung als aktuelle Beziehungsstörung im Sinne der Nähe-Angst anzusehen. Folgte man einem triebpsychologischen Ansatz, dann würde vermutlich der ödipale Wunsch und die damit verbundene Kastrationsangst im Mittelpunkt stehen und die Interventionen leiten.

Dies aber würde sicher den Gang der Therapie anders aussehen und im Patienten ein anderes Bild seiner selbst entstehen lassen. Ob die »Heilwirkung« besser oder schlechter ist oder ob sie dadurch überhaupt nicht tangiert würde: dies zu entscheiden fällt schwer. Empirische Belege in dieser Richtung sind naturgemäß kaum zu finden.

Auch die in den letzten Jahren überstrapazierten »Entdeckungen« von sexuellem Mißbrauch könnte man im Sinne der Identitätsproblematik interpretieren. Da davon auszugehen ist, daß auch sehr viele »Trittbrettfahrer(innen)« dieses Thema aufgreifen, läßt sich fragen, ob wir es hier sozusagen mit einer identitätsbildenden Maßnahme zu tun haben. Kann man innere Spannungen auf eine zur Zeit allgemein diskutierte traumatische Situation zurückführen, dann erübrigt sich für manche vermutlich das allzu bohrende Grübeln nach den Bedingungen der Problematik. Da meinungsbildende Psychologen und Sozialarbeiter die traumatische Situation der Verführung sogar dort, wo gerade nicht erinnert wird, aufgespürt haben, ist natürlich vielerlei Attribuierung möglich.

Die psychosomatischen Leiden und ihre Ausweitung

Daß körperliche Leiden, die somatisch schwer festzumachen sind, sich im Laufe der Jahrhunderte gewandelt haben, wurde schon öfters festgestellt. Die hysterischen großen Anfälle wurden von den funktionellen Störungen abgelöst, Allergien und chronische Müdigkeit gehören zu den sehr häufigen »modernen« Erkrankungen, die es früher nur selten gab. Edward Shorter (1992) hat in seinem Buch »From Paralysis to Fatigue« mit präziser Detailkenntnis beschrieben, wie Krankheiten offenbar nervöser Natur sich seit dem 18. Jahrhundert geändert haben. Er zeigt auf, wie die Vorstellung von den Ursachen sowie die damit verbundenen Heilmethoden das Krankheitsgeschehen insgesamt verändern. Werden Krankheiten beispielsweise im Paradigma der antiken Temperamentenlehre gesehen, dann werden die verschiedenen Körpersäfte beeinflußt, indem man den Patienten durch Medikamente zum Schwitzen, Urinieren oder Defäkieren bringt; dies ergibt dann auch eine Art von Modellierung der Krankheiten nach diesem Muster, die Krankheitssymptome passen sich an oder werden erst durch die Behandlung erzeugt. Demgegenüber wird die »Nervenschwäche«, die der Medizinprofessor Hoffmann Anfang des 18. Jahrhunderts entdeckte, zum

Beginn neuer Krankheiten, die man später als »Neurasthenie« bezeichnete. Die »Entdeckung« der (Pseudo-)Krankheit »Spinale Irritation« im 19. Jahrhundert gab den Weg frei für eine weitere Ansammlung von Symptomen: eine besondere Sensibilität der Sinnesorgane, nicht lokalisierbare Schmerzen, motorische Störungen und vor allem immer wieder eine erhöhte Druckempfindlichkeit im Bereich der Wirbelsäule. Auch die ersten Hysterietheorien von Charcot zogen sehr »typische« Beschwerden nach sich. Da Charcot der Meinung war, daß die Ovarien eine bedeutende Rolle spielten beim Zustandekommen von hysterischen Symptomen, zeigten sich immer wieder Ergebnisse in dieser Richtung: erhöhte Druckempfindlichkeit in der Gegend der Ovarien und sowohl Auslösung als auch Beendigung der »großen Anfälle« durch Druck auf diese Körpergegend.

Die Somatisierungen des 20. Jahrhunderts, so meint Shorter, bewegen sich im Bereich des Schmerzsyndroms. Im besonderen werden Bauchschmerzen, Rückenschmerzen und Kopfschmerzen festgestellt, ohne daß irgendein objektivierbarer Befund sich zeigt. Nach Shorter suchen diese Patienten so lange einen Arzt, bis sich dieser breitschlagen läßt, eine Art somatisch klingenden Befund auszustellen. Angesichts vermehrter Kenntnisse der Psychosomatik wird dies allerdings immer schwieriger. Im Kreise der Psychologiekundigen macht sich nämlich jetzt eine andere Denkungsart breit: Der Begriff »Psychosomatik« wird nun umstandslos auf alle möglichen Krankheiten ausgedehnt. Ob einer Krebs hat, einen Herzinfarkt oder nur einen harmlosen Schnupfen: die Frage, ob dies nicht (zumindest auch) psychisch determiniert sei, scheint immer gerechtfertigt.

Unversehens wird Krankheit jeder Art also zu einem Übel, das man selbst zu verantworten hat. Karin Spaink (1994) hat daher in einem sehr engagierten Sachbuch die Frage aufgeworfen, ob man Krankheit infolge der Psychologisierung nunmehr wiederum in altmodisch-theologischer Manier als »Schuld« betrachten müsse? Da sehr viele Untersuchungen gerade im Bereich Krebs und Herzinfarkt die ursprüngliche Annahme eines bestimmten Persönlichkeitstyps, der dafür prädisponiert ist, oder auch sehr typische biographische Verläufe nicht bestätigen können, lassen sich zumindest sehr viele Einwände finden gegen eine allzu pauschale Psychologisierung von Krankheit insgesamt. Die Autorin des Buches »Krankheit als Schuld?« jedenfalls argumentiert sehr klar, daß eine Gesellschaft, die dem einzelnen die Verantwortung für seine Krankheiten aufbürdet, sich vor der Notwendigkeit verschließt, die unumstößliche Einheit von Krankheit und Tod mit dem Leben zu sehen.

Nichtsdestotrotz: Moderne Psychotherapie ist von dieser »Verantwortung« für die eigenen, auch körperlichen Krankheiten geprägt. In populären, aber auch oftmals in wissenschaftlichen Publikationen wird kein großer Unterschied gemacht, ob es sich um Tbc, Aids oder Brustkrebs handelt oder um ein funktionelles vegetatives Syndrom. So ist die Frage »Was will mir diese Krankheit sagen?« in vielen Psychotherapien aller Schulen durchaus legitim. Natürlich kommen auch Patienten mit dem Anliegen in die Therapie, sie wollten ihre ewigen Rückenschmerzen oder die Bronchitis endlich loswerden. Da dies bei sehr vielen Krankheiten schwierig oder unmöglich ist, wird gerade bei psychotherapiekundigen Patienten eine nagende Ungewißheit aufrechterhalten, ob denn ihre Therapie wirklich »richtig« sei. Die Suche nach den »eigentlichen« Ursachen von Krankheiten, die lange Zeit nicht als psychosomatisch angesehen wurden, gibt vielen modernen Psychotherapien ein neues Gesicht. Gepaart ist diese Sicht auf die Krankheit mit einem seit den sechziger Jahren wachsenden Mißtrauen gegen die naturwissenschaftliche Medizin. Hier verbinden sich einige therapeutische Systeme – insbesondere die esoterischen – besonders gerne mit Naturheilern, alternativen medizinischen Verfahren und Heilpraktikern.

Die Suche nach Glück in der Psychotherapie

Es sind vor allem die Humanistischen Psychotherapien, die den Anschein erweckt haben, als könne ein Mensch über eine gelungene Psychotherapie glücklich werden. Der alte Pessimist Freud mit seiner bekannten Rede vom »gemeinen Unglück«, das noch immer übrigbleibt, wenn man auch vom »hysterischen Elend« befreit würde, wird dabei besserwisserisch übergangen. Die impliziten Vorstellungen vom Glück, die hier vorherrschen, sind eng gekoppelt an das Modell des authentischen Menschen, der sich selbst verwirklicht. Wieso aber sollte dies schon eo ipso glücklich machen? Es tönt in unseren modernen Ohren zwar so, als ob sich das ganz von selbst verstünde; tut es das aber wirklich? Worin besteht denn dieses vielbeschworene Glück? Und: Ist es vielleicht wirklich eine neue Art von Glück, die hier im Gewoge der Moderne und Postmoderne sich auftut?

Historisch gesehen hat sich die Vorstellung vom menschlichen Glück, von seiner Erreichbarkeit und den Wegen dorthin immer wieder gewandelt.

Glück als Besonnenheit der Lebensführung, die vernünftigerweise den Schmerz meidet (Demokrit, Epikur) und in einer Art diätetischer Lebensführung Distanz hält, war zeitweise ebenso allgemeine Maxime wie bei Aristoteles die Vorstellung, nur im aktiv politischen Leben liege das Glück. »Das Kind kann nicht glücklich sein«, behauptet Aristoteles in schöner Konsequenz. Später finden wir verschiedene theologische Glücksdefinitionen. Durch Gottesliebe (Augustinus) wird zwar die Furcht gebannt, Glück aber gibt es nur im Jenseits: »Da werden wir feiern und schauen, schauen und lieben, lieben und preisen«, ruft Augustinus sehnsüchtig aus. Das Glück auf der Welt aber hat geringe Chancen. Die Erkenntnis Gottes, so die nachfolgenden theologischen Lehrmeinungen, läßt schon auf Erden eine Ahnung von Glück aufleuchten, Erfüllung aber finden wir im Diesseits nicht.

Die neuzeitlichen Auffassungen differieren sehr stark. Glück als das »Maximum an Vergnügen« (Jeremy Bentham, 1748–1832), als die Einheit des Menschen mit sich selbst (Jean-Jacques Rousseau, 1712–1778) wird konterkariert vom strengen Kant (1724–1804), der dem Menschen sogar die Glücksbestrebungen ausreden will. »Die Natur des Menschen ist nicht von der Art, irgendwo im Besitze und Genusse aufzuhören und befriedigt zu werden«, meint er. Und geht davon aus, daß das einzig Mögliche für uns ist, glückswürdig zu werden, aber nicht: glücklich zu sein.

Moderne Glücksauffassungen orientieren sich an der Empirie. »Was sagen Menschen über das Glück aus?« ist die Leitfrage, oder »Wann bezeichnen Menschen sich als glücklich«?

Ob das Glücklich-Sein als ein Lebensziel angesehen werden sollte, diese Frage wird nicht mehr gestellt. Es versteht sich sozusagen von selbst, daß jeder Mensch Anspruch auf Glück hat und daß es nur darauf ankommt, die äußeren und die inneren Bedingungen so zu gestalten, daß das »Maximum an Glück« möglich ist.

Die Antworten auf die Glücksfragen variieren natürlich mit den Sozialdaten, kreisen aber doch immer wieder um solch traditionelle Werte wie die »glückliche Familie« oder auch »gute ökonomische Bedingungen«.

Der Soziologe Gerhard Schulze hat versucht, in seinem Buch von der »Erlebnisgesellschaft« einzelne Milieus zu charakterisieren, in denen sich auch die Glücks- und Wertvorstellungen unterscheiden. Eines dieser Modelle nennt er »Selbstverwirklichungsmilieu«. Dieses ist oft identisch mit demjenigen, in dem sich sehr viele unserer Psychotherapie Patienten bewegen. Hier dominieren die Vorstellungen von der Glucksfindung durch Selbstverwirklichung (Ein bei Studenten von mir durchgeführter projektiver Test ergab denn auch, wie erwartet, eine Dominanz folgender Verbindungen zum Glück: »Harmonie mit sich selbst und der Natur; Kreativität, Erkenntnis und Selbsterkenntnis, Selbstbesinnung«.)

Die hinter diesen Glücksvorstellungen liegenden Konzepte basieren auf folgendem Menschenbild: Jeder hat eine Art »Kernsubstanz«, deren Freilegung zu großem Wohlgefühl (Glück) führen muß. Diese Kernsubstanz ist für jeden ganz und gar individuell gestaltet, ist voll von Dynamik und hat eine Tendenz, sich freizustrampeln; denn: Sie ist umgeben von Schlacken, Müll und Unrat (unterschiedlichster Herkunft: aus der Kindheit oder aus der technischen Welt). Die wenigsten Menschen sind mit ihrer Kernsubstanz schon in Berührung gekommen, aber das Drängen und Stoßen, das von ihr ausgeht, spüren sie immer wieder einmal. Wenn sie sich von den Schlacken und vom Abfall befreien (wodurch auch immer: Therapie, Fasten, Meditation, Yoga), gibt es eine wunderbare und glückverheißende Begegnung mit dieser Kernsubstanz. Diese kann schlagartig oder langsam vonstatten gehen (dies unterscheidet wiederum die Theorien über das Psychische und seine Veränderung), am Ende steht aber immer ein neues und glücklicheres Lebensgefühl.

Psychotherapie nun ist eine Möglichkeit, sich dieser Kernsubstanz anzunähern. Über erhöhte Sensibilität, das Horchen nach innen und irgendwelche Techniken, die das unterstützen, gelangt man zur Befriedigung.

Dieses Bild vom Menschen ist in der modernen Menschenbild-Landschaft so verbreitet (vor allem unter Intellektuellen), daß es uns schwerfällt, dagegen irgend etwas einzuwenden. Aber natürlich ist es historisch bedingt und ganz und gar kein Naturprodukt. Antike Vorstellungen von einem Menschen, der nur durch Arbeit in der Polis zum Glück gelangt oder der sich durch einen Weg der Mäßigung das Glück erkämpft, haben damit nichts zu tun. Wenn man, wie dies in der Moderne geschieht, Rollenperson und Privatperson so sehr spaltet, dann ergibt sich daraus folgerichtig eine Zweiteilung in bezug auf die Glücksmöglichkeiten: Der offizielle Teil gerät in den Sog des Schädlichen, des Entfremdenden; der private Teil aber hat Chancen auf ein »echtes« Glück.

Nur die Privatperson, so eine weitverbreitete Meinung, verheißt Glück, die »Fassade« der inauthentischen Rolle aber kann nur vorübergehend ein »falsches« Glück geben. Mit diesem Falschgeld kann man sich also nichts »Wirkliches« kaufen, und in Tausenden von Therapien scheint diese Weltsicht immer wieder bestätigt. Der Verdacht kann natürlich auftauchen, daß man dabei selbstversteckte Ostereier findet. Denn: Wissen wir wirklich so genau, daß die »Fassade« unter bestimmten Bedingungen (zum Beispiel unter denen des Reichtums oder der Macht) nicht genauso glücklich machen kann wie die »echte« Person? Wo doch ganz offensichtlich das Glück sowieso nur eine flüchtige Besucherin ist? (Es gibt einen Film von Woody Allen – »Mord und andere Kleinigkeiten« –, in dem die psychischen Qualen eines Mörders dargestellt werden; dieser Mörder, ein kultivierter und gutsituierter Arzt, gerät in eine Hölle von Selbstvorwürfen und Ängsten. Zur Überraschung wohl der meisten Zuschauer zeigt das Ende des Films weder die totale psychische Zerstörung noch die Bestrafung des Mörders. Nein: Er erzählt im Tone eines Menschen in der Selbsterfahrungsgruppe seiner Party-Nachbarin, wie schön das Leben nun wieder für ihn sei; er habe plötzlich alle Qual von sich abfallen gefühlt und fast wie durch ein Wunder gespürt, daß er wieder ganz und gar sein früheres Selbst sei.)

Die Vorstellung von der glückverheißenden Entdeckung des »wahren Selbst« mag für viele Menschen Bedeutung haben. Als eine allgemeine anthropologische Grundkonstante können wir sie sicher nicht betrachten.

Vielmehr ist die Historizität dieses Bildes vom menschlichen Glück evident. Es verweist wieder einmal auf die narzißtisch-individualistische Verengung moderner psychologischer Konzepte. Wenn unser Glück vor allem in uns selbst liegt, dann tragen wir es also in uns; dann sind wir sozusagen angefüllt mit einer kostbaren Substanz, die wir nur ausgraben müssen, um reich zu werden. Die Mühen der Arbeit in der Polis, die Anstrengungen des tugendhaften Lebens, die mühsame Bestrebung, glückswürdig zu werden: all dies bleibt uns erspart. Natürlich werden bei der Arbeit der Selbstentdeckung auf der Couch oder auf Bodenmatten des Körpertherapeuten auch immer wieder Tränen vergossen. Die Ehrlichkeit gebietet aber zu sagen, daß diese Mühen (auch wenn von Therapeuten und Patienten oft das Wort »Arbeit« dafür verwendet wird) doch geringfügig sind im Vergleich zu historisch anders gelagerten Versuchen, Glückseligkeit zu erlangen.

Die Glücksvorstellungen der Humanistischen Theorien (und der auf ihnen basierenden Therapien) weisen nicht über den einzelnen hinaus, bekommen allerdings oft so etwas wie eine moralische Dimension – diese aber gerade nicht, weil damit etwas die Person Transzendierendes gemeint ist, sondern durchaus verharrend im ganz Individuellen. Wer, so lautet die Botschaft, nicht glücklich ist, der hat sich noch nicht richtig befreit von den Fassaden, der hat sein eigenstes kreatives Inneres noch nicht entdeckt. Glück ist das Kennzeichen des Menschen, der sich befreit hat und in Einklang mit sich selbst lebt. Die Inhalte seines Glücks sind variabel: Es kann die Freude am geglückten Mittagessen sein oder am zärtlichen Umgang mit dem Partner, die Freude an der Arbeit oder diejenige an der Fernsehshow. Hauptsache, dieses Glück wird »gedeckt« von der vollen Erfahrungswahrnehmung – dann ist alles in Ordnung. Es fällt nicht schwer, diese Glücksvorstellungen als spießig und kleinkariert zu diffamieren. Möglicherweise aber sind sie in einem ideologielosen Zeitalter das einzige, was über das menschliche Glück auszusagen bleibt. Vergessen ist allerdings dabei – und das oft auch bei Psychoanalytikern – die pessimistische Sicht Freuds auf das menschliche Glück.

Die verschiedenen therapeutischen Versuche, mit dem Beziehungsproblem fertig zu werden

Mit der Entwicklung der Objektbeziehungstheorie in England wurde, wie oben (Seite 102 f.) erläutert, die Beziehungsfähigkeit der Patienten in den Mittelpunkt gerückt. Die in den fünfziger und sechziger Jahren gefundenen Konzepte der Entwicklung normaler und gestörter Beziehungsfähigkeit führten dazu, daß man sich auch in den Behandlungen auf eine Feinanalyse der Beziehungen konzentrierte. Ausgefeilte Überlegungen zur Spezifik narzißtischer Beziehungen oder zur Typik der Beziehungen von stets ambivalenten Borderline-Patienten waren die Folge.

In diesem Zusammenhang aber konnte das Konzept der Beziehungsangst wirklich gesehen und analysiert werden. Erst die Instrumente machen es ja möglich, bestimmte Operationen durchzuführen, wobei natürlich die Tatsache, daß bestimmte Instrumente entwickelt werden, ebenfalls einen gesellschaftlichen Hintergrund hat. Das Henne-Ei-Problem ist auch hier nicht zu lösen.

Als sicher können wir ansehen, daß neue Themen auftauchen, nämlich eben diejenigen, die sich mit der jeweiligen Spezifik der Beziehungsfähigkeit und der Beziehungsprobleme der Patienten befaßten. Das bekannte »Kollusionskonzept« von Jürg Willi (1975), das auf einer psychoanalytischen Typologie beruht, hat im Bereich der Partnerschaft eine wichtige Vorreiterfunktion gehabt. Man kann sagen, daß alle nachfolgenden psychoanalytischen Konzepte zur Ehe nichts wesentlich Neues mehr gebracht haben.

Die Thematik der Beziehungsfähigkeit wurde noch vertieft durch die neuen Theoriesysteme von Rogers sowie von Kohut, bei denen die »helfende Beziehung« beziehungsweise die »empathische Beziehung« große Rollen spielen. Hier wird in den Therapien nicht nur die Beziehungsfähigkeit ganz allgemein thematisiert; der Therapeut wird vielmehr angehalten, die Beziehung zum Klienten so kongruent und warm zu gestalten, wie sie es in der Früherfahrung oftmals nicht war. Bei Rogers und seinen Nachfolgern finden wir sehr viele Anweisungen, wie diese Beziehung zu realisieren sei, und auch sehr viele Möglichkeiten festzustellen, wie der Klient seine Beziehung zum Therapeuten verändert. (Die vielerlei Skalen zur Messung der einzelnen Variablen – so merkwürdig steif sie dem Betrachter auch erscheinen mögen – geben viele Hinweise in dieser Richtung.)

Erst in der Verhaltenstherapie aber, mit ihrem Direktangriff auf Symptome und Klagen, finden wir aber ganz spezifische Therapiemethoden, die nur die Beziehungsfähigkeit fördern sollen.

Schon Ende der sechziger Jahre werden die ersten Hinweise auf Rollenspiele, vor allem auf das »Assertiveness Training« gegeben. Hier wird nun in sozusagen naiver Weise versucht, die Beziehungsfähigkeit in Trainingsprogrammen zu modellieren. Da das Beziehungslernen unter denselben Gesetzmäßigkeiten steht wie das instrumentelle Lernen, kann es auch in derselben Art »trainiert« werden. Einzeln oder in Gruppen werden bestimmte »Aufgaben« im Rollenspiel bewältigt, wobei das »Sich-Durchsetzen« einen wichtigen Stellenwert hat. So gibt es im Trainingsprogramm von Rüdiger Ullrich und Rita Ullrich de Muynck Aufgaben in verschiedenen Schwierigkeitsstufen zur Bewältigung von selbstunsicherem Verhalten (zum Beispiel Stufe 1: einen Fremden auf der Straße nach der Uhrzeit fragen; letzte Stufe: bei einem Freund Geld leihen). Etwas raffiniertere Vorgehensweisen ergeben sich natürlich dann, wenn patientenspezifisch bestimmte soziale Angstsituationen im Rollenspiel bewältigt werden müssen. Dabei geht es dann nicht nur um assertives (selbstsicheres) Verhalten, sondern auch um den Ausdruck von Gefühlen, um das Verlangen nach Zärtlichkeit und dergleichen mehr.

Vor allem die verhaltenstherapeutischen Paartherapien haben sich dieses Themas angenommen.

Eines der ersten lerntheoretisch orientierten Paartherapiebücher (Lederer und Jackson, 1968) besteht explizit darauf, die Ehe als ein Handelsgeschäft zu betrachten. »Wir stellen in aller Eindeutigkeit und Bestimmtheit fest, daß der Handel ein ganz wesentlicher Bestandteil einer gut funktionierenden Ehe ist. Ja, die Ehe braucht diesen fortgesetzten Handel zwischen den Partnern, damit die unvermeidlichen täglichen oder sogar stündlichen Anpassungen erreicht werden« (S. 203).

Dies blieb bis heute das Motto aller Paartherapien innerhalb der Kognitiven Verhaltenstherapie.

Es wird also ganz explizit von Modellen des Austauschs ausgegangen (auch in der akademischen Sozialpsychologie finden wir diese in besonderem Maß repräsentiert). Das Quid-pro-quo-Spiel nennen es Lederer und Jackson (»quid pro quo?« ist lateinisch und heißt »was wofür?«) und geben detaillierte Anweisungen, wie man dieses Spiel realisieren kann. Jeder bekommt auf diese Weise, was er will – aber nur dann, wenn er selbst dem anderen dessen Wünsche erfüllt. Damit es keine Ungerechtigkeiten gibt, werden die Wünsche und Zeiten der Wunscherfüllung schriftlich festgelegt.

Im deutschsprachigen Raum hat Jahre hindurch das Kommunikationstraining von Anita und Karl Herbert Mandel (1971) als letztgültige Version der Ehetherapie gegolten. Auch dort wird – eingebettet in sehr viel mehr humanistisches und allgemeinphilosophisches Gedankengut – vor allem ein möglichst günstiges Verstärkerprogramm in der Interaktion gesucht. Ebenso bei Dirk Revenstorf (1985), wo trotz einer langen Aufzählung unterschiedlicher Partnerschaftsmodelle die konkreten therapeutischen Strategien auf denselben lerntheoretischen Grundsätzen beruhen. Man sucht, die Bekräftiger möglichst gerecht zu verteilen, man tauscht zum Beispiel Sexualität gegen Gespräche und macht Strichlisten in bezug auf die gegenseitigen Verstärkungen. Das von Schmidbauer kritisierte »Bilanzdenken« in Gefühlsangelegenheiten wird hier ganz unbekümmert angesprochen und ausgebaut. Es wird sozusagen der Bock zum Gärtner gemacht, wenn man die Schmidbauersche (und damit die sehr vieler anderer Autoren) Kulturkritik ernst nimmt. Daß Verhaltentherapeuten damit Erfolg haben, scheint gesichert. Ob dies allerdings der Erfolg ist, den Psychoanalytiker sich erhoffen, wenn sie die »Objektkonstanz« oder die »Ambivalenztoleranz« erzielen wollen, ist nicht ganz klar. Möglicherweise aber muß man dies gar nicht explizit anpeilen wollen, um trotzdem dahin zu gelangen? Vielleicht hat ja manche verhaltenstherapeutische Paartherapie Erfolg nicht wegen, sondern trotz der darin enthaltenen Austauschannahmen?

Nicht zuletzt muß auch noch auf das Erstarken der verschiedenen Gruppentherapien hingewiesen werden. Auch hier geht es natürlich sehr häufig um die Beziehungsfähigkeit, die ja im Gruppenkontext in ganz besonderer Weise immerzu gebraucht oder vermißt wird. Die Verfeinerung des Instrumentariums zur Beobachtung von Beziehungsverhalten sowie das Instrumentarium zur Veränderung dieses Beziehungsverhaltens wird durch die »Labor«-Situation der Gruppe noch verstärkt und dadurch auch in die Alltagspsychologie übernommen.

Die Verbesserung der Beziehungsfähigkeit, vor fünfzig Jahren eher ein Nebenprodukt einer Therapie, die sich auf Symptome und schwere Leidenszustände beschränkte, wird in der modernen Therapie oftmals zum Selbstzweck. Warum dies so ist und offenbar sein muß: dafür eine mögliche Erklärung zu suchen ist Aufgabe dieses Dritten Teils gewesen.

Bilanz

Geordnete Integration oder chaotisches Durcheinander?

Ich versuche, mich in die Vertreter verschiedener Schulen hineinzuversetzen, nachdem sie dieses Buch gelesen haben. Natürlich wird es eine ganze Menge an Kritik geben müssen: an einer allzu einseitigen Darstellung, an meinem positiven Vorurteil gegenüber der Psychoanalyse, an der Tatsache, daß moderne Vertreter der je spezifischen Schulen schon sehr viel »weiter« seien in ihrer Aufnahme anderer Elemente. Letzteres ist mir sehr bewußt. Ich kenne sehr viele Praktiker und Praktikerinnen, bin schließlich selbst eine, und weiß, daß man in der Realität des Therapierens anders vorgeht, als es in vielen Büchern steht. Außerdem ist mir natürlich auch diejenige Literatur bekannt, die integrative Ansätze anbietet, wie Tilmann Moser mit seiner Verbindung von Körpertherapie und Psychoanalyse oder Hilarion Petzold, der aus der Integration verschiedener Therapien schon wieder fast eine neue Art von Therapie geschaffen hat.

Trotzdem: Ich finde es sinnvoll, die »reinen« Ansätze aufzuzeigen, sofern sich das machen läßt, weil nur im Zurückgehen auf diese Ansätze neue Überlegungen entstehen können für Verträglichkeit oder Unverträglichkeit verschiedener Disziplinen.

Ein Psychoanalytiker, der verhaltenstherapeutische Übungen in sein Therapieprogramm hineinnimmt, muß natürlich darüber nachdenken, wie sich Anleitungen mit einer je spezifischen Übertragung vereinbaren lassen. Ein masochistischer Patient, der freudig eine Systematische Desensibilisierung aufnimmt, hat wenig Chancen, sich seiner Gefügigkeit bewußt zu werden. Denn was würde aus der Systematischen Desensibilisierung, wenn der

Therapeut ihn gleichzeitig darauf aufmerksam machte, daß er sich wieder einmal etwas von anderen aufschwatzen läßt? Es würde bei einem solchen Vorgehen nichts als Verwirrung entstehen. Vielleicht ließe sich trotzdem eine Systematische Desensibilisierung durchführen: Aber der Therapeut muß hier schon sehr viele Überlegungen anstellen und sehr sorgfältig mit seinen Vorschlägen umgehen, wenn er dann noch bei seinem psychoanalytischen Konzept bleiben will.

Die voll akzeptierende Haltung des gefühlsmäßig begleitenden Therapeuten nach Rogers andrerseits wird manche Konfrontation schwierig werden lassen: dann nämlich, wenn diese Konfrontation nicht dem einfühlenden Mitschwingen geschuldet ist, sondern dem Wissen um umbewußte Vorgänge. So läßt es sich, um bei dem Fall auf Seite 18 ff. zu bleiben, nur schwer vorstellen, wie ein Gesprächstherapeut die Patientin ohne Bruch auf die unterschiedlichen Triebwünsche von jungen und alten Menschen bringen könnte.

Das unreflektierte Verlangen nach Integration gemäß dem Motto: Gulasch ist gut, Erdbeercreme ist gut – wie gut muß erst ein Gemisch aus Erdbeercreme und Gulasch sein! – soll durch dieses Buch gestoppt werden.

Was aber werden, abgesehen von der oben angedeuteten globalen Kritik, die verschiedenen Schulenvertreter zu diesem Buch sagen? Ich denke, daß Psychoanalytiker der konservativen Richtung vielleicht am zufriedensten damit sein könnten. Bei ihnen schlägt meine Vorliebe für die Freudsche Analyse vermutlich positiv zu Buch; wohl auch, daß ich nicht aufhören kann zu staunen, in welch bahnbrechend neuer Form Freud die menschliche Seele konzipiert hat – neu in der Erfindung eines Begriffsapparates und der Systematik, in der dieser verwendet wird, und doch aufbauend auf älteren Erkenntnissen, so wie eben das 19. und 20. Jahrhundert sich selbst erlebte. Vielleicht wird es Kritik geben an meiner manchmal recht akzentuierten Hervorhebung des Maßlosen und des Chaotischen am Trieb. Manch einer mag die Triebe eher in einer ruhigeren Form sehen, etwa eben in dieser, die Freud ja auch gesehen hat: Libido als das Bedürfnis nach Zusammenfügen, die Sehnsucht nach Vereinigung. Demgegenüber neige ich zu der anderen Seite, die ja von Freud ebenfalls vertreten wurde, nämlich den Trieb als Störenfried zu sehen. Hier ist die Triebseite, so wie sie sich etwa im Traum, also mit einer vergleichsweise schwachen Abwehr, zeigt, betont. Dies mag manchem Psychoanalytiker etwas schief erscheinen.

Ganz bestimmt sind einige Selbst-Psychologen (Kohutianer) nicht zufrieden, weil ich sie sehr oft zu den Humanistischen Psychologen gerechnet habe. Ihrem Selbstverständnis nach begreifen sich viele Selbst-Psychologen durchaus als Psychoanalytiker. Ich denke, daß ich einige Argumente gebracht habe, die ihre Zurechnung zu den Humanisten rechtfertigen, wenngleich sicher die Vorstellungen von Selbst- und Objektrepräsentanzen ziemlich nahe an der Objektbeziehungstheorie liegen.

Rogersianer sind, wie ich weiß, längst nicht mehr so zurückhaltend, wie sie das vor zwanzig Jahren sein mußten: Sie fragen, sie geben Interpretationen, und auch Handlungsanweisungen sind ihnen nicht ganz fern. Viele von ihnen integrieren gestalttherapeutische Elemente oder auch übende, wie die Verhaltenstherapie sie vorschlägt. Ich nehme an, daß dies die Therapien bereichert. Allerdings wäre, wenn dies geschieht, wohl eine Theorierevision fällig. Das Vertrauen in die Selbstheilungskräfte und in die Tendenz, selbständig heilende Erfahrungen machen zu können (vorausgesetzt, der nährende Boden der Beziehung ist da), muß dann doch reduziert werden. Das zugrundeliegende Menschenbild kann dann nicht ganz stimmen, ebensowenig das Vertrauen in die Heilkraft der Empathie.

Gestalttherapeuten werden sicher meine Zweifel, ob es ihnen gelingen kann, Latenzen aufzudecken, nicht immer teilen. Die Bedeutung der Intentionalität ist sicher klargeworden;

ohne Vorstellung von einem »Warum« der seelischen Regungen scheint mir allerdings das Bild doch nicht komplett.

Verhaltenstherapeutisches Denken und Handeln kenne ich – neben der Psychoanalyse – aus eigener Erfahrung. Natürlich kann man auch in diesem Lager sagen, daß heutzutage viele andere Elemente in die Therapie hineingenommen werden. Auch hier aber muß man jeweils überlegen, was diese mit der Ursprungstheorie zu tun haben und ob sie sich »vertragen«. Im Falle integrierender Verhaltenstherapie habe ich übrigens die wenigsten Bedenken, daß hier dem Patienten geschadet wird. Allerdings ist die bedenkenlose Vereinnahmung von Konzepten der »Übertragung« oder die Suche nach »Wurzeln« im Sexuellen gerade in behavioristischen Therapien mit ihrer Dominanz der Sozialisation einfach irreführend. Es werden meist nur Begriffshülsen verwendet, die damit verbundenen Konzepte können einfach nicht eingelöst werden. Wie soll ein Verhaltenstherapeut die Übertragung einer Patientin, die von Idealisierung bestimmt ist, wohl deuten, wenn deren Vater vielleicht ein abgewrackter Alkoholiker war, der Frau und Kinder prügelte? Hat er wirklich Vorstellungen davon, wie ein idealisiertes Vaterbild zustande kommen kann? Sicher nicht, wenn er nur Sozialisationstheoretiker ist. Solche allzu grobe Verwendung von Konzepten ist aber an der Tagesordnung, wenn das dazugehörige Methodeninventar und die theoretische Durchdringung nicht stimmen. Welchen Nutzen könnten die einzelnen Schulenvertreter aus diesem Buch für ihre Praxis und vielleicht sogar für ihre Therapieschule ziehen?

Ganz allgemein, so möchte ich behaupten, indem sie ihr eigenes theoretisches und methodisches Rüstzeug ein wenig relativieren. Immer wieder überrascht es mich zu sehen, wie auch Psychologen, die vielleicht am Beginn ihrer Laufbahn noch Gesprächspsychotherapie oder Verhaltenstherapie, wie sie es an der Universität gelernt haben, praktizierten, schließlich mit Haut und Haar einer ganz andersartigen, nunmehr ganz »ihrer« Therapierichtung verfallen. Es ist, als hätten sie vorher nie Erfolge gehabt, als hätten sie ihre Problemfälle nur völlig kenntnislos und oberflächlich behandelt.

Dieses Buch könnte manchem wieder einmal klarmachen, daß Heilung und Beruhigung im Bereich des Psychischen auf vielerlei Arten zustande kommen kann, daß keine Therapieform ein Anrecht hat auf Ausschließlichkeit. Dies muß vor allem an die Adresse der Psychoanalytiker gerichtet werden. Wir neigen dazu, unsere Kollegen aus anderen Schulen einfach als therapierende Laien abzutun. Psychoanalytiker, so meine ich, werden dort, wo sie ihr Instrumentarium nicht voll entfalten können (nämlich in Kurztherapien oder auch in tiefenpsychologisch fundierten Therapien einmal pro Woche über ein bis zwei Jahre), von anderen Methoden profitieren. Wenn eine Übertragungsanalyse nicht in vollem Umfang möglich ist, dann lassen sich unter Umständen übende Verfahren durchaus einbringen; begabte Analytiker tun dies natürlich sowieso. Ich habe eine analytische Kurztherapie per Tonband miterlebt, die mich zweifeln ließ, ob ich nicht einer Verhaltenstherapie-Sitzung beiwohne. Diese Therapie – es ging um die möglichst rasche Behebung einer Arbeitsstörung – war sehr erfolgreich, unter anderem sicher deshalb, weil der Psychoanalytiker mit seiner Patientin in kleinen Schritten den Fortgang der Arbeit von Woche zu Woche plante, das Geschriebene durchlas und Fragen stellte. In der Besprechung dieser Therapie wurden allerdings theoriegeleitet sehr viele Details des Innerpsychischen erfaßbar, weil dieser Psychoanalytiker eben mit einer anderen umfassenden Theorie arbeiten konnte als beispielsweise ein Verhaltenstherapeut. So war das Thema des »idealisierten Vaters«, als der der Analytiker erschien, sehr wichtig. Nie dachte der behandelnde Therapeut daran, daß nach erfolgreichem Abschluß der Arbeit wirklich ein grundlegender Wandel bei der Patientin eingetreten sein könnte. Das Thema nach Abschluß der Kurztherapie war vielmehr, ob nun nicht sehr viel prinzipieller mit ihr gearbeitet werden sollte, was einen Wechsel des Settings bedeutet hätte. Auch hier war dann aber die Überlegung wichtig, ob es möglich sei, mit derselben Person (des Therapeuten) diesen Setting-Wechsel vorzunehmen. Und auch diese Überlegung kann natürlich geleitet werden von psychoanalytischen Konzepten: Kann sich auf dieser Basis noch eine Übertragungsneurose entfalten, oder ist nicht die vorherige Vernachlässigung des Abstinenzgebots hinderlich? Und so weiter. Hier wird also nicht nur »irgendwie« und nach Maßgabe der eigenen Erfahrungen überlegt, sondern theoriegeleitet und kriteriumsbestimmt. Ich denke, daß Rogersianer Anregungen bekommen könnten, sich vor allem mit Entwicklungs- und Krankheitslehre zu beschäftigen. Zur Zeit gibt es Bemühungen darum (Teusch und Finke, 1993), sie erscheinen mir aber noch zu unspezifisch, als daß man damit in der Behandlungswirklichkeit etwas anfangen könnte. Dies also könnten Gesprächstherapeuten von anderen Therapierichtungen »lernen«: wie hilfreich es sein kann, sich eine Vorstellung vom Ursprung und Verlauf einer Krankheit, von ihren auslösenden Bedingungen und ihren aufrechterhaltenden Situationen zu machen. Die Übernahme theoriefremder – meist psychoanalytischer oder daseinsanalytischer – Krankheitslehren erscheint dabei nicht als der Weisheit letzter Schluß.

Ich denke, daß Gestalttherapeuten die Geduld der Psychoanalytiker, die nicht alles sofort »auflösen« und zum Erleben bringen will, sondern wartet, bis Dinge »reif« sind, ernst nehmen sollten. So interessant und kreativ manche ihrer Interventionen auch sind: Oft wird zu rasch agiert, zuwenig darauf geachtet, wann eine Intervention wirklich etwas erbringen kann. Eine der folgenreichen Abgrenzungen gegen die Psychoanalyse: das Über-Bord-Werfen des Konzepts der Übertragungsneurose, könnte dabei zurückgenommen werden – ohne Schaden für die Gestalttherapie. Übertragung läßt sich eben längst nicht innerhalb einer Stunde auflösen und zurückführen auf ihren Ursprung: Es sei denn, man betrachte diesen Begriff »Übertragung« oberflächlich als nur-bewußtseinsfähigen Teil einer Interaktion.

Verhaltenstherapeuten kommen nicht darum herum, sich mit dem Konzept der Beziehung zu beschäftigen. Die Verfeinerung der Wahrnehmung in bezug auf das, was eine Therapie an Beziehungsmöglichkeiten mit sich bringt, sollte von den Verhaltenstherapeuten zur Kenntnis genommen und in Beziehung gebracht werden mit den spezifischen Interventionen. Eine »Bearbeitung« der Übertragung im psychoanalytischen Sinn ist hier zwar nicht möglich und auch nicht wünschenswert, die Verfeinerung der Wahrnehmung für die verhaltenstherapeutischen Interventionen aber wichtig.

Auch die bei Behavioristen verbreitete Vorstellung, man brauche die Vergangenheit nicht wirklich als Hintergrundwissen, könnte von einer vertieften Reflexion nur profitieren. Ähnliche Überlegungen würden auch der Systemischen Familientherapie nützen. Die für viele Patienten sehr verwirrende Situation mit mehreren Therapeuten, mit Einwegspiegel oder gar »Knopf im Ohr« wäre unter den Gesichtspunkten der Übertragung zu reflektieren, ein Eingehen darauf sicher oft wichtig für die Familie.

Dies sind nur die vordringlichsten Überlegungen, die einzelne Therapieschulenvertreter anstellen könnten, wenn sie dieses Buch lesen.

Ob und wie »Integration« zu bewerkstelligen ist: das läßt sich nicht so ohne weiteres feststellen. Sehr viel mehr Erfahrungswissen, aber auch Überlegungen theoretischer Art müssen zusammenfließen. Berufsverbände und Wissenschaftler haben sich schon vor einiger Zeit dazu entschlossen, eine solche Integration und entsprechende Ausbildungsgänge zu schaffen. Dieses Buch will dazu ermuntern, vor solches Handeln noch einmal eine Zeit des Nachdenkens zu setzen.

Es ist nicht alles, was gut ist, mit allem zu vereinbaren. Wir haben noch viel zuwenig überlegt, wie Integration – wenn sie wirklich wichtig sein sollte in zukünftigen Therapien – aussehen kann und was sie bei Patienten bewirkt. Die hier gebotene Übersicht über die zentralen theoretischen Bestandteile der wichtigsten Therapieschulen sollte bei diesen Überlegungen hilfreich sein.

Anhang

Literatur

Argelander, H.: Das Erstinterview in der Psychotherapie. Wissenschaftliche Buchgesellschaft, Darmstadt 1987 (1970)

Aries, Ph.: Geschichte der Kindheit. Hanser, München 1975 (1960)

Badinter, E.: Die Mutterliebe. Piper, München 1981 (1980)

Baumgart, M.: Psychoanalyse und Säuglingsforschung: Versuch einer Integration unter Berücksichtigung methodischer Unterschiede. In: Psyche, Heft 9/1990, S. 780–809

Beck, A. T.: Wahrnehmung und Wirklichkeit der Neurose. Pfeiffer, München 1979

Beck, U.: Risikogesellschaft. Auf dem Weg in eine andere Moderne. Suhrkamp, Frankfurt am Main 1986

Benjamin, J.: Die Fesseln der Liebe. Psychoanalyse, Feminismus und das Problem der Macht. Stroemfeld/Roter Stern, Basel 1990 (1988)

Bittner, G.: Vernachlässigt die Psychoanalyse den Körper? In: Psyche, 1986, 40/8, S. 709–734

Blanck, G., und Blanck, R.: Angewandte Ichpsychologie. Klett-Cotta, Stuttgart 1974

Böhme, G.: Anthropologie in pragmatischer Hinsicht. Suhrkamp, Frankfurt am Main 1985

Breger, L., und McGaugh, J. L.: Learning Theory and Behavior Therapy: A Reply to Rachman and Eysenck. Psychol. Bull 1966

Brodkin, A. M.: Family Therapy: The Making of a Mental Health Movement. Americ. journ. of Orthopsychiatry 1980, 50,1

Buchholz, M.: Die unbewußte Familie. Psychoanalytische Studien zur Familie in der Moderne. Springer Verlag, Berlin, Heidelberg, New York 1990

Caspar, F.: Beziehungen und Probleme verstehen. Eine Einführung in die psychotherapeutische Plananalyse. Hans Huber, Bern 1989

Corsini, J. (Hrsg.): Handbuch der Psychotherapie, Bd. 1 und Bd. 2. Beltz, Weinheim 1983

Crits-Christoph, P., et al: Meta-Analysis of Therapist Effects in Psychotherapy Outcome Studies. In: Psychotherapy Research 1 (2) 1991, S. 81–91

De Voge, J. T., und Beck, S.: The Therapist-Client-Relationship in Behavior Therapy, in: Hersen, M., et al. (eds.): Progress in Behavior Modification, Academic Press, New York 1978

Dreitzel, H.-P.: Reflexive Sinnlichkeit. Mensch Umwelt Gestalttherapie. EHP, Köln 1992

Dreitzel, H.-P.: Zur Theorie und Genese narzißtischer Persönlichkeitsfunktionsstörung. In: *Gestalttherapie* 2/88

Dührssen, A.: Die biographische Anamnese unter tiefenpsychologischem Aspekt. Vandenhoeck und Ruprecht, Göttingen 1981

Ellenberger, H. F.: Die Entdeckung des Unbewußten. Diogenes, Zürich 1985 (1973)

Ellis, A., und Grieger, R.: Praxis der rational-emotiven Therapie. Urban & Schwarzenberg, München 1979 (1977)

Erdheim, M.: Die gesellschaftliche Produktion von Unbewußtheit. Suhrkamp, Frankfurt am Main 1984

Erdheim, M.: Psychoanalyse, Adoleszenz und Nachträglichkeit. In: *Psyche*, 10/1993, S. 934

Ermann, M.: Sándor Ferenczis Aufbruch und Scheitern. In: *Psyche* 8/1994, S. 706–720

Fenichel, O.: Aufsätze, Bd. 1 und Bd. 2. Hrsg. von Klaus Laermann. Ullstein, Berlin 1985

Fenichel, O.: Psychoanalytische Neurosenlehre. Bd. I–III. Walter, Ölten 1975 (...)

Fischer, G.: Dialektik der Veränderung in Psychoanalyse und Psychotherapie. Asanger, Heidelberg 1989

Foucault, M.: Der Wille zum Wissen. Sexualität und Wahrheit. Suhrkamp, Frankfurt am Main 1992 (1976)

Frank, J. D.: Die Heiler. Klett-Cotta, Stuttgart 1981 (1972)

Frankl, V.: Die Sinnfrage in der Psychotherapie. Erweiterte Neuausgabe. Piper, München 1981

Franks, C. M.: Behavior Therapy: Appraisal and Status. Appleton, New York 1969

Freud, S.: Gesammelte Werke, Bd. I–XVII. S. Fischer, Frankfurt am Main

From, I.: Gestalttherapie und »Gestalt« Betrachtungen über Gestalttherapie nach 32 Jahren Praxis. In: *Gestalttherapie*, Jg. 1, Heft 1, 1987

Fürstenau, P.: Praxeologische Grundlagen der Psychoanalyse. In: Pongratz, L. (Hrsg.): Klinische Psychologie. Hogrefe, Göttingen 1977

Garfield, S.: Psychotherapie, ein eklektischer Ansatz. Beltz, Weinheim 1982 (1980)

Geertz, C.: Dichte Beschreibung. Beiträge zum Verstehen kultureller Systeme. Suhrkamp, Frankfurt am Main 1983

Gendlin, E.T.: Focusing. Technik der Selbsthilfe bei der Lösung persönlicher Probleme. Otto Müller, Salzburg 1981 (1978)

Grawe, K.; Donati, R.; Bernauer, F.: Psychotherapie im Wandel. Von der Konfession zur Profession. Hogrefe, Göttingen 1993

Greenson, R. R.: Technik und Praxis der Psychoanalyse. Klett-Cotta, Stuttgart 1973 (1967)

Gremmels, Ch.: Bekehrung und Lebensgeschichte. In: *Wissenschaft und Praxis in Kirche und Gesellschaft*, Heft 12/1977, S. 488–505

Grosskurth, Ph.: Melanie Klein: Ihre Welt und ihr Werk. Verlag Internationale Psychoanalyse, Stuttgart 1993 (1986)

Hahn, A., Kapp, V. (Hrsg.): Selbstthematisierung und Selbstzeugnis. Bekenntnis und Geständnis. Suhrkamp, Frankfurt am Main 1987

Hahn, A.: Zur Soziologie der Beichte und anderer Formen institutionalisierter Bekenntnisse: Selbstthematisierung und Zivilisationsprozeß. In: Hahn, A., und Kapp, V.: Selbstthematisierung und Selbstzeugnis. Bekenntnis und Geständnis. Suhrkamp, Frankfurt am Main 1987

Hautzinger, M. (Hrsg.): Kognitive Verhaltenstherapie bei psychischen Erkrankungen. Quintessenz, Berlin/München 1994

Heigl, F.: Indikation und Prognose in der Psychoanalyse und Psychotherapie. Vandenhoeck und Ruprecht, Göttingen 1972

Heimann, P.: On Countertransference. In: *International Journal of Psychoanalysis* XXXI, 1950

Hoffmann, S. O., und Hochapfel, G.: Einführung in die psychoanalytische Neurosenlehre und Psychosomatische Medizin. UTB, Stuttgart, New York 1991

Holland, N. N.: Postmodern Psychoanalysis. In: Hassan & Hassan (eds.): Innovation/Renovation: New Perspectives. Madison 1983

Jacoby, R.: Soziale Amnesie. Eine Kritik der konformistischen Psychologie von Adler bis Laing. Suhrkamp, Frankfurt am Main 1978

Jaeggi, E., et al.: Gibt es auch Wahnsinn, hat es doch Methoden ... Eine Einführung in die Klinische Psychologie aus sozialwissenschaftlicher Sicht. Piper, München 1990

Jaeggi, E.: Psychologie und Alltag. Piper, München 1988

Jaeggi, E.: Das Flimmern auf der Leinwand: Psychotherapieforschung und Psychotherapie. In: *Journal für Psychologie*, Jahrg. 2, Heft 1, 1994, S. 53–64

Jaeggi, E.: Das präsentative Symbol als Wirkfaktor in der Psychotherapie oder: Der Patient als Künstler. In: *Forum der Psychoanalyse* 2/1989, S. 140–153

Jaeggi, E.: Die Vorrangigkeit des Weges vor dem Ziel – oder: Beziehung und Deutung im Vergleich von Verhaltenstherapie und Tiefenpsychologie. In: Reinelt, T., und Datler, W. (Hrsg.): Beziehung und Deutung im psychotherapeutischen Prozeß. Aus der Sicht verschiedener psychotherapeutischer Schulen. Springer, Berlin/Heidelberg 1989

Jaeggi, E.: Einen Goldschatz bewahren – das Problem der Integration verschiedener Therapien in die Psychoanalyse. In: Springer-Kremser und Ekstein (Hrsg.): Wahrnehmung, Fantasie, Wirklichkeit. Deuticke, Wien 1987

Jaeggi, E.: Neugier als Beruf. Autobiographie einer Psychotherapeutin. Piper, München 1991

Jeron, M.: Das Ich. In: Mertens (Hrsg.), 1993

Jung, C. G.: Der Mensch und seine Symbole. Walter, Ölten 1968

Kaiser, E.: Quantitative Psychotherapieforschung – modernes Paradigma oder Potemkinsches Dorf? In: *Forum der Psychoanalyse* 4/1993, S. 348–367

Kanfer, F. H., und Saslow, G.: Verhaltenstheoretische Diagnostik. In: Schulte (Hrsg.): Diagnostik in der Verhaltenstherapie. Urban & Schwarzenberg, München 1974

Keupp, H. (Hrsg.): Zugänge zum Subjekt. Perspektiven einer reflexiven Sozialpsychologie. Suhrkamp, Frankfurt am Main 1994

Kiesler, D. J.: Some Myths of Psychotherapy Research and the Search for a Paradigm. In: *Psychological Bulletin* 1966, 65, S. 110–136

Knaurs Moderne Psychologie (Hrsg. von Legewie und Ehlers), aktualisiert und neu bearbeitet, Droemer-Knaur, München 1992

Köhler-Weisker, A., et al.: Auf der Suche nach dem wahren Selbst. Eine Auseinandersetzung mit Carl Rogers. Suhrkamp, Frankfurt 1993

Kohut, H.: Wie heilt die Psychoanalyse? Suhrkamp, Frankfurt am Main 1987 (1984)

Körner, J.: Arbeit an der Übertragung? Arbeit in der Übertragung! In: *Forum der Psychoanalyse*. Bd. 5, Heft 3, 1989, S. 209–224

Körner, J.: Vom Erklären zum Verstehen in der Psychoanalyse. Untersuchungen zur psychoanalytischen Methode. Vandenhoeck & Ruprecht, Göttingen 1985

Krisch, R.: Der Krankheitsbegriff in der Gestalttherapie. In: Pritz, A., und Petzold, H. (Hrsg.): Der Krankheitsbegriff in der modernen Psychotherapie. Junfermann, Paderborn 1992

Kriz, J.: Grundbegriffe der Psychotherapie. Urban & Schwarzenberg, München 1985

Küenzlen, G.: Das Unbehagen in der Moderne: der kulturelle und gesellschaftliche Hintergrund der New Age-Bewegung. In: Hemminger, H. (Hrsg.): Die Rückkehr der Zauberer. Rowohlt, Reinbek 1990

Kwiatkowski, E.: Psychotherapie als subjektiver Prozeß. Für eine sozialwissenschaftliche Konzeption der Gesprächspsychotherapieforschung. Beltz, Weinheim 1980

Langer, S.: Philosophie auf neuem Wege. S. Fischer, Frankfurt am Main 1965 (1942)

Lasch, Ch.: Das Zeitalter des Narzißmus. DTV, München 1979 (1975)

Le Brun, L.: Das Geständnis in den Nonnenbiographien des 17. Jh. In: Hahn, A. (Hrsg.) 1987

Leary, T.: Interpersonal Diagnosis of Personality. Ronald Press, New York 1957

Lederer, W., Jackson, D.: Ehe als Lernprozeß. Wie Partnerschaft gelingt. Pfeiffer, München 1976 (1968)

Legewie, H., Klotter, Ch.: Alternativen der Psychotherapieforschung. In: *Journal für Psychologie.* Jahrg. 1, Heft 2, 1993

Lichtenberg, J. D.: Die Bedeutung der Säuglingsbeobachtung für die klinische Arbeit mit Erwachsenen. In: *Zeitschrift für psychoanalytische Theorie und Praxis*, 2/1987, S. 123–147

London, P.: The Modes and Morals of Psychotherapy. Hemisphere, Washington 1971

Lorenzer, A.: Intimität und Soziales Leid. Archäologie der Psychoanalyse. S. Fischer, Frankfurt am Main 1984

Lorenzer, A.: Sprachzerstörung und Rekonstruktion. Suhrkamp, Frankfurt am Main 1970

Luborsky, L., und Kachele, H.: Der zentrale Beziehungskonflikt. Ein Arbeitsbuch. PSZ-Verlag, Ulm 1988

Maddi, S.: Personality Theories; A Comparative Analysis. Dorsey Press, Illinois 1968

Mahler, M., Pine, F., Bergman, A.: Die psychische Geburt des Menschen. Symbiose und Individuation. S. Fischer, Frankfurt am Main 1980 (1975)

Mahoney, M. J. (Hrsg.): Current Issues and Future Directions. Plenum Press, New York 1980

Malan, D.: Beyond Interpretation: Initial Evaluation and Technique in Short-term dynamique Psychotherapy. In: *International Journal of Shortterm Psychotherapy* 1/1986

Malan, D. H.: The Frontier of Brief Psychotherapy. Plenum Press, New York 1976

Mandel, K. H., Mandel, A., et al.: Einübung in Partnerschaft durch Kommunikationstherapie und Verhaltenstherapie. Pfeiffer, München 1971

Mentzos, St.: Neurotische Konfliktverarbeitung. Einführung in die psychoanalytische Neurosenlehre unter Berücksichtigung neuer Perspektiven. S. Fischer, Frankfurt am Main 1982

Mentzos, St.: Psychoanalytische Neurosenlehre. In: Mertens (Hrsg.): Schlüsselbegriffe ... 1993

Mertens, W. (Hrsg.): Schlüsselbegriffe der Psychoanalyse. Verlag Internationale Psychoanalyse, Stuttgart 1993

Mertens, W.: Einführung in die psychoanalytische Therapie. Bd. 1–3. Kohlhammer, Stuttgart 1991

Mertens, W.: Psychoanalyse auf dem Prüfstand? Eine Erwiderung auf die Meta-Analyse von Klaus Grawe. Quintessenz, Berlin/München 1994

Miller, A.: Am Anfang war Erziehung. Suhrkamp, Frankfurt am Main 1980

Möller, H.-J.: Psychoanalyse. Kritische Information. Wilhelm Fink, München 1978

Moser, T.: Der Psychoanalytiker als sprechende Attrappe. Eine Streitschrift. Suhrkamp, Frankfurt am Main 1987

Moser, T.: Das erste Jahr. Eine psychoanalytische Behandlung. Suhrkamp, Frankfurt am Main 1986

Moser, T.: Stundenbuch. Protokolle aus der Körperpsychotherapie, Suhrkamp, Frankfurt am Main 1992

Müller, B.: Zur Theorie der Diagnostik narzißtischer Erlebnis- und Verhaltensstrukturen. In: *Gestalttherapie* 2/88

Nitzschke, B.: Zum Diskurs über die Sexualität in zeitgenössischen psychoanalytischen Entwürfen. In: Zepf (Hrsg.): Wer sich nicht bewegt, spürt auch seine Fesseln nicht. Nexus, Frankfurt am Main 1990

Nogala, D.: Gestalttherapie. In: Zygawski (Hrsg.): Psychotherapie und Gesellschaft. Therapeutische Schulen in der Kritik. Rowohlt, Reinbek 1987

North, M.: Mythos und Wirklichkeit der Psychotherapie. Urban & Schwarzenberg, München 1975 (1972)

Obermeit, W.: »Das unsichtbare Ding, das Seele heißt«. Die Entdeckung der Psyche im bürgerlichen Zeitalter. Syndikat, Frankfurt am Main 1980

Parin, P.: Die Verflüchtigung des Sexuellen in der Psychoanalyse. In: Psychoanalytisches Seminar Zürich (Hrsg.), Sexualität. Syndikat, Frankfurt am Main 1986

Perls, F.: Grundlagen der Gestalttherapie. Pfeiffer, München 1977 (1973)

Perls, F., Hefferline, R., Goodman, P.: Gestalt-Therapie: Lebensfreude und Persönlichkeitsentfaltung, 2 Bde. Klett-Cotta, Stuttgart 1979 (1952)

Polkinghorne, D.: Postmodern Epistemology of Practice. In: Kvale (ed.): Psychology and Postmodernism. Sage, London 1992

Polster, E., und Polster, M.: Gestalttherapie. Theorie und Praxis der integrativen Gestalttherapie. Kindler, München 1975 (1973)

Racker, H.: Übertragung und Gegenübertragung. Studien zur psychoanalytischen Technik. Ernst Reinhardt, München 1982 (1959)

Revenstorf, D.: Psychotherapeutische Verfahren. Band IV: Gruppen-, Paar- und Familientherapie. Kohlhammer, Stuttgart 1985

Riesman, D.: Freud und die Psychoanalyse. Suhrkamp, Frankfurt am Main 1965 (1954)

Rogers, C. R.: Die klientenzentrierte Gesprächspsychotherapie. S. Fischer, Frankfurt am Main 1978

Rogers, C. R.: Encounter-Gruppen. Kindler, München 1974

Rogers, C. R.: Der neue Mensch. Klett-Cotta, Stuttgart 1981 (1980)

Rogers, C. R.: Entwicklung der Persönlichkeit. Klett-Cotta, Stuttgart 1973 (1961)

Rogers, C. R.: Eine Theorie der Psychotherapie, der Persönlichkeit und der zwischenmenschlichen Beziehung. GwG-Verlag, Köln 1991 (1957)

Rorty, R.: Kontingenz, Ironie und Solidarität. Suhrkamp, Frankfurt am Main 1992 (1989)

Samuels, A., Shorter, B., Plaut, F.: Wörterbuch Jung'scher Psychologie. Kösel, München 1989

Schischkoff, G. (Hrsg.): Philosophisches Wörterbuch. Kröner, Stuttgart 1978

Schlegel, L.: Grundriß der Tiefenpsychologie, Bd. IV: Die Polarität der Psyche und ihre Integration. Eine kritische Darstellung der Psychologie von C. G. Jung. Francke, München 1973

Schöpf, A.: Das Unbewußte. In: Mertens (Hrsg.) 1994

Schulte, D.: Ein Schema für Diagnose und Therapieplanung in der Verhaltenstherapie. In: Schulte (Hrsg.): Diagnostik in der Verhaltenstherapie. Urban & Schwarzenberg, München 1974

Shorter, E.: Die Geburt der modernen Familie. Rowohlt, Reinbek 1983 (1975)

Shorter, E.: Moderne Leiden. Zur Geschichte der psychosomatischen Krankheiten. Rowohlt, Reinbek 1994

Spaink, K.: Krankheit als Schuld? Rowohlt, Reinbek 1994 (1992)

Sterba, R.: The Fate of the Ego in Psychoanalytic Therapy. In: *International Journal of Psychoanalysis* 15/1934, S. 117–127

Stern, D. N.: Die Lebenserfahrung des Säuglings. Klett-Cotta, Stuttgart 1992

Stierlin, H.: Adolf Hitler. Familienperspektiven. Suhrkamp, Frankfurt am Main 1975

Streeck, U., und Bell, K. (Hrsg.): Die Psychoanalyse schwerer Erkrankungen. Konzepte, Behandlungsmodelle, Erfahrungen. Pfeiffer, München 1994

Strupp, H.: Das Wesen des psychotherapeutischen Einflusses. In: *Forum der Psychoanalyse* 3/1986, S. 197–214

Strupp, H., und Binder, J. L.: Kurzpsychotherapie. Klett-Cotta, Stuttgart 1991

Teusch, L., und Finke, J. (Hrsg.): Krankheitslehre der Gesprächspsychotherapie. Neue Beiträge zur theoretischen Fundierung. Asanger, Heidelberg 1993

Thomä, H., und Kachele, H.: Lehrbuch der psychoanalytischen Therapie. Bd. 1: Grundlagen; Bd. 2: Praxis. Springer, Berlin/Heidelberg 1985, 1988

Torrey, F. E.: Mind Games. Witchdoctors and Psychiatrists. Bantam Books, New York 1972

Trilling, L.: Das Ende der Aufrichtigkeit. S. Fischer, Frankfurt am Main 1979 (1972)

Ullrich, R., und Ullrich de Muynck, R.: Einübung von Selbstvertrauen und sozialer Kompetenz. Grundwerk in 3 Bänden. J. Pfeiffer, München 1980

Wallerstein, R. S.: Forty Two Lives in Treatment: A Study in Psychoanalysis and Psychotherapy. Guilford Press, New York 1986

Weber, G., und Stierlin, H.: In Liebe entzweit. Die Heidelberger Familientherapie der Magersucht. Rowohlt, Reinbek 1989

Wexler, D. A., und Rice, L.: Innovations in Client-centered Therapy, Plenum Press, New York 1974

Wilke, H.-J.: Anmerkungen über Leib und Seele. In: *Analytische Psychologie* 19, 3/1988, S. 163–177

Willi, J.: Die Zweierbeziehung. Rowohlt, Reinbek 1975

Wittmann, L.: Verhaltenstherapie und Psychodynamik. Therapeutisches Handeln jenseits der Schulengrenzen. Beltz, Weinheim 1981

Wurmser, L.: Plädoyer für die Verwendung von Metaphern in der psychoanalytischen Theorienbildung. In: *Psyche* 8/1983, S. 673–700

Zeig, J. K. (Hrsg.): Psychotherapie. Entwicklungslinien und Geschichte. dgvt Verlag, Tübingen 1991 (1987)

Zinker, J.: Creative Process in Gestalt Therapy. Random House, New York 1977

Zygowski, H. (Hrsg.): Psychotherapie und Gesellschaft. Rowohlt, Reinbek 1987

Dank

Viele Menschen haben mir geholfen, dieses Buch zu schreiben und zu veröffentlichen. Ihnen allen bin ich Dank schuldig! Ich danke:
- meinen Studenten, deren Fragen und Kritik mir in den langen Jahren meiner Lehrtätigkeit immer wieder Anregungen gebracht haben
- den Seminarteilnehmern der »Lindauer Therapiewochen«, deren oft sehr kenntnisreiche Anmerkungen mich bereichert haben
- Frau Ute McLean, Dipl.-Psych. und Gesprächspsychotherapeutin, die mir viel Zeit gewidmet hat, um Fehler bei der Falldarstellung zu korrigieren
- Frau Johanna Müller-Ebert, Dipl.-Psych., die dasselbe für die Gestalttherapie gemacht hat
- Frau Ingeborg Schneider-Hänisch, Dipl.-Psych., die nicht nur die psychoanalytische Falldarstellung, sondern auch die anderen Aspekte kommentiert hat
- und last, not least meinem Lektor, Herrn Hermann Gieselbusch, der sich nicht nur mit sprachlichen Ungereimtheiten herumgeschlagen, sondern auch versucht hat, meine Bildungslücken zu schließen, der immer geduldig und humorvoll war – mit einem Wort: ein absolut vollkommener Begleiter und Helfer, gerade auch bei den »letzten Wehen«.

Über die Autorin

Eva Jaeggi wurde 1934 in Wien geboren. Schulzeit und Abitur in Wien. Studium der Psychologie, Geschichte und Philosophie.

1957: Promotion in Psychologie, Wien (Professor Rohracher).
1957–1960: Wissenschaftliche Angestellte an der Sozialforschungsstelle Dortmund. Mitwirkung an empirischen Arbeiten, z. B. ›Arbeit und Freizeit‹, ›Tagesschulen‹.
1961–1962: Betriebspsychologin bei der schweizerischen Postverwaltung. Ausarbeitung neuer Eignungstests.
1962–1967: Psychologin bei der »Akademischen Berufsberatung« in Bern. Beratung und Informationsvermittlung.
1967–1972: Psychologin in der Studentenberatungsstelle der Ruhruniversität Bochum: Therapie, Beratung, Prävention. Zeitweise Leiterin der Stelle. Ausbildung als Verhaltenstherapeutin, Lehrtherapeutin.
1970/71: Studienaufenthalt in USA, Professor Bergin.
1972–1978: Assistenzprofessorin Freie Universität Berlin. Neben Lehr-und Forschungstätigkeit Therapie in einem Projekt »Unterschichttherapie«.
Seit 1978: Professorin für Klinische Psychologie an der Technischen Universität Berlin. Therapie teils in Projekten, teils in privater Praxis. Ausbildung als Psychoanalytikerin.
Eva Jaeggi lebt – als Single – in Berlin. Sie hat eine – erwachsene – Tochter.

Frühere Veröffentlichungen

1978 Auch Fummeln muß man lernen. Köln: Bund-Verlag
1979 Kognitive Verhaltenstherapie. Kritik und Neubestimmung eines aktuellen Konzepts. Weinheim: Beltz
1985 Wenn Ehen älter werden. Liebe, Krise, Neubeginn. (Zusammen mit Walter Hollstein.) München: Piper
1987 Psychologie und Alltag. Ehe – Freundschaft – Arbeit – Moral – Erziehung – Institutionen – Sprache – Mensch und Maschine – Psychologiestudium. München: Piper (SP 689)
1990 Gibt es auch Wahnsinn, hat es doch Methoden … Eine Einführung in die Klinische Psychologie aus sozialwissenschaftlicher Sicht. (Zusammen mit Robert Rohner und Peter H. Wiedemann.) München: Piper
1991 Neugier als Beruf. Autobiographie einer Psychotherapie. München: Piper (SP 1488)
1992 Ich sag mir selber Guten Morgen. Single – eine moderne Lebensform

Register

Adler, Alfred 56, 85, 91 f., 109, 111
Adorno, Theodor W. 241
Aktualisierungstendenz 104 f., 133, 144
Allen, Woody 291
Anamnese 38, 158, 219 f.
Argelander, Hermann 220–222
Aries, Philippe 68
Aristoteles 288
»Assertiveness Training« 294
Aufrichtigkeit 261
Augustinus 82, 288
Authentizität 126, 260–270, 275

Badinter, Elisabeth 68, 273
Bahr, Hermann 96
Balint, Michael 125, 266
Bartsch, Jürgen 143
Baumgart, Mathias 103
Beck, Aaron T. 162, 185
Beck, Ulrich 259
Beck-Gernsheim, Elisabeth 259
Bedürfnis 8, 13, 40, 71, 97, 114 f. 127, 145 f., 178, 194 f., 243, 249, 260, 299
Bedürfnishierarchie 117
»Beenden einer Gestalt« 116
Begreifen 84
Beichte 9, 76, 77
Bell, K. 283
Benjamin, Jessica 243
Bentham, Jeremy 289
Berger, Peter L. 56
Beziehung, persönliche 66
- sexuelle 69
- therapeutische 39, 48–50, 204–217
Bhagwan, siehe Rajneesh
Binet, Alfred 158
Biographie 76–88
- therapeutische 79, 81–83

biographische Kontinuität 78
Bittner, Günther 150
Blanck, Gertrude 134
Blanck, Rubin 134
Böhme, Gernot 155, 272
Bowlby, John 103
Breger, L. 62, 120
Breuer, Josef 58, 159, 160
Brodkin, Adele M. 123, 137
Buber, Martin 211, 267
Buchholz, Michael 255

Cardinal, Marie 83
Casanova 69
Caspar, Franz 207
Cassirer, Ernst 71
Charakterstörungen 175, 282
Charcot, Jean Martin 158 f., 162, 186
Colonel de Rochas 158
Corsini, Raymond J. 89
Crits-Christoph, P. 41, 65

Darwin, Charles 99, 274
Defizitmodell 173, 175
Descartes, René 72, 155
De Voge, J. T. 214 f.
differentielle Neurosenlehre 170 f., 178
Dilthey, Wilhelm 84
Dollard, J. A. 62
Dostojewski, Fjodor M. 189
Dreitzel, Hans-Peter 113 f., 136, 181, 214, 238, 252–254
Dürckheim, Karlfried Graf 57
Durcharbeiten 149, 230–232

Edvardson, Cordelia 79
Ellenberger, Henry F. 157 f.
Ellis, Albert 51 f., 121, 162, 185, 218 f.
emotionale Katharsis 60, 67
Energy 65
Entfremdung 180

315

Erdheim, Claudia 83
Erdheim, Mario 45, 96 f., 234
Ereignispsychologie 139
Erfahrungen 43, 46, 53, 71, 81, 87, 92,
  106, 108, 110 f., 117, 126, 129 f.,
  133 f., 138, 143, 145, 150, 152,
  178–180, 210 f., 222, 238, 266, 279,
  299, 302
  – Gewahrwerden von E. 105
  – »volle« 105, 128, 144
Erfolgskontrollstudien 59
Ergänzungsreihe 58, 124
Erikson, Erik H. 259
Erinnern 158, 230–232,
Erlebnispsychologie 139
Erlebnisreaktion 160 f.
Ermann, Michael 205
Erziehung 11, 25, 51, 131, 133, 202
Esoterische Therapie 53, 56, 66
Eysenck, Hans-Jürgen 93

Fairbairn, W. R. D. 103
»Fassadenmensch« 126
Fenichel, Otto 175, 282 f.
Ferenczi, Sándor 198, 205, 213, 266
Ferguson, Mary 165
Fichte, Johann Gottlieb 156
Finke, Jobst 302
Fischer, Gottfried 234
»Focusing« 92, 129, 151, 267
Foucault, Michel 70
Frank, J. D. 44
Frankl, Viktor 54–56, 98
Franks, Cyrill M. 214
Freud, Anna 103
Freud, Sigmund 12 f., 54 f., 57–61,
  64, 68 f., 91 f., 95–101, 103, 106–
  114, 118, 124 f., 127–132, 136–140,
  143, 157–162, 165, 167–173, 179,
  189 f., 198, 200, 202, 206–208, 212,
  219, 230–233, 241–243, 248–250,
  261, 263–266, 269, 274, 282, 288,
  292, 298 f.

From, Isadore 112
Fromm, Erich 180, 250
Fromm-Reichmann, Ida 250
»frühe Störungen« 148, 177, 280–282
Frustration 55, 124, 131 f., 139, 218,
  232, 234, 272
»fully functioning person« 106, 108,
  237, 241

»Ganzheitlichkeit« 101, 108 f.
Garfield, Sol 60, 240
Geertz, Clifford 11
Gegenübertragung 205–210, 212 f.,
  222, 227, 284
  – komplementäre 208
  – konkordante 206, 208
Gegenübertragungsgefühl 210, 220,
  226
Gendlin, Eugene T. 129, 151, 267
»genitaler Charakter« 71
»Gewahrsein« 126, 168 f., 211, 238
Glück 82, 85, 107, 110, 131, 213, 244,
  256, 265, 268, 275, 288–292
Goodman, Paul 93, 112–114, 117 f.,
  128, 130 136, 168, 214, 244, 252
Gordon, Thomas 269
Grawe, Klaus 12, 63, 121
Greenson, Ralph R. 204
Gremmels, Christoph 81 f.
Grieger, Russell 52, 162
Großkurth, Phyllis 139
Grounding 65
Günther, Agnes 189

Habermas, Jürgen 59, 227
Hahn, Alois 76 f.
Haley, Jay 138
Hartmann, Heinz 103
Hartmann von Aue 188
Hautzinger, Martin 201
Hefferline, Ralph 93, 112 f., 128,
  136, 168
Heimann, Paula 206

Hippokrates 44
Hitler, Adolf 143 f.
Hochapfel, G. 173, 176 f.
Hoffmann, Friedrich 285
Hoffmann, Sven Olaf 173, 176 f.
Hofmannsthal, Hugo von 96
Holland, N. N. 259
Horkheimer, Max 241
Horney, Karen 250

Ibsen, Henrik 267
»Ichschwäche« 160, 179, 222
»Ichspaltung«, therapeutische 208, 232 f.
Identität 10, 79, 117, 120, 259 f., 273, 279, 281
Identitätsbruch 79
Identitätskonstituierung 276
Indikation 170 f., 184, 220, 223 f.
»Individualisierung« 259
Individualisierungstendenz 146
Individuationsprozeß 54
»Individuationstendenz« 92, 111, 146, 164
»innere Objekte« 141
Interaktionsmodell 215

Jackson, Donald 295
Jacobson, Edith 103
Jacoby, Russell 251, 257
Jaeggi, Eva 73, 215
    »Einen Goldschatz bewahren« 150
    »Das Flimmern auf der Leinwand« 63
    »Neugier als Beruf« 12
    »Psychologie und Alltag« 123
Janet, Pierre 158–162
Jeron, Michael 104
Jung, C. G. 53 f., 57, 72 f., 89, 91 f., 111, 146, 163–165, 169

Kachele, Helmut 97, 205 f., 233 f., 242

Kaiser, Erwin 63
Kant, Immanuel 289
Kanfer, Frederick 76, 183
Kernberg, Otto 103, 176
Keupp, Heiner 79, 165, 259
Kierkegaard, Søren 105 f.
Kiesler, D. J. 60
Klein, Melanie 103, 139, 203
Klotter, Christoph 63
Köhler-Weisker, Angela 251
Körner, Jürgen 84, 86, 209
Kohut, Heinz 56, 90 f., 112, 143 f., 161, 173–175, 177, 182, 189, 198, 293
Konflikt 11, 95, 102, 108 f., 112 f., 130, 172 f., 175–177, 179, 184, 204, 232–235, 239, 241, 243, 256
Kontaktblockierung 151–153, 181, 238, 244
Kontaktprozeß 73, 115, 117, 118, 146, 169, 181, 237
Kopernikus, Nikolaus 274
Krafft-Ebing, Richard von 96
Kraus, Karl 197
Krisch, Renate 181
Kriz, Jürgen 7, 115
Küenzlen, Gottfried 57
Kwiatowski, Erika 225

Langer, Susanne 71–37
Lasch, Christopher 246
Lazarus, Arnold 90
Leary, Timothy 117, 215
Lebensplan 85, 107, 111
Lederer, William 295
Legewie, Heiner 63
Leibniz, Gottfried Wilhelm 72
Levi-Strauss, Claude 45
Lichtenberg, Joseph D. 126
Logotherapie 54
London, Perry 62, 120
Lorenzer, Alfred 95, 97, 101, 141, 159, 172, 264

Luborsky, Lesler 63, 235
Lukas der Evangelist, hl. 12
Lustprinzip 131, 157

Maddi, Salvadore 95
Mahler, Margret S. 103, 125 f., 130, 132, 177, 242 f., 271
Mahoney, Michael J. 162
Malan, D. 234
Mandel, Anita 295
Mandel, Karl Herbert 295
Marcuse, Herbert 180
Maßlosigkeit 97, 108–110, 253
Maturana, Humberto 254
McDougall, Joyce 199
McGaugh, J. L. 62, 120
Mentzos, Stavros 171, 176 f.
Mertens, Wolfgang 63, 122, 232, 242 f.
Metapher, »abgeblaßte« 73 f.
Miller, Alice 143 f., 161, 258
Miller, N. 62
Minuchin, Salvador 137
Modus, intentionaler 85, 87
– kausaler 84 f., 87, 194
– sinnverstehender 86
Möller, Hans-Jürgen 206
Molière 262
»monadisches« Beziehungskonzept 205
Moritz, Karl Philipp 156, 262
Moser, Tilmann 147, 150, 152 f., 199, 297
Müller, Bertram 181

»Nähe – Distanz« 132
»negative Übungen« 154
Neisser, Ulrich 121
Nietzsche, Friedrich 109, 262
Nitzschke, Bernd 65, 95, 97
Nogala, Detlef 151, 252
»noogene Neurose« 54
North, Maurice 68 f.
Obermeit, Werner 78, 156 f.

Objektbeziehungstheoretiker 80, 102 f., 110 f., 124 f., 131 f., 138, 140 f., 198, 208 f.
Objektkonstanz 132, 296
Operant 119
Organismus-Umwelt-Verhältnis 253
Osho (-Rajneesh) 57

Parin, Paul 65, 97
Perls, Fritz 93, 112 f., 117, 128–130, 136, 146, 168, 218, 244, 252, 254
Perls, Laura 112
Persönlichkeit 68, 95, 117, 128, 133, 158, 283
Petzold, Hilarion 213, 297
Piaget, Jean 121
Polkinghorne, D. 79, 259 f.
Polster, Ervin 113, 244, 252
Polster, Miriam 113, 244, 252
»postmodernes Subjekt« 118
»Probedeutungen« 219, 212
Prognose 220, 223 f.
Psychosexualität 65, 97 f., 100 f., 114, 117

Racker, Heinrich 206
Rajneesh, Bhagwan Sri (Osho) 57
Rank, Otto 213
Rationalität 51, 121
Reaktionsbildung 168 f., 176
Realitätsprinzip 131, 136, 139, 242, 275
Reich, Wilhelm 149
Religion 52–54, 99, 104
Revenstorf, Dirk 295
Rice, L. 62
Riesman, David 131, 137, 241
Rogers, Carl 56, 61, 64, 90–92, 104–112, 115 f., 118, 126–129, 132 f., 135 f., 144–146, 150, 163, 165–168, 178–180, 187, 198, 210–212, 218, 223–225, 228, 236–238, 241, 243, 250–252, 267 f., 293 f., 298

»Rogers-Variable« 211
Rorty, Richard 259
Rousseau, Jean-Jacques 69, 289

Säuglingsforschung 126, 148
Samuels, Andrew 53 f.
Sandler, Joseph 103
Sartre, Jean Paul 270 f.
Schischkoff, Georgi 51 f.
Schlegel, Leonhard 163
Schleiermacher, Friedrich 53
Schmidbauer, Wolfgang 258, 271 f., 295
Schneider-Hänisch, Ingeborg 199
Schnitzler, Arthur 96
Schöpf, Alfred 156
Schreber, Daniel Paul 140
Schulte, Dietmar 183, 239
Schulze, Gerhard 289
»sekundäres Wertsystem« 116, 126, 129, 144, 268
»Sekundärtugenden« 129
»Selbst« 110 f., 129, 266, 269, 291
Selbstdarstellung 76
Selbstreflexivität 260 f.
Selbstregulierung 112, 115, 117 f., 136
Seligman, Martin 121
Sennett, Richard 269
Sexualität 38, 69 f., 96–98, 104, 114, 135, 162, 295
Shakespeare, William 261
Shorter, Edward 53 f., 68, 285 f.
Skinner, Burrhus Frederic 251
Spaink, Karin 286
Spinoza, Baruch 72
Spitz, René A. 103
Stack Sullivan, Harry 103
Sterba, Richard 232
Stern, Daniel N. 126, 173
Stierlin, Helm 123, 143 f., 245
Streeck, Ulrich 283
Strindberg, August 96, 267

Strupp, Hans 68, 234
Subjekt-Subjekt-Beziehung 216, 227 f.
Symbole, diskursive und präsentative 71–75
Symbolik, diskursive 73
Symbolik, präsentative 71, 72, 73
Symbolsystem 45–48, 59, 73, 75
- unterschiedliches S. 47, 48
System 122
systematische Desensibilisierung 26, 154, 201, 297 f.
»strukturelles Interview« 222
»Szene« 221, 226

Tabula-rasa-Prinzip 144, 147
Teusch, Ludwig 302
Therapeut als Modell 60
Thomä, Helmut 97, 205 f., 233 f., 242
»Todestrieb« 100
Tolstoi, Leo 188
Torrey, Füller E. 44 f., 47
»totally discourage syndrome« 44
Trauma-Theorie 144
»Triebabkömmlinge« 168
Triebmodell 175
Triebstärke 179
Trilling, Lionel 261–263
Tunner, Wolfgang 76

Über-Ich 23, 116, 118, 128 f., 139, 160, 249, 253, 256, 282
Übertragung 205, 207 f., 210, 212–214, 221, 227, 231, 233, 297, 300, 302 f.
- komplementäre 206
- konkordante 206
Übertragungsbeziehung 204
Übertragungsdeutungen 209
Übertragungskonzept 206
Übertragungsneurose 177, 205, 207, 242, 302

Ullrich, Rüdiger 294
Ullrich de Muynck, Rita 294
»unspezifische Therapievariable« 60, 184

Varela, Francisco J. 254
Verführungstheorie 58, 138, 143, 173
Verhaltensweisen 60, 62, 77, 79, 86, 121, 137, 140, 178 f., 192, 201 f., 214, 251

Wachstum 95, 105, 108, 110–112, 115 f., 181, 237
»Wachstumsgedanke« 92, 237
»Wachstumstendenz« 56, 106, 111 f., 163
»wagamama« 44
Wallerstein, R. S. 171
Weber, Gunthard 123, 145
Weber, Max 78
Wedekind, Frank 96

Weininger, Otto 96
Wexler, D. A. 62
Wiederannäherungskrise 132, 271
Wiederholung 79–81, 85, 113, 160, 231, 233 f., 276
Wissenschaftlichkeit 60, 63, 65 f.
Wilke, Hans-Joachim 150
Willi, Jürgi 293
Winnicott, Donald W. 103, 111, 125, 198, 266
Wittmann, Lothar 207
Wolberg, Lerius R. 138
Wolff, Christian 72
Wurmser, Leon 73

Zeig, Jeffrey K. 138
Zinker, Joseph 113, 244, 252
Zwangsneurose 54, 171, 175
Zygowski, Hans 7